Wolfgang Mattes

Routiniert planen – effizient unterrichten

Ein Ratgeber

Schöningh

Bildquellen

© argum/Falk Heller: S. 91 o. – Eichborn Verlag: S. 91 u.l. – © Frankfurter Allgemeine Zeitung: S. 102 (Hintergrund) – Haufe Verlag: S. 91 u.r. – © Keystone/Dominique Ecken: S. 4 m. – © Keystone/Volkmar Schulz: S. 19 – Verlag Kiepenheuer & Witsch: S. 151 l. – © plainpicture/G. Bernskoetter: S. 4 o., 8 – © ullstein – Adolf Würth GmbH & Co.: S. 151 r. – Verlagsarchiv Schöningh/Anne Begemann: S. 5 u., 126, 156 (Hintergrund), 164 – Verlagsarchiv Schöningh/Sandrine Mattes: S. 4 u., 72 (vorne), 185 – Verlagsarchiv Schöningh/Wolfgang Mattes: S. 9, 40, 48, 50 (beide), 51 o., 54, 63, 71, 73 u., 92, 136, 137, 139, 141, 154 (alle), 156, 167 (beide) – Verlagsarchiv Schöningh/Andreas Müller: S. 73 o., 102 (2 Bilder), 103, 114, 150, 157 (beide), 177 – Verlagsarchiv Schöningh/Günter Schlottmann: S. 5 o., 51 u., 72 (Hintergrund), 160 – © ZEFA, Düsseldorf: S. 155 – weitere: Verlagsarchiv Schöningh

Sollte trotz aller Bemühungen um korrekte Urheberangaben ein Irrtum unterlaufen sein, bitten wir darum, sich mit dem Verlag in Verbindung zu setzen, damit wir eventuell notwendige Korrekturen vornehmen können.

© 2006 Bildungshaus Schulbuchverlage
Westermann Schroedel Diesterweg Schöningh Winklers GmbH
Braunschweig, Paderborn, Darmstadt

www.schoeningh-schulbuch.de
Schöningh Verlag, Jühenplatz 1–3, 33098 Paderborn

Druck 5 4 3 / Jahr 2011 10 09
Die letzte Zahl bezeichnet das Jahr dieses Druckes.

Illustrationen: Reinhild Kassing, Kassel
Umschlaggestaltung: Yvonne Junge-Illies, Berlin
Druck und Bindung: westermann druck GmbH, Braunschweig

ISBN 978-3-14-023810-6

Inhaltsverzeichnis

5. Kapitel

Sorgenkind Disziplin
Präventiv handeln und Entscheidungen treffen auf der Basis eines klaren Konzepts

Ein Ratgeber für mehr berufliche Zufriedenheit

Geht es Ihnen auch so? In der Anfangsphase Ihrer Lehrerausbildung hatten Sie vier, fünf oder sechs Tage Zeit, um sich auf eine Unterrichtsstunde vorzubereiten und jetzt steht Ihnen gerade einmal ein Nachmittag zur Verfügung, um vier, fünf oder sechs Stunden zu planen. Eigentlich wissen Sie, was guter Unterricht ist. Er soll aktivierend sein, abwechslungsreich, gut strukturiert, kompetenzorientiert, nachhaltig. Er soll Standards erfüllen, jeden einzelnen Schüler optimal fördern und möglichst seinen Beitrag dazu leisten, Deutschland im PISA-Ranking auf die vorderen Plätze zu bringen. Ihr Problem ist nur: Sie wissen angesichts der vielen Anforderungen und Ihrer knappen Zeit manchmal nicht, wie Sie unter den Alltagsbedingungen Ihren eigenen und den von außen gegebenen Anforderungen gerecht werden sollen.

Hinzu kommt: Ihre Schüler wollen oft nicht so, wie Sie wollen. Der tägliche Kampf gegen Unterrichtsstörungen macht Ihnen zu schaffen. Dabei beschäftigt Sie die Vielzahl der kleinen Regelverstöße mehr als die großen Lehrer-Schüler-Konflikte. Manchmal haben Sie das Gefühl, gegen eine Wand von Desinteresse und Lernunwilligkeit ankämpfen zu müssen. Computerspiele und Gespräche über die neuesten Beziehungsinfos aus den Cliquen scheinen die Schüler mehr zu interessieren als Ihre Lernziele, die von Sach- und Urteilskompetenz handeln. Keine Sorge: Wenn es Ihnen so geht, sind Sie nicht allein.

Die zunehmenden Anforderungen im Alltag zu bewältigen und dabei optimistisch zu bleiben und engagiert, mit Freude zu unterrichten und in der Freizeit abschalten zu können, das fällt zunehmend vielen Kolleginnen und Kollegen schwer. Nicht nur die älteren von uns klagen über die Zunahme der äußeren und inneren Belastungen, auch die jungen leiden unter dem selbst gefühlten Missverhältnis zwischen den eigenen pädagogischen Wünschen und den tatsächlichen Resultaten. Neueren Untersuchungen zufolge droht gerade jungen Lehrerinnen und Lehrern in ihren ersten Berufsjahren eine massive Verschlechterung ihrer emotionalen Befindlichkeit aufgrund der hohen beruflichen Belastung.

Dieser Gefahr will dieses Buch entgegenwirken. Es wurde für Lehrer und Lehramtsanwärter geschrieben, die ihrem Anspruch an guten Unterricht in vielen Wochenstunden gerecht werden wollen und die sich in ihren Bemühungen manchmal ziemlich allein gelassen fühlen. Das gilt im Besonderen für die Gruppe der jungen Kolleginnen und Kollegen, die nach ihrer ersten festen Anstellung den Praxisschock wie eine Steilwand voller Schwierigkeiten erleben, aber auch für Lehramtsanwärter bzw. Referendare, die im Rahmen ihrer Ausbildung etwa die Hälfte eines vollständigen Stundendeputats selbstständig Unterricht erteilen und natürlich für alle „alten Hasen", die mit den zeitlichen, physischen und psychischen Anforderungen des Lehreralltags besser zurechtkommen wollen als bisher.

Zwei scheinbar sich widersprechende Ziele gilt es in Übereinstimmung zu bringen: den guten, zukunftsweisenden Unterricht mit einem höheren Maß an guter Laune und beruflicher Zufriedenheit. Da die Anforderungen an unseren Beruf wahrscheinlich in absehbarer Zukunft nicht geringer werden, sollten wir lernen, besser damit umzugehen.

Das Buch wurde auch als Maßnahme gegen Kraftverlust und Überforderung geschrieben. Es stellt die Frage nach dem guten Unterricht aus der Perspektive des Lehrers und aus der Sicht der Alltagssituation. Es geht nicht davon aus, wie Schule sein könnte oder sollte, sondern wie sie alltäglich ist. Zwei Fragen kann man sich über den fünf Kapiteln als Überschrift denken:

- Wie kann man guten Unterricht machen, wenn man 12, 25 oder 28 Stunden in der Woche zu unterrichten hat?
- Wie kann man Unterricht so planen und durchführen, dass man die eigenen Kräfte nicht überfordert und nicht in den Burnout getrieben wird?

Routine und Effizienz

Antworten auf die Frage nach dem guten Unterricht unter Alltagsbedingungen sind im Titel des Buches angedeutet: Routine und Effizienz. Beide Begriffe beziehen sich auf die Arbeit des Lehrers.

Routiniert heißt *geübt* und *handwerklich geschickt*. Routiniert arbeiten Lehrerinnen und Lehrer, die nach zehn Minuten Suche einen passenden Text für die folgende Unterrichtsstunde ausgewählt und nach weiteren zehn Minuten daraus ein Konzept entwickelt haben, das lernwirksamen und interessanten Unterricht ermöglicht. Routiniert plant, wer weiß, was zu tun ist, um die Lesekompetenz Schritt für Schritt zu entwickeln, um Gruppenarbeit produktiv werden zu lassen und um Störungen in Grenzen zu halten. Routiniert arbeitet, wer von Erfahrungen profitiert und daher nicht immer wieder bei Null beginnen muss.

Wer routiniert plant, plant schneller und arbeitet sicherer – so wie der Chirurg, der sich nicht lange vorbereiten muss, wenn er eine alltägliche Operation durchzuführen hat, oder der Koch, dem nicht bange vor einem ankommenden Touristenbus wird. Weil diese Dienstleister es können, brauchen sie wenig Vorbereitungszeit und arbeiten trotzdem sicher. An Routinebildung dieser Art muss arbeiten, wer viele Stunde in der Woche qualitativ gut unterrichten will.

Effizienz ist ein Begriff aus dem Wirtschaftsleben. Er bedeutet *besonders wirksam* und *besonders wirtschaftlich* und umschreibt den Einsatz von Ressourcen zur Erbringung einer Leistung. Effizient handelt, wer in knapp bemessener Zeit das Richtige tut. Die Ressource für den Unterricht ist die Arbeitskraft des Lehrers, seine Leistung die Unterrichtsqualität und die Erfüllung seines erzieherischen Auftrags. Man kann verschwenderisch mit seinen Ressourcen umgehen. Zwingend besser wird die Leistung dadurch nicht, vor allem wird sie es dann nicht, wenn der Einsatz an Zeit, Schweiß und Mühe nicht zu dem Erfolg führt, den man sich selbst wünscht. Effizient unterrichtet, wer seinen Ressourceneinsatz klug, Kräfte schonend und Erfolg versprechend plant und wer damit im Unterricht eine möglichst optimale Wirkung erzielt. Diese Wirkung besteht darin, die Bildung der Schüler zu fördern und ihnen bei ihrer Persönlichkeitsentwicklung zu helfen.

Vom Praktiker für Praktiker

Die Aussagen in diesem Buch sind aus der Praxis heraus entstanden. Als Fachleiter für Pädagogik und Didaktik unterrichte ich selbst und bin laufend unterwegs zu Unterrichtsbesuchen und Lehrproben in etwa zwanzig verschiedenen Ausbildungsschulen. Ich sehe Unterricht in allen Fächern, oft viermal am Tag, spreche mit angehenden Lehrern und tausche mich mit Lehrern aus, die über viel Berufserfahrung verfügen. Guter Unterricht begeistert mich nach wie vor, aus dem weniger guten kann man auch immer etwas lernen. Durch diese besondere Berufskonstellation stellt sich ein Erfahrungswissen ein, von dem ich glaube, dass man es weitergeben sollte.

Ich würde mich freuen, wenn diese Schrift einen Beitrag zur Routinebildung und Effizienz leisten könnte. Durch beides entsteht Professionalität. Diese wiederum gibt dem Praktiker ein gutes Gefühl und ist die handwerkliche Basis dafür, dass Visionen umsetzbar werden.
Jedes der Kapitel bildet eine in sich geschlossene Einheit. Sie können also isoliert voneinander gelesen werden. Eine Literaturliste finden Sie hier nicht. Die gibt es aber in den zahlreichen anderen Büchern, die vom guten Unterricht handeln. Auch auf Zitate habe ich weitgehend verzichtet, weil es mir um die Weitergabe praktischer Erfahrungen geht.

1. Kapitel

Die alltägliche Vorbereitung

So optimieren Sie Ihr Zeitmanagement und Planungssystem

Dieses Kapitel nützt Ihnen besonders, wenn Sie ...

● an einem effizienteren Zeitmanagement für Ihre häusliche Unterrichtsvorbereitung interessiert sind,

● den Planungsvorgang und den Planungsaufwand für Ihre zahlreichen
Wochenstunden besser in den Griff bekommen wollen,

● über Möglichkeiten innerer Differenzierung in Ihrem Unterricht nachdenken, die einerseits Ihren Unterricht bereichern und andererseits nicht für
zusätzliche Belastungen sorgen.

1.1 Jeder Lehrer ist stets auch sein eigener Coach

Was sind die größten Lehrersorgen?

Die Schulaufsichtsbehörde im Regierungsbezirk Trier lud im Jahr 2004 Lehrerinnen und Lehrer aller Schularten zu einem Gedankenaustausch ein. Eingeladen waren alle, die gerade ein Jahr Dienstzeit hinter sich hatten. Eröffnet wurde die Veranstaltung mit einer Befragung über das Maß der beruflichen Zufriedenheit. Sie fand in Form einer Kartenabfrage statt, in der die Befragten ihre positiven Erfahrungen auf grünen und ihre negativen Erfahrungen auf roten Karten notieren sollten.

Auf den grünen Karten wurde in zahlreichen Nennungen notiert, dass die Arbeit mit den Schülern insgesamt große Freude bereite und als sehr wichtig angesehen werde. Positiv herausgestellt wurde auch das hohe Engagement fast aller jungen und vieler älterer Kolleginnen und Kollegen an den eigenen Schulen. Wandertage, Klassenfahrten, Schulfeste und andere außerunterrichtliche Aktivitäten wurden ebenfalls in hohem Maße positiv bewertet.

Die Zahl der roten Karten lag allerdings deutlich höher als die Zahl der grünen. In der Aufstellung auf dieser Seite sind die notierten Sorgen dieser jungen Lehrer zusammengefasst.

Andere Befragungen unter Lehrern bestätigen die hier aufgelisteten Ergebnisse. Und es sind keinesfalls nur die jungen Kolleginnen und Kollegen, die unter den Belastungen leiden. Insgesamt stehen die Zunahme disziplinarischer Schwierigkeiten und der täglich erlebte Widerspruch zwischen den selbst gesteckten Zielen und dem tatsächlich Erreichbaren ganz oben auf der Sorgenliste der Lehrkräfte.

1. *Für die Planung von Unterricht steht über die Woche verteilt zu wenig Zeit zur Verfügung.*

2. *Im Laufe eines Schulvormittages gibt es kaum Möglichkeiten für echte Erholungspausen.*

3. *Zeitknappheit und zu große Klassenstärken erschweren die erwünschten persönlichen Kontakte zu den Schülerinnen und Schülern.*

4. *Zwischen den eigenen fachlichen und pädagogischen Ansprüchen und den tatsächlichen Möglichkeiten klafft eine Differenz, die Unzufriedenheit erzeugt. Man will anders unterrichten als man es tatsächlich tut.*

5. *Vielen macht die Einzelkämpfermentalität zu schaffen. Sie fühlen sich mit ihren Problemen zu sehr auf sich alleine gestellt und beklagen den mangelnden Austausch der Kolleginnen und Kollegen untereinander.*

6. *Die schlechte Ausstattung vieler Schulen mit Medien und Arbeitsmaterialien schränkt die Möglichkeiten guten Unterrichtens ein.*

7. *Die Vielzahl der Unterrichtsstörungen und Disziplinprobleme belastet den schulischen Alltag und das eigene Wohlbefinden.*

8. *Gegenüber Verhaltensauffälligkeiten, Konzentrationsproblemen und allgemeiner Lernunlust fühlt man sich oft hilflos und wünscht sich professionellere Begleitung.*

9. *Die Zusammenarbeit mit den Eltern wird von vielen als problematisch angesehen. Zu viele Eltern kümmern sich gar nicht um ihre Kinder. Andere wiederum sehen ausschließlich das Interesse ihres eigenen Kindes und kritisieren einseitig in oft unerträglicher Häufung alle Maßnahmen und Bemühungen der Lehrer.*

10. *Innerhalb der Unterrichtswoche leidet das Privatleben unter den hohen beruflichen Anforderungen.*

Wenn wir uns nicht selbst trainieren, tut es keiner

Es ist sicher sinnvoll, wenn Lehrer sich untereinander ihre Sorgen erzählen. Man sieht, dass es anderen ähnlich geht, und das macht die Sache erträglicher. Noch sinnvoller ist es, wenn sich darüber hinaus aus den Berichten Konsequenzen ergeben, die dazu führen, dass die Sorgen minimiert werden. Dazu sind immer mehrere Adressaten aufgefordert: Die Schulleitungen, denen zu raten sein wird, junge Kolleginnen und Kollegen besonders gut zu betreuen und sie nicht sofort in die schwierigsten aller Klassen an der Schule zu schicken, sie mit fachfremder Unterrichtserteilung zu schonen und anderes mehr. Einzelne, besonders erfahrene Kollegen sind gefragt und die Kollegien als Gruppe, die Schulaufsichtsbehörden, die Ministerien, die Bildungspolitiker und letztlich die Medien und die Gesellschaft insgesamt, die den Zuständen in den Schulen und den Nöten der Lehrer mehr Aufmerksamkeit und mehr Verständnis entgegenbringen müssten. Das alles sind wichtige Adressaten mit wichtigen Aufgaben.

Es ist aber niemandem zu raten, abzuwarten oder sich gar darauf zu verlassen, dass andere für einen selbst die Initiative ergreifen. Man sollte immer auch individuell überlegen, was man tun kann, um im Kernbereich der eigenen Verantwortlichkeit die Arbeitsbedingungen befriedigender zu gestalten und die Qualität zu verbessern. Über nichts können wir Lehrer so frei entscheiden, wie über die Art und Weise unseres eigenen Unterrichts. Arbeiten in eigener pädagogischer Verantwortung ist Chance und Verpflichtung zugleich. Die Verpflichtung besteht zu einem großen Teil darin, dass wir unsere eigenen Trainer sein müssen. Wenn wir uns nicht selbst trainieren, tut es keiner.

Klug handelt jeder, der seine beruflichen Sorgen und Probleme als Ausgangspunkt und nicht als Endpunkt sieht. Man nimmt sie zum Anlass, um daraus Kompetenzen zu entwickeln. Wer Zeitmanagement lernt, wird Zeit gewinnen, wer seine Planungskompetenz verbessert, kann an allen Wochentagen besser unterrichten, wer über Organisationskompetenz verfügt, verzettelt sich nicht mehr und leidet weniger unter Stress.

Zufriedenheit hat in der Regel zwei Dimensionen: Wer mit seiner Arbeit zufrieden ist, ist auch eher im Privatleben ein zufriedener Mensch (umgekehrt natürlich auch). Dass Sorgen im Berufsleben negative Auswirkungen auf das Privatleben haben, wird in den Erfahrungsberichten der Lehrer mehr als deutlich. Zunehmende Zufriedenheit mit der eigenen Unterrichtsgestaltung kann also gleichzeitig zu einem bestimmenden Faktor für eine insgesamt höhere Lebenszufriedenheit werden.

Es lohnt sich, sein eigener Trainer zu sein, denn mit dieser, auch *Selfcoaching* genannten Vorgehensweise, lassen sich mehrere Ziele auf einem Weg erreichen: bessere Organisation der Arbeitswoche, besserer Unterricht und mehr persönliche Zufriedenheit. Je professioneller man die Sorgen bearbeitet, desto wahrscheinlicher wird der Erfolg.

Im Folgenden werden Sie Vorschläge zur Kompetenzentwicklung in Fragen des Zeitmanagements und der Planungs- und Organisationskompetenz finden. Dem Thema Unterrichtsstörungen ist ein eigenes Kapitel gewidmet. Die Vorschläge basieren auf den Sorgen der Lehrer und sollen Ihnen bei Ihrem ganz persönlichen Trainingsprogramm eine Hilfe sein.

Fünf Kompetenzen auf dem Weg zur beruflichen Zufriedenheit

1. Entwicklung eines realistischen Zielkonzepts
2. Zeitmanagement
3. Zeitökonomische Unterrichtsplanung
4. Organisationskompetenz
5. Kluger Umgang mit Unterrichtsstörungen

Lehrersorgen als Anlass zur Kompetenzentwicklung

Wie viel darf geschimpft werden?

Stellen Sie sich vor, auch Sie würden von Ihrer Dienstaufsichtsbehörde zu einem Erfahrungsaustausch eingeladen. Im Einladungsschreiben weist man darauf hin, dass man sehr daran interessiert sein wird, Ihre größten Lehrersorgen zu erfahren. Stellen Sie sich vor, Sie hätten jetzt eine stille Stunde, um sich auf Ihren Beitrag vorzubereiten: Von welchen Sorgen werden Sie berichten? Sind es die gleichen, von denen zwei Seiten zuvor die Rede war oder sind es andere?

Stellen Sie sich nun vor, Sie hätten alle Ihre Sorgen vortragen können und die Veranstalter hätten Ihnen interessiert zugehört. Am Ende der Veranstaltung wird vereinbart, dass man sich in genau einem Jahr wieder an gleicher Stelle treffen wird, um erneut eine Bilanz zu ziehen. Sie werden wieder eingeladen und berichten erneut.

Wie soll Ihr Bericht ein Jahr später ausfallen? Werden Sie wieder von den gleichen Sorgen sprechen wie im Jahr zuvor? Werden Sie sich wohlfühlen, wenn Sie sich wiederholen?

Nehmen wir an, es wäre so: Ihre Sorgen sind die gleichen geblieben und Sie tragen sie auch wieder so ähnlich vor, wie Sie es schon vor einem Jahr getan haben, allenfalls etwas dramatischer. Wie werden Ihre Zuhörer wohl jetzt reagieren? Mit ebenso großem Interesse wie ein Jahr zuvor?

Spätestens bei einer Wiederholung in der dritten Veranstaltung gleicher Art hätten Sie wahrscheinlich mit einer weiteren Last zu kämpfen: „Ach, der Kollege Y, wenn der erst einmal anfängt von seinen Sorgen zu erzählen, da weiß man schon, was kommt, da kann man die Ohren auf Durchzug stellen ..."

Das Gefangensein im Gebäude seiner Sorgen ist in doppelter Hinsicht gefährlich: Es macht einen selbst zu einem unzufriedenen Menschen und es kann zur Belastung für diejenigen werden, die ständig damit konfrontiert sind. Bewusst habe ich hier den Ausdruck *Sorgen* benutzt und nicht den Ausdruck *Probleme*. Mit Problemen werden wir es in der Schule immer zu tun haben: wenig Zeit, wenig Geld, große Klassen, unmotivierte Schüler, Unterrichtsstörungen, missachtetes Rauchverbot, Sachbeschädigung usw. Man kann lernen, damit umzugehen. Beseitigen kann man einen Großteil der Probleme in der Schule so wenig wie die Wasserknappheit in der Wüste. Probleme sind eine ständige Herausforderung. Sie machen weder unglücklich noch inaktiv.

Die Sorge ist der Teil eines Problems, der eine persönliche Belastung darstellt. Wer daran nicht arbeitet, gerät in die Gefahr, krank zu werden und zwar seelisch und körperlich.

Gefährlich ist nicht das gelegentliche Meckern. Es wird kaum jemand zu finden sein, der nicht gerne einmal meckert, wenn er beruflich ständig mit anderen Menschen und widerstreitenden Interessen zu tun hat. Gelegentliches Meckern kann lustbetont und wichtig sein, weil es einem hinterher wieder besser geht. Das Jammern als Dauerzustand mit der ständigen Wiederholung gleicher Inhalte macht das Übel aus.

Wenn Sie in die oben erwähnte Veranstaltung zum dritten Mal eingeladen werden und wieder die gleichen Sorgen wie vor drei Jahren erzählen, werden Sie sich hinterher nicht mehr besser fühlen. Wenn Sie einem Kollegen gegenübersitzen und sich zum dritten Mal die gleichen beruflichen Sorgen anhören, werden Sie weniger interessiert sein als beim ersten Mal. Wahrscheinlich werden Sie seinen Bericht als Gejammer empfinden und daraus auf fehlende Kompetenz schließen.

Was ist die Alternative? Wenn man in einem muffigen Gebäude sitzt, muss man die Fenster öffnen, um frische Luft hereinzulassen. Wenn man feststellt, dass sich an den Belastungen nichts ändert, muss man aktiv werden und die Konsequenzen ziehen. Blinder Aktionismus ist allerdings gefährlich, weil er zu weiteren Misserfolgen und damit zu weiteren Sorgen führen kann. Besser ist ein planvolles Vorgehen, so wie es in dem folgenden Beispiel geschildert wird.

Planvoll vorgehen

Eine alltägliche Situation kurz vor Schuljahresende vor wenigen Jahren: Ich sammelte in einer achten Klasse, die ich einstündig pro Woche im Fach Sozialkunde unterrichtete, die Haushefte ein, um jedem Schüler eine Heftnote zu erteilen. Am Anfang des Schuljahres hatte ich wie gewohnt darauf hingewiesen, dass ich auf eine ordentliche und vollständige Heftführung großen Wert lege, und ich hatte den Schülern auch die Kriterien eröffnet, auf die es ankommen wird. Bei der Sichtung der Hefte stellte sich Enttäuschung ein. Besonders die Exemplare vieler Jungen waren nachlässig geführt und erfüllten kaum die von mir erwarteten Mindestanforderungen. Viele Eintragungen wirkten zudem zusammenhanglos. Hätte ein Kollege von einigen der Hefte auf die Qualität meines Unterrichtes geschlossen, so wäre mir das peinlich gewesen. Zunächst schien mir das keine sehr bedeutungsvolle Angelegenheit zu sein. Doch ich spürte, wie mich diese Enttäuschung auch Tage und Wochen später nicht losließ.

Ich setzte mir zum Ziel, in Zukunft besser dafür zu sorgen, dass die Schüler ihre Arbeitshefte ordentlich führen. Ich nahm mir zwei Stunden Zeit und machte einen Plan, in dem ich alle Maßnahmen notierte, die in Zukunft zu einer besseren Heftführung führen sollten. Dabei formulierte ich so konkret wie möglich, z. B.: „Wenn du schriftliche Hausaufgaben aufgibst, musst du notieren, dass du sie in der Folgestunde nachschaust." Der Plan wurde in der praktischen Erprobung mehrfach überarbeitet. Die Heftführung hat sich verbessert. Ich habe zeitökono-mische Wege gefunden, sie zu kontrollieren. Meine Heftbeurteilungskompetenz kann sich auf die Schüler als Heftführungskompetenz übertragen.

Der geschilderte Prozess lässt sich in mehrere Schritte untergliedern: Es entsteht ein Problem, das der Lehrer als belastend empfindet. Das Problem wird in einen Wunsch umgedeutet. Aus dem Wunsch entsteht eine Zielformulierung. Die Zielsetzung wird mit der Erarbeitung eines Planes unterfüttert. Der Plan wird in Handlung umgesetzt und dadurch in eine Kompetenz überführt.

Was lässt sich daraus folgern? Die beruflichen Sorgen der Lehrer müssen zum Anlass genommen werden, um daraus ein höheres Maß an Kompetenz zu entwickeln. Wenn Sie viele berufliche Sorgen haben, werden Sie es wahrscheinlich nicht schaffen, innerhalb eines Jahres alle Sorgen so zu bearbeiten, dass sie vollständig verschwinden. Treffen Sie eine Auswahl und bearbeiten Sie die Sorgen, bei denen Sie sich zutrauen, Lösungen zu finden. In der Anfangsphase Ihrer beruflichen Tätigkeit wird es Ihnen wenig nützen, wenn Sie sich zum Ziel setzen, innerhalb eines Jahres kein Problem mehr mit der Planung von 25 oder 28 Wochenstunden zu haben. Realistisch kann es dagegen sein, wenn Sie festlegen: „Ich will im kommenden Schuljahr in meiner 9c die Unterrichtsstörungen dadurch minimieren, dass ich zu Beginn des Schuljahres klare Verhaltensregeln vereinbare." Kompetenzentwicklung geschieht am besten in einem systematisch strukturierten Prozess. Die folgende Übersicht kann auf dem Weg von der Sorge zur Kompetenz als Leitfaden dienen:

Von der Sorge zur Kompetenz in vier Schritten	Beispiel: „keine Zeit"
1. Die Sorge wird artikuliert.	*Mir fehlt die Zeit. Ich habe kein Privatleben mehr.*
2. Die Sorge wird zum Ziel umformuliert.	*Ich möchte dreimal die Woche meinen Sport ausüben und an den Samstagen nichts für die Schule tun.*
3. Die Zielsetzung wird mit einem schriftlich notierten Plan unterfüttert.	*Ich formuliere mein Zeitplansystem und hefte es an die Pinnwand.*
4. Aus dem Plan wird Kompetenz entwickelt.	*Ich werde Schritt für Schritt zu einem Profi in Sachen Zeitmanagement.*

1.2 Zufriedener arbeiten durch besseres Zeitmanagement

Wie lange darf ein Arbeitsprozess dauern?

In einer einwöchigen Ausbildungsveranstaltung mit Lehramtsreferendarinnen und -referendaren zum Thema „Methoden im Unterricht" stand an einem Nachmittag die Planspielmethode im Mittelpunkt. In Fachgruppen wurden die angehenden Lehrer aufgefordert, Ideen für Planspiele zu entwickeln und Ziele, Inhalte und Verlauf ihrer Spielsituation festzulegen. Die Gruppenarbeit begann um 15 Uhr und endete um 17.30 Uhr. In der anschließenden Präsentationsphase wurden einige Ideen vorgestellt. Die Biologen hatten sich eine Spielidee zum Verbot von Süßigkeiten in der Schule ausgedacht, die Politiklehrer skizzierten ein Spiel rund um einen kommunalen Konflikt, die Geographen wollten eine internationale Klimakonferenz durchspielen lassen. Es blieb bei einer eher vagen Ideensammlung. Man habe doch lange grundsätzlich diskutieren müssen, verschiedene Vorschläge geprüft und wieder verworfen. Gegen Ende sei die Zeit knapp geworden. So weit es dem Leitungsteam bekannt wurde, ist nach der Veranstaltung keine der Planspielideen weiter verfolgt worden.

Auf einer Folgeveranstaltung wurden die Ziele konkreter formuliert. Die Gruppen erhielten jeweils einen fachbezogenen Text, der eine bedeutsame Konfliktsituation schilderte. Die Leitung gab vor, dass sich alle Materialien zweifellos sehr gut für die Entwicklung von Planspielen eignen. Die Gruppen erhielten nun den Auftrag, eine Problemskizze als Ausgangspunkt für das Spiel mit Schülern schriftlich zu notieren, fünf Interessengruppen zu beschreiben, die am Konflikt beteiligt sind, und zwar jeweils zwei Pro- und zwei Kontragruppen sowie eine vermittelnde Gruppe. Der Verlauf des Planspiels sollte – konkret verteilt über mehrere Unterrichtsstunden – ebenfalls schriftlich fixiert werden. Bei der Auftragsübergabe wurde als wichtigste Regel formuliert: „Für die Ausarbeitung stehen Ihnen exakt 60 Minuten zur Verfügung. Bitte verfassen Sie Ihre Planungen schriftlich und legen Sie diese mit den Namen aller Gruppenmitglieder versehen nach Ablauf der Zeit vor."

Nach 60 Minuten hatten alle Gruppen ein konkretes Ergebnis erarbeitet. Die Konkretheit der Vorschläge wurde vom Leitungsteam gelobt. Aus mehreren der Planspielskizzen entstanden Unterrichtsprojekte, die später in Form schriftlicher Prüfungsarbeiten weiter vervollkommnet wurden.

Zwei Gesetzmäßigkeiten für den Umgang mit Zeit sind in dieser Erfahrung zu entdecken:

1. Gesetz: Mit der Dauer einer Arbeit steigt nicht automatisch auch ihre Qualität.

Die Vorstellung, dass die Qualität steigt, je länger man für eine Arbeit braucht, ist ebenso weit verbreitet wie sie falsch ist. Eine geplante Unterrichtsstunde wird nicht automatisch besser, weil man am Schreibtisch stundenlang an ihr herumfeilt, z. B. indem man jede Gefahr des Scheiterns durch Risikoverhinderungsmechanismen auszumerzen versucht. Man erzielt nicht schon dadurch ein gutes Ergebnis in einer mündlichen Prüfung, weil man viele Stunden vor den Lehrbüchern verbracht hat usw. Wer sein Zeitmanagement trainiert, muss zuerst mit der Vorstellung aufräumen, dass Zeitintensität gleichbedeutend mit qualitativ hochwertig ist und Zeitbegrenzung gleichbedeutend mit oberflächlich. Zu kurz geplant ist ein Manko, zu viel Zeit verschwendet, aber auch. Es kommt darauf an, das richtige Maß zu finden und die vorhandene Zeit optimal zu nutzen.

2. Gesetz: Eine Arbeit dauert immer so lange, wie man Zeit dafür hat.

Gibt man einem Lehrer sechs Tage für die Planung einer Prüfungslehrprobe Zeit, wird er sich sechs Tage mit dem Thema beschäftigen. Hat er dagegen nur einen Nachmittag Zeit für die Planung von sechs Stunden, wird eine halbe Stunde pro Einheit reichen müssen. Eine Arbeit dauert immer so lange, wie man Zeit dafür hat.

Jeden Tag erleben wir diese Gesetzmäßigkeit in der Schule. Unterrichtsstunden dauern in der Regel 45 Minuten. Nahezu alles, was wir als Lehrer tun, ist auf diesen Zeitfaktor abgestimmt.

Ganz oben auf der Prioritätenliste für das berufliche Lernen der Referendare steht nicht die Frage, wie man Lernprozesse organisiert, sondern wie man sie im Rahmen von 45 Minuten organisiert. Mehr Zeit steht nicht zur Verfügung, also muss die Zeit reichen. An diese strikten Zeitvorgaben gewöhnen wir Lehrer uns im Laufe unseres Berufslebens, viele so sehr, dass sie sofort protestieren, wenn an diesem Zeitmaß gerüttelt werden soll. Die Virtuosität in der Fähigkeit, die Zeitgrenzen in der Schule einzuhalten, scheint sich für viele ins Gegenteil zu verkehren, sobald wir zu Hause am Schreibtisch sitzen. „45 Minuten für die Vorbereitung einer Geschichtsstunde: Wo denken Sie hin?" Fast empört weist hier so mancher jeden zeitlichen Reglementierungsversuch zurück. Und so haftet unserer örtlich zweigeteilten Arbeitssituation distanziert betrachtet etwas Merkwürdiges an: Wo strikte Zeitbegrenzung und -zerstückelung eher kontraproduktiv sind, wenden wir sie an und wo sie uns von Nutzen sein könnten, beachten wir sie nicht.

Zeitmanagement – ein weitgehend unbearbeitetes Feld

Zeitmanagement ist die Fähigkeit, eine große Anzahl von Terminen und Aufgaben im Rahmen eines vorgegebenen Zeitbudgets so optimal zu erledigen, dass ein möglichst hoher Standard in der Qualität der Ausführung erreicht wird.

Damit ist das Problem definiert, das jeder junge Lehrer nach seiner Ausbildung als Praxisschock erlebt. Im Referendariat war das Zeitbudget für die Planung von Unterrichtsbesuchen und Lehrproben – trotz zahlreicher anderer Aufgaben und Verpflichtungen – großzügig bemessen. Vergleicht man den Aufwand für die Lehrproben im Verlauf des Referendariats mit den Möglichkeiten, die jetzt der Alltag zulässt, kommt Unzufriedenheit, für manche sogar Verzweiflung auf. Wie viel Zeit für die Vorbereitung ist angemessen, wenn man 12, 25 oder 28 Wochenstunden Unterricht erteilt?

Ich kann mich nicht erinnern, darüber in einer Didaktik schon einmal etwas Verwertbares gelesen zu haben. Fast scheint es ehrenrührig zu sein, die Frage nach einer vernünftigen Begrenzung des Arbeitsaufwandes zu stellen. Manche Kollegen wetteifern geradezu um den Nachweis, wer die höchste Wochenarbeitszeit hat, so als sei eine möglichst lange Arbeitszeit mit völligem Verzicht auf Freizeit der eindeutigste Indikator für die Qualität der Arbeit.

Es gibt keine eindeutigen Vorschriften über die Menge und die Aufteilung der Lehrerarbeitszeit außerhalb der gebundenen Dienstzeit in der Schule. Weil das so ist, ist jeder Lehrer selbst für den Umgang mit seiner frei verfügbaren Arbeitszeit verantwortlich. Angesichts ständig zunehmender Termine und Aufgaben wird die persönliche Zeiteinteilung für die überwiegende Mehrheit der Kolleginnen und Kollegen – nicht nur für die Berufseinsteiger – zu einem immer größeren Problem mit einem hohen Risikopotenzial für die eigene Gesundheit und die berufliche Zufriedenheit.

Zeitmanagement ist der vielversprechendste Weg, die eigene Unzufriedenheit in den Griff zu bekommen und das Ausmaß der Belastungen zu reduzieren. Die Arbeit an einem persönlichen Zeitplan erfordert kurzfristig einen gewissen Aufwand, aus dem aber mittel- und langfristig erhebliche Nutzeffekte entstehen. Zeitmanagement erfordert eine Vorgehensweise in mehreren Schritten. Die folgenden Seiten bieten Ihnen Hilfen auf dem Weg dahin an.

Vier Schritte auf dem Weg zum professionellen Zeitmanagement

1. Auflistung der verschiedenen Aufgaben und Erstellung eines vorläufigen Zeitplans

2. Ermittlung der tatsächlich aufgewendeten Zeit im Vergleich zum Ausgangsplan

3. Reflexion der Erfahrungen (Ist-Werte) und Formulierung der Ziele (Soll-Werte)

4. Formulierung des persönlichen Zeitplans

Schritt 1: Auflistung der Lehrertätigkeiten in einem Ausgangsplan

Als Bahnkunde mag man sich manchmal fragen, warum es eigentlich Fahrpläne gibt, wo doch die Züge sowieso ständig Verspätung haben. Die Antwort ist einfach: Gäbe es keine Fahrpläne, wüsste man gar nicht, wie viel Zeit die Verspätung eines Zuges beträgt.

Mit einem persönlichen Wochenarbeitsplan verhält es sich ähnlich. Man muss und man kann sich nicht sklavisch daran halten. Aber man verfügt damit über eine Grundlage, an der man die Abweichungen vom Plan messen kann. Der Plan ist die Basis für die Eingliederung der verschiedenen Arbeiten in einen definierten Zeitrahmen. Mit einem Arbeitsplan lässt sich die Zeit individuell verwalten und er ermöglicht eindeutige Aussagen gegenüber Dritten, wie z. B.: „Seit drei Wochen überschreite ich meine geplante Wochenarbeitszeit jeweils um 15 Stunden." Das ist auf jeden Fall professioneller als festzustellen, dass einem die Arbeit über den Kopf wächst.

Zeitmanagement ist ohne die Festlegung eines Zeitrahmens unmöglich, weil der Rahmen definiert sein muss, innerhalb dessen eine Aufteilung und optimale Nutzung stattfinden soll.

Anmerkungen zur Übersicht auf der rechten Seite

Das Beispiel geht von einer Lehrkraft mit einer 28-stündigen Unterrichtsverpflichtung aus. Das entspricht der aktuellen Stundenverpflichtung eines Realschullehrers in Rheinland-Pfalz. Für Ihre Planung sollen die Zeitangaben im Plan lediglich als Orientierung dienen. Nehmen Sie Ihre aktuelle Stundenverpflichtung und Ihre besondere Schulsituation als Ausgangspunkte. Sie können dann, unabhängig davon, ob Sie Teil- oder Vollzeitlehrer oder in der Ausbildung befindlich sind, Ihre persönlichen Zeiten eintragen.

Für eine exakte Zeitermittlung ist es sinnvoll, die Zeiten für die verschiedenen Posten über mehrere Wochen hinweg zu beobachten und zu notieren. Damit kommen Sie dann Ihrem tatsächlichen Durchschnittswert sehr nahe.

Der Plan rechts geht von der Situation eines Lehrers aus, der den Vormittag in der Schule verbringt, nachmittags überwiegend zu Hause arbeitet. Für die Ganztagsschulsituation muss er entsprechend überarbeitet werden. Sollten Sie in ein festes Team eingebunden sein, das außerhalb der Unterrichtszeit gemeinsam Unterricht vorbereitet und andere Maßnahmen bespricht, so müsste der Posten „Teamarbeit" zusätzlich eingefügt werden. Das Gleiche gilt für die Mitarbeit in Kommissionen und Arbeitsgemeinschaften innerhalb und außerhalb der Schule.

Zeiten für den Weg zur und von der Arbeit können – wie bei anderen Arbeitnehmern auch – nicht als Arbeitszeit geltend gemacht werden, die Pausenzeiten sehr wohl, da es sich nur um kurze Unterbrechungen handelt, die dazu noch häufig mit dienstlichen Aufgaben ausgefüllt sind (z. B. Pausenaufsicht).

Die Zahl von 42 Wochenstunden auf das Jahr verteilt ergibt sich aus der folgenden Rechnung: Das Jahr hat 40 Arbeitswochen mit einer errechneten Arbeitszeit von 46 Stunden, ergibt 1840 Jahresstunden. Ferienwochen außerhalb der gesetzlichen Urlaubszeit (= ca. 6 von 12 Wochen) müssen verrechnet werden. Bringt jemand in diesem Teil der Ferienwochen wöchentlich 15 Stunden für berufliche Tätigkeiten auf (Nachprüfungen, Vorbereitungen etc.), summiert sich die errechnete Jahresstundenzahl um weitere 90 Stunden auf 1930. Geteilt durch 46 errechnen sich ziemlich genau 42 Jahreswochenstunden.

Die Unterrichtsverpflichtung ist in den letzten Jahren immer wieder erhöht worden, nach Angaben der Gewerkschaft Erziehung und Wissenschaften um bis zu 6 Stunden seit 1992. Auch die Höchstzahlen für die Klassengrößen wurden angehoben. Der Streit um das Pro und Kontra muss hier ausgeblendet bleiben. Deutlich werden sollte allerdings, dass mit steigender Arbeitsbelastung ein kluges Zeitmanagement immer dringlicher wird.

Zeitmanagement

Persönlicher Berechnungsschlüssel für die wöchentliche Arbeitszeit

1   Gebundene Zeit

1.1 Unterrichtszeit

Nummer	Art der Tätigkeit	Dauer in Zeitstunden	Anmerkungen + – ?
1	Unterrichtsverpflichtung von 28 Stunden	21	
2	Gebundene Arbeitszeit in der Schule insgesamt = 25 Zeitstunden (5 mal 5 Zeitstunden an 5 Tagen)	plus 4 Stunden	

1.2 Weitere dienstliche Tätigkeiten in der Schule

Nummer	Art der Tätigkeit	Anzunehmender Durchschnittswert	Anmerkungen
3	Dienstbesprechungen und Konferenzen	1,5	
4	Elternabende, Sprechtage und Gespräche nach Unterrichtsschluss	1	
5	Dienstliche Verpflichtungen an Schulveranstaltungen außerhalb der Unterrichtszeit, Klassenfahrten	1,5	
6	Unterrichtsvor- und -nachbereitende Arbeiten in der Schule	1	

Summe gebundener Wochenarbeitszeit   30 Stunden

2   Frei verfügbare Arbeitszeit

Nummer	Art der Tätigkeit	Anzunehmender Durchschnittswert	Anmerkungen
7	Korrektur von Tests und Klassenarbeiten	4	
8	Dienstliche Telefonate, Materialbeschaffung	2	
9	Zeit für die Unterrichtsvorbereitung	10	

Summe frei verfügbarer Arbeitszeit   16 Stunden

Summe aller Tätigkeiten pro Woche   46 Stunden

Wochenstunden auf das Jahr verteilt   42 Stunden

Schritt 2: Ermittlung der tatsächlich aufgewendeten Zeit für die Unterrichtsvorbereitung: Das Zeitkontenverfahren

Die Angabe über die Zeit für die wöchentliche Unterrichtsvorbereitung im Plan auf der Seite 17 ist mit zehn Wochenstunden eher knapp bemessen. Einem Berufsanfänger wird sie vielleicht unrealistisch erscheinen, ebenso den Kollegen, die Leistungskurse für die Oberstufe des Gymnasiums vorbereiten. Gehen Sie dennoch zunächst einmal von diesem wöchentlichen Zeitkontingent aus.

Man kann die zehn Stunden auf die Arbeitswoche verteilen und erhält so eine durchschnittliche tägliche Vorbereitungszeit von zwei Stunden. Immer mehr Kolleginnen und Kollegen erteilen auch Unterricht in den Nachmittagsstunden. Sie müssen ihr Kontingent an Vorbereitungszeit noch stärker bündeln bzw. flexibel damit umgehen.

Mo	Di	Mi	Do	Fr	Sa	So
2 Stunden	2 Stunden	2 Stunden	2 Stunden	2 Stunden		

Das Zeitkontenverfahren besteht darin, dass Sie vor Beginn der Arbeit Ihr vorhandenes Zeitkontingent von zehn Stunden in einem Zeitkonto anlegen. Diese angelegte Zeit rufen Sie im Verlauf der Arbeitswoche nach und nach ab. Wenn Sie dieses Verfahren über einige Wochen hinweg anwenden, können Sie exakt ermitteln, wie stark Sie Ihr Zeitkonto überziehen oder wie viel Guthaben an Arbeitszeit Ihnen für andere Aufgaben übriggeblieben ist.

Für die Anlage Ihres Kontos benötigen Sie ein Paket Karten in der Größe von Visiten- oder Karteikarten (= Zeiteinheiten), ein Gefäß zur Kartenaufbewahrung (= Guthabenkonto) und ein Gefäß zur Ablage der Karten (= verbrauchte Zeit).

Ihnen steht ein vorläufiges Zeitkonto von zehn Stunden zur Verfügung, also 600 Minuten.

Unterteilen Sie diese Gesamtzeit in kleine Einheiten und legen Sie diese in Form von Zeitkarten auf Ihrem Konto an. Sie nehmen also 60 Zeitkarten, die Sie auf Ihrem Schreibtisch in das erste Gefäß legen. Jede dieser Karten stellt ein Zeitguthaben von zehn Minuten dar. Je kleiner die Zeiteinheiten gewählt werden, desto präziser lässt sich der Umgang mit der Zeit ermitteln.

Damit haben Sie alle Vorbereitungen erledigt, die Sie für das Zeitkontenverfahren benötigen. Sie können nun die Zeit für die Unterrichtsvorbereitung von Ihrem Konto abheben und die nicht verwendete Zeit mit den übriggebliebenen Karten wieder einzahlen. Verbrauchte Karten sammeln Sie in Ihrem zweiten Gefäß.

Die Kontoführung selbst kostet Sie fast gar keine Zeit. Sie brauchen nur die Karten entnehmen und jeweils am Arbeitsende deren Zahl notieren. Zur Ermittlung Ihres tatsächlichen Zeitverbrauchs für die Unterrichtsvorbereitung sollten Sie das Zeitkontenverfahren über mindestens drei bis vier Wochen durchhalten. Danach werden Sie es erst nach einer längeren Zeitspanne benutzen oder gar nicht mehr benötigen.

Trainingsschritte im Zeitkontenverfahren

Ermittlung des Tagesverbrauchs

Empfohlen wird, am Beginn einer Arbeitswoche mit der Durchführung des Verfahrens zu beginnen. Montags wird der Zeitverbrauch für die Vorbereitung des Dienstags ermittelt usw. Heben Sie für die Vorbereitung insgesamt zwölf Karten ab. Notieren Sie die Dauer der Einzel- und Gesamtvorbereitung und legen Sie am Ende Ihre benötigten Zeitkarten in das Gefäß für die verbrauchte Zeit.

Sollten die zwölf Karten nicht ausgereicht haben, entnehmen Sie Ihrem Konto weitere Zeitkarten aus Ihrem Wochenguthaben. Sollten Sie Karten übrigbehalten, zahlen Sie diese wieder auf Ihr Konto ein. Verfahren Sie so an allen Tagen in der Woche.

verbrauchte Karten		
Mo	12 + 2	14
Di	12 – 4	8
Mi	12 + 8	20
Do	12 + –0	12
Fr	12 – 10	2
Sa	+ 12	12
So	+ 6	6
Summe:		74
Planabweichung:		14 +
Ermittelte Zeit:		12 h, 20 m

Erste Wochenbilanz

Stellen Sie am Ende der Unterrichtswoche fest, wie es um Ihr Konto steht. Kommen Sie mit einem Guthaben von 60 Zeitkarten aus? Haben Sie weitere Karten benötigt? Wann in der Woche war Ihr Konto leer? Oder haben Sie ein Zeitguthaben erwirtschaftet?

Mit einer vorschnellen Bewertung Ihrer Kontoführung sollten Sie allerdings noch etwas warten. In der Gesamtreflexion wird es entscheidend darauf ankommen, wie Sie Ihren Zeiteinsatz im Verhältnis zu Ihrem Unterrichtserfolg und zu Ihrem persönlichen Wohlbefinden sehen.

Zwischenbilanz nach mehreren Wochen

Wenn Sie in der ersten Woche zusätzlichen Kartenbedarf hatten und Ihnen das Gleiche in der zweiten Woche wieder droht, ist absehbar, dass Sie mit dem Zeitkonto auf Dauer nicht auskommen werden. Sie müssen Ihr

Konto aufstocken. Decken Sie Ihren zusätzlichen Zeitbedarf, indem Sie Ihr Kontingent an Karten auf 70, 80 oder mehr aufstocken.

Wie kostbar diese Zusatzzeit ist, kann man sich gut mit folgendem Trick verdeutlichen: Kaufen Sie sich selbst Ihre Zeit ab, indem Sie pro zusätzlich benötigter Karte eine kleine Geldsumme in ein Sparschwein einzahlen, so als hätten Sie mit sich selbst einen Arbeitsvertrag abgeschlossen.

Abschlussbilanz

Der Ausgangsplan ging von einer hypothetischen Festlegung der wöchentlichen Gesamtzeit für die Unterrichtsvorbereitung von zehn Stunden aus. Welche Erfahrungen haben Sie für sich ganz persönlich mit dieser Zeitvorgabe gemacht?

Legen Sie jetzt Ihr eigenes zukünftiges Zeitkontingent für diesen Aufgabenbereich fest. Unterscheiden Sie dabei zwischen dem ermittelten Ist-Wert und dem von Ihnen angestrebten Soll-Wert.

Nehmen Sie sich nach diesem Training ausreichend Zeit für persönliche Schlussfolgerungen. Ein höherer oder geringerer Zeitbedarf für die Unterrichtsvorbereitung als im Berechnungsschlüssel vorgesehen ist zunächst einmal weder negativ noch positiv zu bewerten. Hoher Zeitbedarf kann als Belastung empfunden werden, aber auch als Ausdruck so großer Freude an der Arbeit, dass man gerne dafür mehr Zeit investiert. Geringer Zeitaufwand kann Oberflächlichkeit bedeuten, aber auch Ausdruck besonderer Routine und Professionalität sein.

Die Bewertung Ihrer Zeitkontoführung ergibt sich aus der Menge der investierten Zeit in Relation zur Einschätzung Ihres Unterrichtserfolges und Ihrer beruflichen Zufriedenheit.

Schritt 3: Reflexion der Erfahrungen (Ist-Werte) und Formulierung der Ziele (Soll-Werte)

Planung für Dienstag

9c	Geschichte	☐☐ + ☐☐
5a	Deutsch	☐☐ + ☐☐
7b	Deutsch	☐☐
7b	Deutsch	☐☐ + ☐
10c	Geschichte	☐☐ + ☐☐☐☐
6d	Deutsch	☐☐

Hier wird die Planungszeit gleichmäßig und gewissenhaft auf alle vorzubereitenden Stunden verteilt. Die Erfolgsaussichten sind kurzfristig gut.

In diesem Planungsstil steckt aber die Gefahr, dass man immer nur die Einzelstunde im Auge hat und sich von Stunde zu Stunde hangelt. Übergreifende Bildungsziele geraten so leicht aus dem Blick. Außerdem wird man dieses Verteilungsprinzip mit der hohen Überschreitung des Zeitkontingents auf Dauer nicht durchhalten können.

Planung für Dienstag

9c	Geschichte	☐☐☐☐☐☐☐
5a	Deutsch	
7b	Deutsch	
7b	Deutsch	
10c	Geschichte	☐☐☐☐ + ☐☐☐
6d	Deutsch	

Ein Teil des Unterrichtes für den nächsten Tag wird sehr zeitintensiv vorbereitet. Für diese Unterrichtsstunden sind die Erfolgsaussichten gut.

Weil für den Rest der Stunden überhaupt keine Zeit oder Kraft mehr zur Verfügung steht, besteht die Tendenz, dass man sich durch diese Stunden mit schlechten Erfolgsaussichten irgendwie hindurchrettet.

Dieser Planungsstil kann dazu führen, dass der Unterricht von sehr wechselhafter Qualität ist.

Das kann auf Dauer für den Lehrer und für die Schüler unbefriedigend sein.

Planung für Dienstag

9c	Geschichte	☐
5a	Deutsch	☐☐☐☐☐☐
7b	Deutsch	☐
7b	Deutsch	☐
10c	Geschichte	☐
6d	Deutsch	☐

☐ = Zeitkarten, 12 Karten à 10 Minuten sind als Normkontingent vorgesehen.

Hier wird die Zeit weitgehend auf die Unterrichtsplanung in einer Klasse und in einem Fach verwendet. Keine der anderen Stunden bleibt völlig ungeplant. Bei beständiger Anwendung dieses Planungsprinzips kann der Lehrer sich an jedem Planungsnachmittag eine andere Klasse vornehmen und sich Zeit nehmen zur Planung längerer Unterrichtsreihen. Innerhalb laufender Reihen genügt dann eine kurze Planungszeit, um den Folgeunterricht anzubinden und weiterzuführen.

Das zur Verfügung stehende Zeitkontingent wurde genau eingehalten. Die Erfolgsaussichten für den Unterricht sind beständig gut. Von den drei Möglichkeiten erscheint diese als die routinierteste mit gutem Zeitmanagement.

Über Routinebildung in der alltäglichen Unterrichtsplanung erfahren Sie mehr im nächsten Abschnitt dieses Kapitels.

A Erfahrungen „Ist-Werte"

Aufwand	1. Wie zufrieden sind Sie mit Ihrem wöchentlichen Zeitaufwand für die Unterrichtsvorbereitung?	+2	+1	−1	−2
Verteilung auf Tage	2. Wie gut gelingt es Ihnen, das vorhandene Zeitkontingent auf die Wochentage zu verteilen?	+2	+1	−1	−2
Verteilung auf Klassen	3. Wie zufrieden sind Sie mit der Aufteilung Ihres Zeitkontingents auf Ihre Fächer und Klassen?	+2	+1	−1	−2
Relation Zeit und Erfolg	4. Wie zufrieden sind Sie mit dem Verhältnis Ihrer eingesetzten Zeit zum persönlich gespürten Unterrichtserfolg?	+2	+1	−1	−2
Relation Zeit und Gesundheit	5. Wie wirkt sich Ihr benötigtes Zeitkontingent Ihrer Einschätzung nach auf Ihr gesundheitliches Wohlbefinden aus?	+2	+1	−1	−2
Ablenkungen	6. Wie gut gelingt es Ihnen, sich während der Vorbereitungszeit voll und ganz auf diese Aufgabe zu konzentrieren?	+2	+1	−1	−2

B Ziele „Soll-Werte"

1. Welches durchschnittliche Zeitkontingent für die Unterrichtsvorbereitung pro Woche möchten Sie erreichen?

2. Welche Verteilungsart der Zeit auf die einzelnen Wochentage schwebt Ihnen vor?

3. Welche Art der Aufteilung Ihres Zeitkontingents auf Ihre Fächer und Klassen halten Sie für erstrebenswert?

4. Wie viel zusätzliche Vorbereitungszeit pro Woche sind Sie bereit und in der Lage aufzubringen, wenn sich dadurch Ihr Unterrichtserfolg merklich verbessert?

5. Welche Veränderungen möchten Sie vornehmen, damit sich Ihr Zeitaufwand positiv statt negativ auf Ihre berufliche Zufriedenheit auswirkt?

6. Mit welchen Veränderungen möchten Sie erreichen, dass Sie sich in der Zeit der Unterrichtsvorbereitung voll und ganz auf diese Aufgabe konzentrieren können?

Auswertung der Relation zwischen Zeitaufwand und Unterrichtserfolg

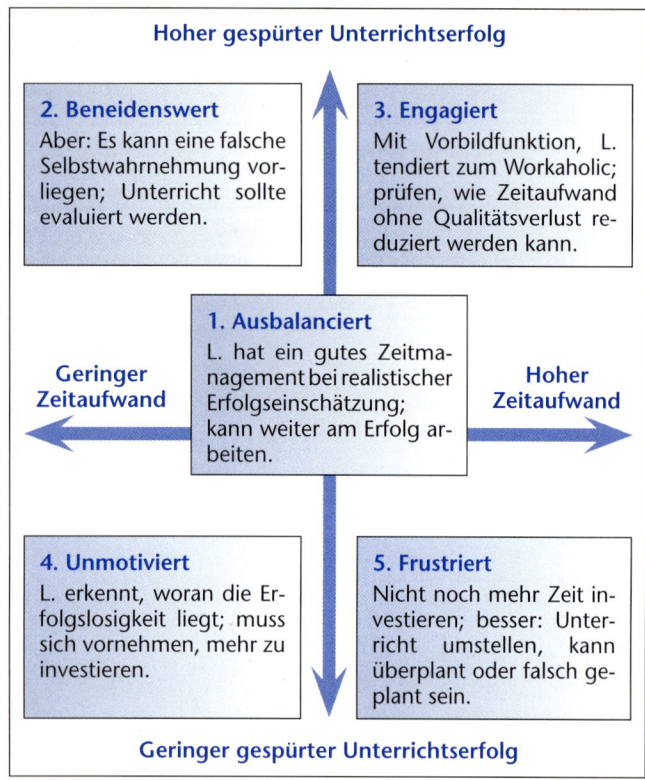

Zeitplan für die Unterrichtsvorbereitung

Mo	Di	Mi	Do	Fr	Sa	So

1. Vorgesehenes Zeitkontingent insgesamt:
2. Geplante Verteilung auf die Wochentage
3. Arbeitszeit und Freizeit an Wochenenden
4. Maßnahmen zum Ausschluss von Zeitfressern
5. Maßnahmen zur effektiven Nutzung und zur klaren Begrenzung der Zeit

Die Übersicht veranschaulicht das Verhältnis zwischen Zeitaufwand und gespürtem Erfolg (in der Durchführung des Unterrichtes).

● Wo sehen Sie zurzeit Ihren Standort in diesem System?
● Wohin möchten Sie sich innerhalb welchen Zeitraums bewegen?

Tipp:
Termin festlegen und Ziel, Termin und geplante Maßnahmen aufschreiben.

Schritt 4: Formulierung des persönlichen Zeitplans

Nach dem Durchlaufen der ersten drei Schritte kann jeder für sich im vierten Schritt sein persönliches Zeitmanagement für den zukünftigen Umgang mit der Unterrichtsvorbereitungszeit formulieren.

Zeitpläne müssen schriftlich formuliert werden.

Ansonsten haben sie keine Chance eingehalten zu werden. Sie können Ihren Plan dazu benutzen, Ihre Ziele zu überprüfen, Planabweichungen zu dokumentieren und ihn eventuell veränderten Gegebenheiten oder Aufgaben anzupassen.

Das Zeitmanagement lässt sich auch auf andere Tätigkeiten ausweiten. Ein wichtiger Bereich kann der Umgang mit Klassenarbeiten sein.
Zeitmanagement ist keine Aufgabe, die irgendwann einmal beendet ist. Sie ist vielmehr ein berufsbegleitender Prozess.

Planung des Alltagsunterrichts nach der 80/20-Regel von Pareto

Im Zeitkontingent für die Unterrichtsvorbereitung sind auf den vorangegangenen Seiten für einzelne Unterrichtsstunden nur zehn Minuten vorgesehen. Das mag auf Skepsis und Widerspruch stoßen. Andererseits: Es muss funktionieren, weil es oft gar nicht anders geht. Wer 12, 20, 25 oder gar 28 Stunden in der Woche unterrichtet und daneben noch zahlreiche andere Verpflichtungen zu erledigen hat, mag beklagen, dass die Zeit zu knapp ist, ändern lässt sich daran im Alltag nichts.

Einen Ausweg aus diesem Dilemma liefert das Pareto-Prinzip. Der kluge Italiener Vilfredo Pareto lebte im 19. Jahrhundert und war ein Wirtschaftswissenschaftler, der sich unter anderem mit der Frage beschäftigte, wie viel Zeitaufwand für die Erledigung einer Arbeit optimal ist. In seinen Untersuchungen entwickelte er die 80/20-Regel. Sie besagt: 80 % eines bestmöglichen Arbeitsergebnisses kann mit einem Zeiteinsatz von 20 % erreicht werden. Will man das Arbeitsergebnis auf die hundertprozentige Qualitätsstufe steigern, sind weitere 80 % Zeitaufwand notwendig.

Das Pareto- Zeitprinzip

20% der Zeit sind erforderlich, um 80% Qualität zu erreichen

80% der aufgewendeten Zeit führen zu 20% Ergebnisverbesserung

Dieses Prinzip lässt sich sehr gut auf die Unterrichtsplanung übertragen. Für uns Lehrer bedeutet es: Wir könnten unseren Unterricht besser planen. Dazu würden wir aber ein Zeitkontingent benötigen, das uns im Alltag nicht zur Verfügung steht. Also streben wir ein 80-prozentiges Qualitätsergebnis in der Kontinuität an. Dieses erreichen wir mit 20 % des wünschenswerten Zeiteinsatzes.

Wer Unterricht langfristig plant, kann sehr schnell entscheiden, wie eine Folgestunde an die vergangene Unterrichtssequenz angebunden werden muss. Er wird das Thema der neuen Einheit formulieren, auf der Zielebene einen Schwerpunkt setzen, mit dem Material arbeiten, das zur Verfügung steht, und dann über die Methode entscheiden. Das Grundgerüst für die Planungsstruktur kann in wenigen Minuten stehen, wenn man kontinuierlich an dieser Routine arbeitet.

In der Anwendung des Pareto-Zeitprinzips steckt sogar die Chance für besseren Unterricht. Man verfügt über eine Planungsstruktur, aber man kann nicht mehr alles vorausplanen. So entsteht eine Offenheit, die Raum lässt für Flexibilität, Spontaneität und Mitgestaltung des Unterrichts durch die Schüler. Junge Lehrkräfte haben nun keine Möglichkeit mehr, durch strenge Planungsvorgaben alle Risiken auszuschließen. Sie müssen im Unterricht auf der Basis ihrer Grobstruktur individuell, flexibel und kreativ entscheiden. Je offensiver sie diese Herausforderung annehmen, desto sicherer wird ihr Unterrichtsstil.

Perfektionismus ist kontraproduktiv

Dass Perfektionismus in der Planung kontraproduktiv für den Unterrichtserfolg ist, erlebt man oft bei begabten Junglehrern, die im Ausbildungsunterricht eine Einserstunde gehalten haben. Weil man noch besser werden will, tappt man in die Perfektionsfalle und der Unterricht wird völlig überplant. Jedes Detail wird nun vorausgeplant, nichts, was den optimalen Unterrichtserfolg beeinträchtigen könnte, soll dem Zufall überlassen bleiben. Die Folge: Die Schüler werden auf unangenehme Weise in ein starres Konzept gepresst. Reagieren sie anders als in der Planung vorgesehen, entstehen Spannungen und der Unterricht gerät schnell aus den Fugen.

Verzicht auf Planung ist auch keine Lösung. Man könnte meinen, bei so wenig Zeit für die Unterrichtsvorbereitung sei es am besten, die Planungsarbeit ganz zu lassen und nur der spontanen Eingebung zu folgen. Völlig ungeplanter Unterricht kann einmalig durchaus funktionieren. Auf Dauer führt er immer dazu, dass der Lehrer doziert und die Schüler nichts lernen.

Umgang mit Zeitfressern

Wer wenig Zeit zur Verfügung hat, muss in der Lage sein, die vorhandene Zeit möglichst effektiv für seine Ziele zu nutzen. Manche Menschen können das sehr gut, andere tun sich schwer damit. Die Verlockungen, den Zeitfressern zum Opfer zu fallen, sind groß, wenn man selbst für seine Zeiteinteilung verantwortlich ist. Einige Telefonate zwischendurch, ein Gang zum Kühlschrank, sich festquatschen und dann die Arbeit vergessen – jeder kennt das. Passiert es einmal, ist es okay, passiert es ständig, ist es ein Problem.

Wichtig ist, dass man sich seine Zeitfresser bewusstmacht und dass man sie einzuschätzen lernt. Geht man während der Unterrichtsvorbereitungszeit „mal eben ins Internet", ist die Gefahr sehr groß, dass einem die Zeit weggefressen wird. Das Internet verführt dazu, dass man sich durch Anklicken immer weiter vom ursprünglichen Ziel entfernt. Womöglich wollte man ein Unterrichtsmaterial für eine Erdkundestunde finden und hat am Ende ein Laminiergerät bei eBay ersteigert.

Gehen Sie Ihren Zeitfressern auf die Spur, wenn Sie den Wunsch und die Notwendigkeit verspüren, mit der vorhandenen Zeit besser haushalten zu müssen. Am besten wird es sein, wenn Sie Ihre tägliche Kernzeit für die Unterrichtsvorbereitung klar definieren und für diese Zeit alle Ablenkungsgefahren weitgehend ausschließen. Also Handy abstellen und Verwandte und Freunde darum bitten, in dieser Zeit nicht zu stören. (Ich bewundere oft, dass allein erziehende Mütter diese Klippen besser meistern als so manch einer, der nur für sich selbst zu sorgen hat.)

„Ich kann nur unter Zeitdruck arbeiten"

Nur unter Druck arbeiten zu können, das scheint für viele Menschen mit einem gewissen Nervenkitzel verbunden zu sein. Der Druck erzeugt Konzentration und mit diesem geht die Arbeit schneller. Als Student kann man sich dieses Prinzip einigermaßen gut leisten. Schließlich braucht es niemanden zu interessieren, in welchem Zeitraum eine Semesterarbeit zustande gekommen ist, Hauptsache, sie liegt pünktlich vor. Wenn man aber in

Die gefährlichsten Zeitfresser

1. Planloses Surfen im Internet
2. Klingelnde Handys
3. Ständiges Senden und Abrufen von SMS
4. Nicht zu wissen, mit welcher Arbeit man anfangen soll
5. Entscheidungsschwäche bei der Auswahl der Unterrichtsmaterialien
6. Vermischen verschiedener Tätigkeiten
7. Sprunghaftigkeit
8. Unaufgeräumte Schreibtische
9. Ständiges Suchen nach Unterlagen
10. Übertriebene Zettelwirtschaft

ein System eingebunden ist, in dem man Verantwortung für andere Menschen übernimmt und in dem man dieser Verantwortung tagtäglich gerecht werden sollte, erweist sich diese Arbeitsauffassung sehr schnell als höchst unprofessionell. Für Lehrer ist sie denkbar ungeeignet.

Das Hinausschieben einer Arbeit liegt daran, dass man nicht bereit ist, einen aktuellen Zustand, den man als angenehm empfindet, aufzugeben für einen Zustand, von dem man erwartet, dass er unangenehmer wird. Von daher betrachtet, ist die „Aufschieberitis" eine Schwäche, die sich zu einer Krankheit ausweiten kann. Professionelle und pflichtbewusst arbeitende Menschen haben das gleiche Bedürfnis nach Auszeiten und Mußestunden wie alle anderen. Sie sind aber in der Lage, den durchaus angenehmeren Zustand der Verweigerung aufzugeben, weil sie pflichtbewusst und willensstark sind.

Wer Unterricht nur unter Zeitdruck vorbereiten kann, muss in Kauf nehmen, dass die Umsetzung leidet. Vor dem Hintergrund von Misserfolgen wird es ihm dann noch schwerer fallen, den angenehmen Zustand der Passivität aufzugeben. Damit ist unter Umständen ein Teufelskreis in Gang gesetzt, der in beruflicher Gleichgültigkeit und Apathie endet.

Die Fähigkeit zum persönlichen Zeitmanagement besteht zu einem großen Teil aus Selbstdisziplin.

Vorschläge zur Optimierung der Arbeitsabläufe

A Der Schreibtisch muss zur Arbeit einladen

Ein unaufgeräumter Schreibtisch, auf dem sich Bücher, Hefte, Arbeitsblätter und allerlei Schreibutensilien anhäufen, ist für die meisten Menschen ein ästhetisches Ärgernis. Um einen solchen Arbeitsplatz macht man gerne einen großen Bogen. Künstler können in einem kreativen Chaos vielleicht ein bedeutendes Kunstwerk hervorbringen: individualistisch, exzessiv, spontan. Für die Unterrichtsvorbereitung des Lehrers sind Klarheit, Struktur und Logik unabdingbare Voraussetzungen. Es bedarf eines Arbeitsplatzes, der die Entfaltung dieser Tugenden unterstützt. Gut geplante Arbeit entsteht in ästhetisch ansprechender und funktionsgerechter Atmosphäre. Stellen Sie sich Ihren Schreibtisch als Person vor: „Komm, setz' dich zu mir!", soll er sagen und nicht: „Halt dich fern von mir. Ich bin noch ungewaschen!"

B Fangen Sie einfach an

Einfach anzufangen ist das wirksamste Medikament gegen die „Aufschieberitis". Man spart nicht nur Zeit dadurch, sondern entlastet sich auch von einem permanenten psychischen Druck. Es ist ja nicht so, dass einen eine Arbeit nicht beschäftigt, während man sie vor sich herschiebt. Im Gegenteil: Der Druck von Unerledigtem beeinflusst als Dauerbelastung die scheinbar gewonnene Freizeit.

Wer den ersten Schritt macht, hat schon gewonnen. Untersuchungen aus der Arbeitswelt haben gezeigt, dass die meisten Menschen an einer einmal begonnenen Arbeit dranbleiben, wenn sie die ersten zehn Minuten geschafft haben. Für Ihr Wohlbefinden und für die Qualität Ihrer Arbeit sollte daher der Grundsatz gelten: Je eher daran, desto eher davon!

C Aufgaben mit höchster Dringlichkeitsstufe müssen klar definiert werden

Hat man der Klasse 8a versprochen, die Klassenarbeit an einem bestimmten Termin zurückzugeben, so duldet diese Arbeit keinen Aufschub am Tag vor dem Termin. Geben Sie ihr die höchste Dringlichkeitsstufe. Der Glaubwürdigkeitsverlust ist enorm, wenn man nicht in der Lage ist, versprochene Termine einzuhalten. Es hilft, wenn man am Beginn der Arbeit die Prioritäten festlegt. Am besten beginnt man immer mit den Top-Prioritäten, solange die Konzentrationsfähigkeit noch voll gegeben ist.

D Man bleibe voll und ganz bei einer Sache

Immer wieder habe ich Lehramtsanwärter erlebt, die nach missratenem Lehrprobenunterricht und nach schlechten Prüfungsergebnissen kopfschüttelnd beklagt haben, sie hätten so viele Stunden mit der Vorbereitung am Schreibtisch verbracht und könnten sich das schlechte Abschneiden einfach nicht erklären. Oft gibt es aber Erklärungen. Viele Menschen verzetteln sich, wenn sie mehrere Aufgaben zu erledigen haben. Sie sehnen Ablenkungen und Unterbrechungen geradezu herbei. Sie beschäftigen sich mit Nebensächlichkeiten oder sie arbeiten ohne System.

Es hilft, wenn man eine Arbeit konkret definiert und sich dann voll und ganz darauf konzentriert. „Ich werde jetzt ohne Unterbrechung zehn Klassenarbeiten der 7c korrigieren" oder: „Ich plane in der nächsten Stunde eine neue Unterrichtsreihe und gehe dabei mit System vor – von den Zielen über die Inhalte zur Methode" oder: „Ich lese diesen Fachaufsatz so, dass mir die Kernaussagen noch in drei Monaten präsent sind".

Die Zeit, die man am Schreibtisch verbringt, ist kein hinreichender Nachweis für gute Arbeit. Gut gearbeitet hat, wer die Dinge erledigt hat. Sie oder er darf sich dann auch belohnen. Zwei Stunden konzentrierte Arbeit mit einem anschließenden Jogging oder einem Spaziergang in der Natur können effizienter sein als fünfstündiges Ausharren ohne befriedigendes Arbeitsergebnis.

1.3 Unterricht Zeit sparend planen mit System

Es ist immer wieder erstaunlich, zu welchen Höchstleistungen unsere Schülerinnen und Schüler fähig sind. Im Deutschunterricht in einer fünften Klasse beobachte ich, wie hochmotivierte Kinder Sachtexte auf geradezu virtuose Art in Mindmaps umwandeln. In einer gespielten Eignungsprüfung für ein Stipendium in den USA erläutern Schüler einer zehnten Klasse fremdsprachlich das amerikanische Regierungssystem, wobei die Schüler die Rollen der Lehrer und der Prüflinge gleichzeitig übernehmen. Im Biologieunterricht in der gleichen Jahrgangsstufe habe ich die Gelegenheit, einer Diskussion über die Chancen und Gefahren des Klonens zuzuhören, bei der die Leiterin so viel Moderationskompetenz und die teilnehmenden Schüler so viel Kommunikationskompetenz unter Beweis stellen, dass ich mir wünsche, die Diskussion würde im Fernsehen einem breiten Publikum zugänglich gemacht. Noch lange ließe sich diese Aufzählung fortsetzen, wenn ich nur meine Erfahrungen in den letzten beiden Jahren Revue passieren lasse.

Unterhält man sich mit den verantwortlichen Lehrern über die Gründe für diese Erfolge, so wird eines immer deutlich: Hier werden Unterrichtskonzepte umgesetzt, denen eine systematische Planung und eine Orientierung an langfristigen Zielerwartungen zugrunde liegt. Es muss nicht immer der große Aufwand sein, der zu nachhaltigen Bildungsergebnissen führt, viel entscheidender sind handwerkliches Geschick und Routinebildung in der Planung und Durchführung.

Weg von der Stundenplanung hin zur Planung von Reihen

Als Lehramtsanwärter oder Referendar ist man sehr stark auf die Planung von Einzelstunden fixiert. Schließlich entscheiden benotete Lehrproben in hohem Maße über den Erfolg oder Misserfolg im Vorbereitungsdienst. Von dieser Fixierung muss man sich lösen, wenn man im Lehrerberuf langfristig erfolgreich arbeiten möchte.

In der Stundenfixierung steckt eine Gefahr, die seit der Veröffentlichung der PISA-Studie endlich mit Konsequenz diskutiert wird: Der lernpsychologische Ablauf eines Unterrichtsgeschehens wird mit all seinen Stationen in einen 45-Minuten-Takt gepresst. In einer dreiviertel Stunde sollen Schüler motiviert und in ein neues Thema eingeführt werden, die erste Übungsphase durchlaufen, danach womöglich noch mehrere Aufgaben in arbeitsteiligen Gruppen bewältigen, damit sie dann in einer Präsentation ein Arbeitsergebnis vorstellen, das mit einem Feedback gewürdigt wird und mit einer Sicherung der wichtigsten Lernergebnisse in einem Tafelbild endet, das die Schüler in ihr Heft übernehmen.

Wer sich aus selbst auferlegtem Druck oder wegen des erzeugten Drucks von außen eine solche Vorgehensweise aneignet, kann die Situation nur meistern, wenn er die Materialmenge und das Anspruchsniveau begrenzt.

Die Tendenz zu gänzlicher Wirkungslosigkeit wird gesteigert, wenn die einzelnen Stundenkonzeptionen dann wie kleine Lernpakete verbindungslos nebeneinandergestellt werden. Die Folge ist, dass die Lernerfahrungen aus der einen Stunde so rasch wie möglich wieder entsorgt werden, damit für kurze Zeit Platz geschaffen wird für die Beschäftigung mit einem neuen Paket, dem es dann ebenso ergehen wird.

Erfolgreicher Unterricht macht Schluss mit diesem Lernen in kleinsten Dosen. Die Planung von Einzelstunden wird durch Reihenplanung ersetzt. Zwei Vorteilskomplexe kann man so gewinnen: Man entlastet sich selbst, weil man in der Unterrichtsvorbereitung nur zu Beginn ein hohes Zeitkontingent aufwenden muss. Danach genügen kurze Zwischenüberlegungen.

Man steigert die Unterrichtsqualität durch ein Mehr an echter Lernzeit, ausgedehnteren Phasen eigenverantwortlichen und individuellen Lernens und durch eine klare Struktur, von der Schüler und Lehrer in gleicher Weise profitieren.

Im Folgenden werden einige systematische Planungsschritte empfohlen, die zur Routinebildung beitragen können.

Welche Planungsstrategien fördern den Unterrichtserfolg?

Wenn man die Gelegenheit hat, viele hundert Unterrichtsstunden verschiedenster Kollegen, Fächer und Jahrgänge beobachten zu können, wird deutlich, was die erfolgreiche Unterrichtsplanung grundsätzlich von der weniger erfolgreichen unterscheidet. Dabei wird nicht unterstellt, dass die Planung des Lehrers einzig und allein für Erfolg oder Misserfolg steht. Natürlich spielen andere Faktoren wie z. B. die Leistungsfähigkeit, die allgemeine Lernmotivation, das häusliche Umfeld und die oft zitierten schulischen Rahmenbedingungen auch eine Rolle. Dennoch: Bei gleicher Ausgangslage entstehen Qualitätsunterschiede, die

auf das jeweilige handwerkliche Geschick zurückzuführen sind. Was für Ärzte, Rechtsanwälte und Fliesenleger gilt, wird bei uns Lehrern nicht anders sein. Das Beruhigende daran: Man muss kein Überflieger sein, um seine handwerklichen Fähigkeiten zu vervollkommnen.

Von den geradezu unüberschaubar vielen Qualitätsmerkmalen für die erfolgreiche Unterrichtsplanung sind die folgenden fünf besonders bedeutsam. Wer in diesen Bereichen sich bemüht Schwerpunkte zu setzen, wird mit hoher Wahrscheinlichkeit eine persönliche Qualitätssteigerung bilanzieren können.

Was routinierte Unterrichtsplaner tun:		
1. Sie arbeiten kompetenzorientiert.	statt	Reine Stofflichkeit
2. Sie setzen sich klar formulierte und gut strukturierte Ziele.	statt	Zielungenauigkeit
3. Sie schaffen Transparenz, indem sie ihre Ziele und Methoden mit den Schülern besprechen.	statt	Überraschungsdidaktik
4. Sie klären im Vorfeld, wann, wie lange und wobei sie frontal unterrichten und wann, wie lange und wobei sie die Schüler in eigenverantwortliches Lernen entlassen.	statt	Belehrungsdominanz
5. Sie sorgen nach Phasen der Stofferarbeitung für kommunikative Anwendungsmöglichkeiten durch möglichst viele Schülerinnen und Schüler.	statt	Eindimensionale Informationsaufnahme

Zu 1: Kompetenzorientierte Unterrichtsplanung

In einer fünften Realschulklasse sehe ich eine Biologiestunde zum Thema: „Wie übernachten die Tiere des Waldes?" Die Lehrerin verteilt farbige Karten, worauf die Schülerinnen und Schüler sofort wissen, dass sie heute Mitglied der grünen, gelben, roten, orangen oder blauen Gruppe sind. Am Ende der arbeitsteiligen Gruppenarbeit über Füchse, Rehe und andere Waldbewohner übertragen die Kinder wichtige Arbeitsergebnisse auf Folien, die sie später auf den Tageslichtprojektor auflegen werden. Für die Präsentierenden gibt es keinerlei Zweifel, dass jedes Gruppenmitglied eine Aufgabe zu übernehmen hat. Die

Kinder werden systematisch methodisch trainiert. Der Unterricht ist an der Förderung von Kompetenzen orientiert und daher ebenso vorbildlich wie nachhaltig.

Nichts macht das Unterrichten angenehmer als mit kompetenten Schülern arbeiten zu können, die darüber hinaus noch stolz auf ihre im Unterricht erworbenen Kompetenzen sind. Schüler, die an Rituale und Regeln gewöhnt sind, die sich auf Einzel-, Partner- und Gruppenarbeit einlassen können, die es verstehen, miteinander zu reden, zu diskutieren, Ergebnisse zu präsentieren usw. sind das, was jede Kollegin und jeder Kollege sich wünscht.

Kompetenz ist auch das, was die Gesellschaft und die Arbeitswelt von der Schule erwarten. Schüler, die sich um einen Ausbildungsplatz bewerben, müssen zunehmend in Assessmentverfahren grundlegende Kompetenzentwicklung unter Beweis stellen. Universitäten erwarten wissenschaftspropädeutische Kompetenzen als grundlegende Voraussetzung für die Studierfähigkeit. Kompetenzentwicklung ist das Wertvollste, was Unterricht leisten kann. Dem Wissen kommt dabei die Rolle eines Rohstoffes zu. Dieser Rohstoff gewinnt an Wert, je besser er in Können umgewandelt wird. Weil das so ist, bezeichnen wir die Wissensbestände unserer Fächer als den Stoff. Ohne ihn geht es nicht, aber ausschließlich mit ihm geht auch nichts.

In einer guten Unterrichtsplanung geht es immer um die Integration des zu bearbeitenden Stoffes in die Förderung fachlicher und überfachlicher Kompetenzen. Kompetenzorientierung sollte das wichtigste Planungsprinzip sein. Langfristig gesehen erleichtert es Lehrern das Unterrichten, baut Selbstvertrauen auf der Seite der Schüler auf und liefert befriedigende Antworten auf die Herausforderungen, vor denen die Schule insgesamt steht.

Was bedeutet Kompetenzorientierung konkret?

- Mit der Festlegung des neuen Stoffgebietes erfolgt eine Beschreibung der Kompetenz(en), die aus diesem Rohstoff heraus entwickelt werden soll(en).
- Entscheidend ist die Frage: Was sollen meine Schülerinnen und Schüler am Ende der Reihe besser können als vorher?
- Bei der Kompetenzerwartung erfolgt eine Schwerpunktbildung. Für die Fächer, für die Bildungsstandards vorliegen, orientiert sich diese an den Standardformulierungen.
- Anvisierte Kompetenzen sollten in der Themenformulierung deutlich werden (z.B. Befähigung zur selbstständigen Interpretation von Gedichten am Beispiel ausgewählter Balladen).
- Nach der Schwerpunktbildung erfolgt die weitere Planung dem Prinzip *vom Ganzen zum Detail* bzw. *vom Groben zum Feinen*.

Zu 2: Für Zielklarheit sorgen

Zielklarheit bedeutet zunächst einmal, dass man sich nicht in Details verliert und am Ende den Wald vor lauter Bäumen nicht mehr sieht. Wer wenige, aber klar formulierte Ziele hat, wird seinen Unterricht gut an diesen Zielen orientieren können. Er vermag zudem offen und flexibel zu reagieren, weil er im Unterrichtsgeschehen einerseits die Richtung nicht aus den Augen verliert und andererseits wenig durch zu enge Detailziele festgelegt ist.

In den Zielformulierungen konkretisieren Sie die angestrebten Kompetenzen und geben ihnen eine Struktur, die sich an vier Ebenen eines erweiterten Lernbegriffs orientiert:

„Was sollen meine Schüler lernen?"

a) auf der Informationsebene

b) im methodischen Bereich

c) in ihren kommunikativen Fähigkeiten

d) bezüglich ihrer Sozialkompetenz

Wenn Sie die Lernziele für die Unterrichtsreihe festgelegt haben, genügt es, dass Sie sich bei der Einzelstundenplanung auf ein Stundenziel und allenfalls zwei oder drei Teilziele konzentrieren.

Kontraproduktiv für den guten Unterricht sind ausufernde Kataloge von Feinlernzielen für Einzelstunden. Wer fünfzehn, zwanzig oder noch mehr solcher Feinlernziele formuliert, verpasst seinem Unterricht ein zu starres Konzept und macht es sich selbst unmöglich, mehr Flexibilität, Offenheit und Souveränität zu entwickeln. Feinlernziele sind wie Stützräder an Fahrrädern. Dem absoluten Anfänger vermitteln sie bei den ersten Fahrversuchen ein gewisses Sicherheitsgefühl.

Was bedeutet Zielklarheit konkret?

- Man konkretisiert und strukturiert die anvisierten Schwerpunktkompetenzen.
- Man legt nur Zielerwartungen fest, die eine Leistung beschreiben, welche von einer Aktivität des Lehrers ausgelöst und begleitet werden.
- Man notiert, welche Lernfortschritte in den Bereichen Informations-, Methoden-, Kommunikations- und Sozialkompetenz im Zeitraum des unterrichtlichen Vorhabens anvisiert werden sollen.
- Man berücksichtigt bei den Zielerwartungen das unterschiedliche Leistungsvermögen in der Klasse und orientiert sich an Mindeststandards und weitergehenden Erwartungen.
- Man legt frühzeitig eine Gesamtzielerwartung fest und kann sich in diesem Rahmen bei der Stundenplanung möglichst jeweils auf ein klar definiertes Stundenziel konzentrieren.

Zu 3: Transparenz anstelle von Überraschungsdidaktik

Transparenz bedeutet, dass die Schülerinnen und Schüler über die anvisierten Kompetenzen, die grundlegenden Ziele und den geplanten Ablauf des Unterrichtes zu Beginn eines unterrichtlichen Vorhabens in Kenntnis gesetzt werden. Mit zunehmendem Alter und zunehmender Kompetenz sollte man ihnen in Planungsgesprächen am Beginn neuer Unterrichtsreihen Möglichkeiten zur Mitgestaltung anbieten.

Manchen mag das überraschen, weil es immer noch weitgehend unüblich zu sein scheint, die Schüler in die eigenen Planungsüberlegungen mit einzubeziehen. Es geht den Schülern aber genauso, wie es uns Erwachsenen in einer Lehrveranstaltung oder Fortbildung geht: Wir nehmen es positiv auf, wenn der Referent uns zu Beginn über seine Themen und Schwerpunkte informiert, die Abläufe erklärt und den Zeitrahmen festsetzt. Schülerinnen und Schüler lernen besser, wenn sie darüber im Bilde sind, was sie lernen sollen.

„Wir lesen Texte über seltene Tiere und machen Mindmaps dazu, weil wir lernen sollen, schwierige Texte gut zu verstehen." Das haben mir Schüler einer fünften Klasse stolz erzählt, als ich sie bei einem Unterrichtsbesuch fragte, worum es in ihrem Unterricht geht. Die Tatsache, dass sie wussten, worauf es ihrer Lehrerin ankommt, hat sich positiv auf ihre Motivation und Konzentration ausgewirkt. Ganz besonders profitieren schwächere Schüler von dieser Vorgehensweise. Es hilft ihnen, den Anschluss zu finden, wenn ihnen von Beginn an klar ist, was der Lehrer von ihnen erwartet.

Auch die einzelne Unterrichtssequenz kann dem Prinzip der transparenten Leitung folgen. Der Lehrer kann z. B. nach einer Phase der Hinführung zu einem Thema sagen: „Ich möchte mich gerne mit euch darüber unterhalten, was ihr schon über dieses Thema wisst und was ihr vielleicht gerne noch wissen möchtet, und im zweiten Teil der Stunde eine interessante Gruppenarbeit durchführen." In aller Regel wird sich diese Vorgehensweise positiv auf die Mitarbeit und Leistungsbereitschaft auswirken und keineswegs „die Spannung nehmen", wie manchmal angemerkt wird.

Fatal dagegen ist die so genannte Überraschungsdidaktik. Sie beruht darauf, dass die Schüler im Unklaren gelassen werden, was geplant ist und was als Nächstes kommen wird. Weil die Schüler nicht wissen, was Sache ist, raten sie herum und versuchen irgendwie herauszufinden, was die Lehrer eigentlich von ihnen wollen. Die Lehrer machen sich das Leben schwer, weil sie nicht wissen, wie sie zur nächsten Phase überleiten sollen. Also picken sie sich die Schüleräußerungen heraus, die in ihren Plan passen.

Transparenz ist der Schlüssel zu mehr Unterrichtserfolg. Es ist zudem ein Prinzip, das sich auf sehr einfache Art und Weise umsetzen lässt. Je überzeugender es Ihnen gelingt, sich selbst und Ihren Schülern gegenüber für Transparenz in den Zielen, Inhalten und Abläufen zu sorgen, desto höher werden die Chancen für zufriedenstellendes Unterrichten.

Was bedeutet Transparenz konkret?

- Am Anfang jeder Unterrichtsreihe werden die Schüler über das Thema, die grundlegenden Ziele und die geplanten Abläufe informiert.
- Für diesen Klärungsprozess sollte ein Gespräch eingeplant werden, in dem der Lehrer seine Erwartungen offenlegt und die Schüler Stellung nehmen und eigene Vorschläge einbringen.
- Lernmotivation auf eine Unterrichtsreihe bezogen werden Sie erreichen, wenn Schüler zur Ansicht gelangen: „Ich weiß, worum es geht. Ich möchte das lernen, weil ich mir davon einen Nutzen verspreche. Ich bin bereit, mich dafür anzustrengen."
- Hin und wieder kann eine Überraschung den Unterricht durchaus beleben. Überraschungsdidaktik als Prinzip muss aber ad acta gelegt werden, wenn intensiver und zielgerichteter gelernt werden soll.

Zu 4: Trennung zwischen Frontalunterricht und Phasen eigenverantwortlichen Lernens

- In welchen Phasen des Unterrichtsgeschehens muss ich den Unterricht führen?
- Wann und bei welchen Lernanlässen kann ich meine Schüler in die Selbstständigkeit entlassen?

Wer auf diese beiden Fragen im Anfangsstadium eines Planungsprozesses kluge Antworten findet, wird verhindern, dass er selbst den Unterricht zu stark dominiert und in der Folge im weitgehend wirkungslosen Belehrungslernen steckenbleibt.

Noch immer reden Lehrer viel zu viel und viel zu oft im Unterricht. Das Kernproblem dabei ist, dass ein Zuviel an Belehrung die erwartete Wirkung zerstört. Jeder Kollege, der eine Fortbildung besucht, auf der ausschließlich referiert wird, weiß das aus eigener Erfahrung. Die Vorträge mögen noch so gut sein, wenn es zu viel wird, schaltet man ab. So machen es die Schüler auch.

Das vernünftige Verhältnis zwischen Frontalunterricht und den Phasen eigenverantwortlichen Lernens ist eine Frage der richtigen Dosierung. Bei der Festlegung des Mischungsverhältnisses sollte man nicht nur die Einzelstunde, sondern immer den Gesamtablauf der Reihe im Blick haben. So wird es durchaus sinnvoll sein, ein schwieriges Thema, wie etwa die Einführung der Bruchrechnung oder die Anwendung eines neuen Texterschließungsverfahrens, in einer frontalen Organisation über einen gesamten Stundenverlauf durchzuführen. Es können dann Phasen der Erarbeitung folgen, in denen die Schüler in Einzel-, Partner- und Gruppenarbeit über längere Zeiträume hinweg eigenverantwortlich lernen und arbeiten. Die Qualität ergibt sich aus der Gesamtstruktur und nicht aus den einzelnen Elementen.

Meine ganz pragmatische Antwort auf das richtige Mischungsverhältnis zwischen Lehrerlenkung und Schüleraktivität lautet „50 zu 50". Frontalunterrichtsphasen sollten im Laufe einer mehrstündigen Unterrichtsreihe den 50-Prozent-Anteil keinesfalls überschreiten.

Worauf man im Mischungsverhältnis besonders achten sollte

- Legen Sie das Mischungsverhältnis zwischen den Phasen, in denen Sie im Frontalunterricht arbeiten werden und in denen die Schüler eigenverantwortlich arbeiten, für die Gesamtplanung Ihrer Unterrichtsreihe im Groben fest.
- Überlegen Sie immer, in welchen Phasen des Lernens Ihre Schüler auf Ihre Hilfe angewiesen sind und in welchen sie wirksamer allein, zu zweit oder in Gruppen arbeiten.
- Gehen Sie davon aus, dass Lernen immer ein vom Lernenden selbst vollzogener Vorgang sein muss. So wird es Ihnen gelingen, die Menge der Belehrung zu begrenzen.
- Unterbrechen Sie die eigenverantwortlichen Lernphasen und die Beiträge der Schüler möglichst nicht durch ständige Zwischenanweisungen und Bemerkungen.

Besser ist das Verhältnis von einem Drittel zu zwei Dritteln, aber 50 zu 50 ist auch schon ein entscheidender Qualitätssprung. Innerhalb der Einzelstunde gilt diese Regel für die Verteilung der Redeanteile. Lehrer, die dauerhaft mehr als 50 Prozent der Redezeit in einer Unterrichtsstunde für sich selbst in Anspruch nehmen, schaden ihrer Gesundheit und schränken die Lernchancen der Schüler ein.

Zu 5: Zu nachhaltigem Lernen gehört immer die kommunikative Anwendung

Wer seine Schüler fragt, ob sie fachliche Zusammenhänge erklären können, die in anderen als den eigenen Fächern von Bedeutung sind, wird oft enttäuscht, weil die Schüler, spontan befragt, dazu nicht in der Lage sind. Der Grund: Unsere Schüler erhalten zu wenige Gelegenheiten, das erarbeitete Lernpensum kommunikativ anzuwenden. Sie können Gelerntes nicht versprachlichen, weil sie zu wenig Übung darin haben. Dieses Manko hat fatale Auswirkungen und es ist ein entscheidender Grund dafür, dass unsere Schüler in Testsituationen schlecht abschneiden, egal ob es sich um den PISA-Test handelt oder um Testverfahren für Auszubildende. Gelerntes Wissen muss anwendbar sein, wenn es von Nutzen sein soll. Was hilft es einem Schüler, wenn er die Aufgaben des deutschen Bundestages zwar im Politikunterricht durchgenommen hat, aber in keiner Situation außerhalb des Politikunterrichtes erläutern kann, worin diese Aufgaben bestehen?

Versprachlichung des Gelernten ist das Konzept, das dem Bildungsbegriff der PISA-Studie zugrunde liegt. Egal, ob es um Lesekompetenz, mathematische Kompetenz oder um problemlösendes naturwissenschaftliches Denken geht, immer ist die intelligente Anwendung des Gelernten (= Literacy) der Schlüssel zum Erfolg.

Zur erfolgreichen Unterrichtsplanung gehört, dass kommunikative Anwendungsmöglichkeiten des Gelernten eingeplant werden. Sonst ist oft die ganze Mühe umsonst. Im Fremdsprachenunterricht ist das ganz selbstverständlich. Wer nicht Englisch spricht, wird die Sprache nicht lernen. Lerneffektiv wird der Unterricht immer dann, wenn der Lehrer sich nach Phasen der Vorbereitung oder des gemeinsamen Übens zurücknimmt und möglichst viele Schüler dazu bringt, zusammenhängend zu sprechen. Informationsaufnahme, Verarbeitung und Anwendung bilden eine Einheit. Fehlt einer dieser Bestandteile, kann der Unterricht keine nachhaltige Bildungswirksamkeit entfalten.

Es ist offensichtlich, dass die Zerstückelung der Lernprozesse in die kurzen Intervalle von Einzelstunden das intensive und nachhaltige Lernen stark behindert. Hier ist nicht der Raum, diese Problematik ausführlich zu diskutieren. Nur so viel: Wann immer Sie die Möglichkeit haben, in größeren Lernblöcken zu unterrichten, nutzen Sie die Gelegenheit. Sie steigern die Lernchancen Ihrer Schüler, weil es Ihnen so viel leichter möglich sein wird, kommunikative Anwendungsübungen in Ihren Unterricht einzubauen, in denen die Schüler aktiv sind. Sich selbst ersparen Sie damit viel Stress im Laufe eines Schultages.

Was bedeutet kommunikative Anwendung konkret?

- Auf Phasen der Stofferarbeitung sollten immer Phasen der kommunikativen Anwendung folgen.
- Beschränken Sie sich nicht darauf, dass nur die Schülerinnen und Schüler Lernergebnisse präsentieren, die das sowieso schon können und sich immer wieder melden.
- Lassen Sie öfter Zufallsverfahren entscheiden, wer die Lernergebnisse präsentiert.
- Partnerbriefing, doppelter Sitzkreis, arbeitsteilige Gruppenarbeit sind hervorragende Methoden, um die kommunikative Anwendung durch alle Schülerinnen und Schüler zu ermöglichen.
- Lebensnahe Lernszenarien erleichtern das Lernen für die Anforderungen außerhalb des Unterrichtes. „Stellt euch vor, ihr befändet euch in einem Vorstellungsgespräch, ihr müsstet auf einer Versammlung sprechen, ..."
  Solche und ähnliche Szenarien schaffen intelligente Anwendungsmöglichkeiten.

Die Lernschleife kann der Planung einer Unterrichtsreihe zugrunde gelegt werden. Sie zeigt eine Möglichkeit, wie das Mischungsverhältnis zwischen Frontalunterricht und eigenverantwortlichem Lernen geplant werden kann.

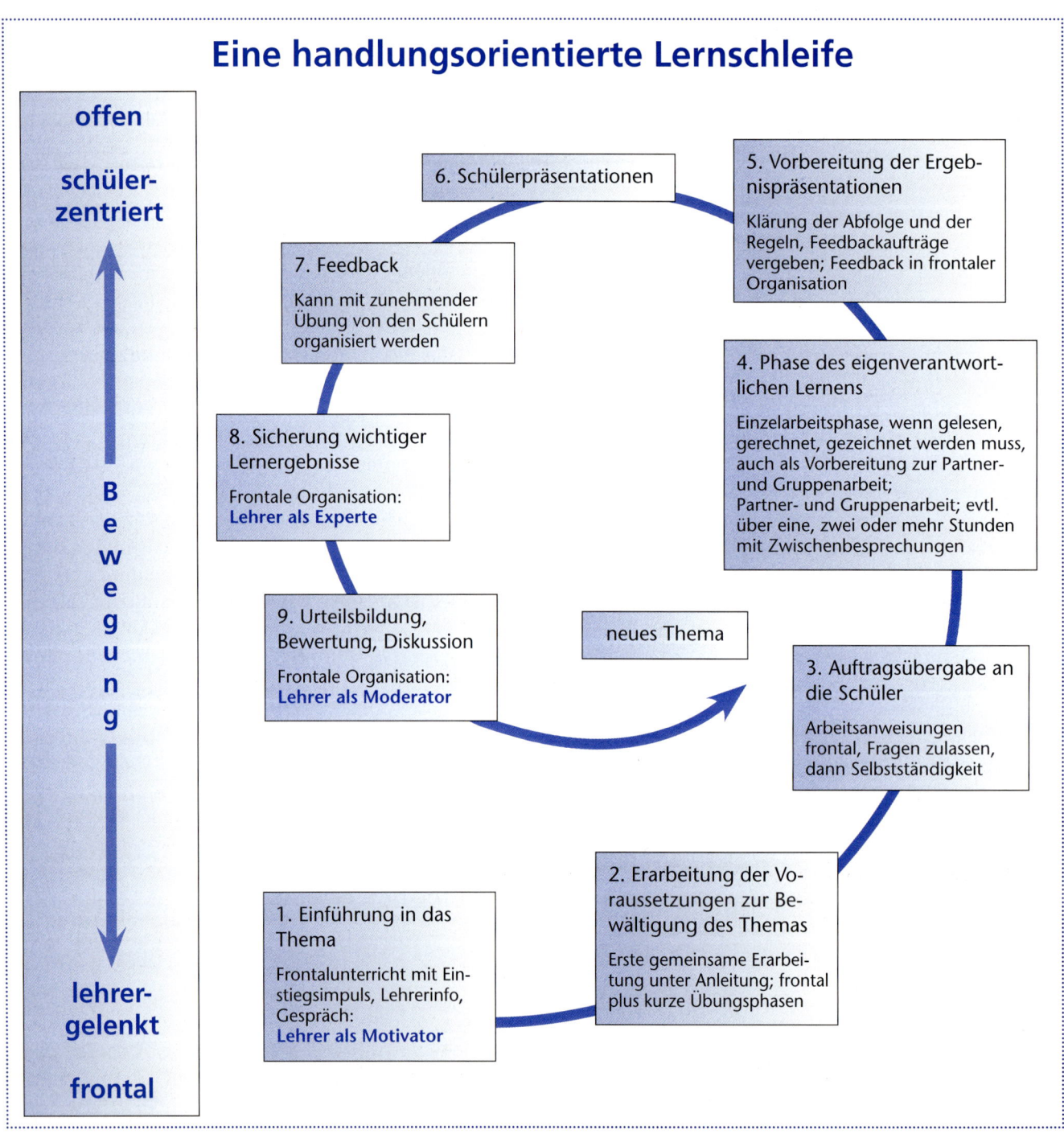

Eine handlungsorientierte Lernschleife

offen

schülerzentriert

B e w e g u n g

lehrergelenkt

frontal

6. Schülerpräsentationen

5. Vorbereitung der Ergebnispräsentationen

Klärung der Abfolge und der Regeln, Feedbackaufträge vergeben; Feedback in frontaler Organisation

7. Feedback

Kann mit zunehmender Übung von den Schülern organisiert werden

4. Phase des eigenverantwortlichen Lernens

Einzelarbeitsphase, wenn gelesen, gerechnet, gezeichnet werden muss, auch als Vorbereitung zur Partner- und Gruppenarbeit; Partner- und Gruppenarbeit; evtl. über eine, zwei oder mehr Stunden mit Zwischenbesprechungen

8. Sicherung wichtiger Lernergebnisse

Frontale Organisation: **Lehrer als Experte**

9. Urteilsbildung, Bewertung, Diskussion

Frontale Organisation: **Lehrer als Moderator**

neues Thema

3. Auftragsübergabe an die Schüler

Arbeitsanweisungen frontal, Fragen zulassen, dann Selbstständigkeit

2. Erarbeitung der Voraussetzungen zur Bewältigung des Themas

Erste gemeinsame Erarbeitung unter Anleitung; frontal plus kurze Übungsphasen

1. Einführung in das Thema

Frontalunterricht mit Einstiegsimpuls, Lehrerinfo, Gespräch: **Lehrer als Motivator**

Zieltransparenz: Der erweiterte Lernbegriff für Schüler

Liebe Schülerinnen und Schüler: Was soll man lernen in der Schule?

Wer klug und erfolgreich sein will, sollte etwas wissen und etwas können. Mit dem Können ist es so wie mit dem Schwimmen oder dem Inlineskaten. Man verlernt es nicht. Etwas zu können bezeichnet man auch als Kompetenz. Nach und nach solltet ihr beim Lernen in der Schule wie auf einer Treppe oder einer Leiter vier Stufen von Kompetenzen erklettern. Vorsicht: Diese Seite solltet ihr ausnahmsweise einmal von unten nach oben lesen!

Stufe 4: *Ihr solltet kluges soziales Verhalten lernen.*
Überall, wo Menschen zusammenkommen, ob in der Schule, in der Arbeitswelt oder in der großen Politik, müssen sie lernen, sich an gewisse Spielregeln zu halten. Wer die Spielregeln kennt, kann lernen, sich in einer immer komplizierteren Welt zurechtzufinden. Für sich selbst lernt man so eigenverantwortliches Handeln und Durchsetzungsvermögen. Im Umgang mit anderen lernt man Rücksichtnahme, Respekt und Toleranz. Zusammengenommen bezeichnet man diese Fähigkeit als **Sozialkompetenz**.

Stufe 3: *Ihr solltet lernen, euch gut auszudrücken.*
Im Leben ist es von großem Vorteil, wenn man sein Wissen, seine Gedanken und Gefühle sprachlich gut ausdrücken kann. Man fühlt sich selbst wohl dabei und wird von anderen wegen dieser Befähigung geschätzt. Deswegen solltet ihr in allen Schulfächern daran arbeiten, euch schriftlich und mündlich gut auszudrücken. Diese dritte Stufe des Lernens bezeichnet man als **Kommunikationskompetenz**.

Stufe 2: *Ihr müsst grundsätzliche Dinge beherrschen.*
Nehmen wir z. B. die Computer: Es ist wichtig zu wissen, wozu sie da sind. Noch wichtiger ist es, sie auf kluge Art und Weise benutzen zu können. Wissen ist die Voraussetzung dafür, dass man Können, also Kompetenzen erwirbt. Das Gute daran: Kompetenzen vergisst man nicht. Wer gelernt hat, schwierige Texte zu erarbeiten, in Gruppen erfolgreich ein Ergebnis zu produzieren, eine gute Präsentation vor der Klasse durchzuführen, hat etwas ganz Wichtiges und etwas Bleibendes für sein Leben gelernt. Diese zweite Stufe des Lernens bezeichnet man als **Methodenkompetenz**.

Stufe 1: *Ihr müsst über grundlegendes Wissen verfügen.*
Ohne einen Bestand an grundlegendem Wissen läuft nichts: weder in der Schule, noch im Beruf, noch bei der Teilnahme am gesellschaftlichen Leben. Für die geistige Fitness gilt das Gleiche wie für das körperliche Training. Mit Anstrengung und Lernbereitschaft kommt man zum Erfolg. Zum grundlegenden Wissen gehört auch, dass man Zusammenhänge zwischen verschiedenen Informationen erkennt, Wichtiges von Unwichtigem zu unterscheiden lernt, Kluges von weniger Klugem, Richtiges von Falschem.
Wer diese Fähigkeit erwirbt, hat die erste wichtige Stufe des Lernens erreicht. Man bezeichnet sie als **Informationskompetenz**.

1. Entwerft eine Zeichnung von einer Leiter, einer Treppe oder von einem Weg auf einen Berggipfel, in die ihr die vier Kompetenzstufen als Stationen eintragt.
2. Sprecht miteinander und sucht für jede Kompetenzstufe mindestens drei Dinge, die alle Schülerinnen und Schüler im Laufe ihrer Schulzeit lernen sollten.

Planungsübersicht für Unterrichtsreihen

An einem Beispiel aus dem Erdkundeunterricht für eine achte Klasse finden Sie hier eine ausgefüllte Planungsübersicht, wie man sie an einem Nachmittag erstellen kann. Die Grundlage für diese Planung ist der Lehrplan für die jeweilige Schulart im jeweiligen Bundesland und das im Unterricht eingeführte Lehrwerk.

Thema der Unterrichtsreihe	*Indien und China: zwei Länder in einem Entwicklungsprozess*
Fach/Klasse geplante Stundenzahl	*Erdkunde, Klasse 8* *maximal 10 Stunden*

A Kompetenz-Schwerpunkt	
1. Was sollen meine Schüler am Ende der Reihe besser können als vorher?	• *Am Beispiel der beiden Länder lernen sie, wie man eine kriterienorientierte Länderstudie erstellt.* • *Sie wenden dabei Indikatoren an, an denen sich Entwicklung messen lässt.* • *Sie visualisieren und präsentieren ihre Arbeitsergebnisse.*

B Zielklarheit	**Erweiterter Lernbegriff**
Wissensebene 2.1 Welches neue Stoffgebiet soll sich meinen Schülern erschließen?	• *Nachhaltige Kenntnisse über den Raum, die Menschen und die Entwicklung der Lebensbedingungen in China und Indien*
Methodenkompetenz 2.2 Welche methodischen Kompetenzen werden gezielt trainiert?	• *Fotos und Schaubilder lesen und versprachlichen können* • *Mindmaps zu China und Indien erstellen*
Kommunikation 2.3 Welche kommunikativen Anwendungsmöglichkeiten bieten sich an?	• *Partner- und Gruppenberichte* • *Rollenspiel zur Kastengliederung* • *Präsentationen im Plenum*
Sozialkompetenz 2.3 Welche Verbesserungen im Sozialverhalten sollen erreicht werden?	• *Vertiefung der Regeln zur Gruppenarbeit* • *Teamorientierte Präsentationen* • *Feedbacktraining im Hinblick auf Fairness und Höflichkeit im Umgang miteinander*

C Inhalte	
3. Welche Materialien und Medien werde ich einsetzen?	• *Informationsfilm „Leben in Indien"* • *eingeführtes Schulbuch* • *Weltkarte und/oder Asienkarte* • *Bericht eines Straßenkindes aus Kalkutta*

D 1 Transparenz

4. Wie mache ich den Schülern von Beginn an deutlich, worauf es in dieser Reihe ankommen wird?

D 2 Motivation

5. Was kann ich tun, damit die Bereitschaft entsteht, das Neue lernen zu wollen?

- *Information über Ziel und Bedeutung der Unterrichtsreihe geben*
- *Deutlich machen, dass die Schüler am Ende der Reihe Experten sein werden, die jedes Land der Welt in Form einer Länderstudie vorstellen können*
- *Vorzüge des Mindmapping veranschaulichen*
- *Lust auf Gestaltung des Endproduktes machen*
- *Schüler als „Wissenschaftler" ansprechen*

E Lehrerlenkung und Öffnung

6. In welchen Phasen werde ich frontal unterrichten?
7. Bei welchen Gelegenheiten können die Schüler eigenverantwortlich arbeiten?

- *Länderstudie über Indien in Form einer Mindmap mit relativ starker Lehrerlenkung exemplarisch erstellen*
- *Länderstudie über China kann dann nach den Vorgaben weitgehend selbstständig in arbeitsteiliger Gruppenarbeit erstellt werden*

F Innere Differenzierung

8. Wo und wie bieten sich Individualisierungsmaßnahmen zur Intensivierung des Lernens an?

- *Arbeitsteilige Vorgehensweise*
- *Gruppenbildung mit unterschiedlichen Arbeitsschwerpunkten*
- *Freiwillige Rollenübernahme im Rollenspiel über das Kastensystem*
- *Bei Hausaufgaben Fragen aus dem Buch zur schriftlichen Beantwortung auswählen lassen*
- *Schüler ihre Aufgaben in den Präsentationen wählen lassen*

Geplanter Verlauf der Reihe

1. Einführung in das Thema „Indien und China"

Filmausschnitt mit anschließendem Planungsgespräch
Ziele und geplantes Handlungsprodukt: Länderstudie skizzieren
Fragen zu Indien und China sammeln
Schüler zur Informationsbeschaffung anregen

2. Wie leben die Menschen in den Dörfern und Städten Indiens?

3. Welche Bedeutung hat das Kastensystem in Indien?

usw.

Planungsskizzen für einzelne Stunden

Reihe	Indien und China	Notizen
2. Stunde: Thema	*Wie leben die Menschen in den Dörfern und Städten Indiens?*	
Material u. Medien	*Tageslichtprojektor, Fotos Stadt- und Landleben* *Buch, S. 20 (Land) und 28 (Stadt)* *Weltkarte*	
Anbindung / Hinführung	*Gespräch: Welche Eindrücke vermitteln die beiden Fotos vom Leben in Indien?* *Thema an die Tafel* *Große Städte an der Karte zeigen lassen*	*Mindmap an der Tafel andeuten*
Erarbeitung	*Texte (A) Stadtleben, (B) Leben im Dorf aufteilen* *Lesen und Stichwortzettel vorbereiten lassen*	*Einzelarbeit* *10 – 12 Minuten*
Anwendung Sicherung	*Partnerbriefing* *evtl. Vortrag vor der Klasse plus Tafelbild* *Merkmale Landleben, Leben in der Stadt an der Tafel visualisieren*	*Steffi und Torsten als Methodencoach*
Hausaufgabe	*Den jeweils anderen Text zusammenfassen*	
Merkposten für die nächste Stunde	*Textarbeit dauerte 20 Minuten* *Steffi und Torsten als Lerncoachs super* *auf die 4 Jungen hinten achten (Joshua, Andreas, Marc und Patrick)* *mit Brainstorming einsteigen plus Vorträge*	*an Hausaufgabe denken* *Anna, David und Markus fehlen!*

Als Planungsvorgabe für die einzelnen Stunden haben sich Übersichten im DIN-A5-Format aus zwei Gründen gut bewährt: Das Format ist so klein, dass Sie Ihre Skizze in das Schulbuch oder Ähnliches einlegen können. Das ist angenehmer als mit einem DIN-A4-Blatt vor der Klasse zu stehen. Zweitens begrenzen Sie so die Menge dessen, was Sie aufschreiben können. Sie geben Ihrem Unterricht die notwendige Strukturierung, laufen aber nicht Gefahr, die Planung zu detailliert im Vorfeld festzulegen.

Für die Phasenabfolge sind die Kategorien *Anbindung/Hinführung, Erarbeitung, Anwendung* und *Sicherung* zu empfehlen. Sie strukturieren einen hohen Prozentsatz aller Lerneinheiten und sind in allen Fächern anwendbar.

Der Begriff des *Einstiegs* sollte für das ausführliche Planungsgespräch zu Beginn einer neuen Unterrichtsreihe reserviert werden. Bei diesem ausführlichen Gespräch, das mit einem Lehrervortrag kombiniert werden kann, geht es um die Formulierung der Zielsetzungen für die neue Unterrichtsreihe, möglicherweise auch um das Handlungsprodukt, das im weiteren Verlauf entstehen soll, und im Besonderen um den Aufbau einer Motivation, die über die gesamte Dauer des Vorhabens tragfähig sein soll. Dabei sollte man immer auch daran denken, dass den Schülerinnen und Schülern in den Schulordnungen aller Bundesländer das Recht zugestanden wird, je nach ihrem Alter und ihrer Reife an der Planung des Unterrichtes mitzuwirken. In diesem Recht stecken große Chancen zum Aufbau einer beständigen Motivation. Je besser es gelingt, die Schülerinnen und Schüler an der Planung zu beteiligen, desto beständiger kann die Motivation werden.

Wenn man einmal in eine neue Thematik eingestiegen ist, sollte man nicht in jeder Stunde wieder neu einsteigen müssen. Man muss auch nicht in jeder Stunde neu motiviert werden. Es wäre ja ein geradezu unglaublich beklagenswerter Zustand unseres Schulsystems, wenn unsere

3. Stunde: Thema	Die Bedeutung des Kastensystems	
Material u. Medien	Buch, S. 23, 24; Schaubild Kastensystem Haushefte, Hausaufgaben Weltkarte	Lerncoachs für Anna, David und Markus wg. Fehlens
Anbindung / Hinführung	Brainstorming „In einem indischen Dorf und in der Stadt" Hausaufgaben besprechen plus 2 Präsentationen Überleiten zum Kastensystem: Es gibt da eine 4000-jährige Tradition ... Vorwissen: Kastensystem Thema an die Tafel	bei Joshua, Andreas, Marc und Patrick genau hinsehen
Erarbeitung	Gruppenarbeit mit Schaubild und Info zum indischen Kastensystem Rollenspiel vorbereiten lassen Schüler in Brahmanen, Kschatrijas, Vaischyas, Schudras, Harijans einteilen	
Anwendung Sicherung	Rollenspiel: Schüler stellen sich in ihrer Kastenzugehörigkeit vor Übersicht über das Kastensystem an der Tafel	
Hausaufgabe	Übersicht zum Kastensystem	
Merkposten für die nächste Stunde	Gruppen brauchen noch Zeit, Rollenspiel erst in der Folgestunde, noch kein neues Thema anfangen!!! Danach Arbeitsteilung: Klima, Industrialisierung, Umwelt	Andrea fehlt! Tom wg. Disziplin am Einzeltisch

Schüler in allen Stunden eines Vormittages erst einmal aus einer Demotivation herausgeführt werden müssten. Was man zu Beginn einer neuen Stunde braucht, ist die Anbindung an die vergangene Stunde und die Hinführung der Schüler zum neuen Teilthema im Rahmen der Gesamtthematik. Die Kategorie *Anbindung/Hinführung* sagt ziemlich genau aus, was am Beginn einer neuen Stunde zu leisten ist.

Mit der Berücksichtigung der Kategorie *Anwendung* können Sie relativ gut sicherstellen, dass den Schülern genügend Raum zur Versprachlichung gegeben wird und das Lernen nicht in der Informationsaufnahme steckenbleibt.

Der Begriff *Sicherung* ist nicht unproblematisch, solange man damit verbindet, man könne den Lernstoff in den Gehirnen der Schüler wie auf der Festplatte eines Computers sichern. Wir wissen nie genau, was ein Lernender langfristig speichert und was nicht. Sicherung meint hier,

dass nach der Erarbeitung wichtige Arbeitsergebnisse besonders visualisiert oder auf andere Art und Weise herausgestellt werden sollen.

Die Abfolge von Einzelstunden sollte nach dem Prinzip der rollenden Planung erfolgen. In der Planungsübersicht für die gesamte Reihe hat man sich einen möglichen Ablauf überlegt, geht aber jetzt flexibel und unter Beachtung der aktuellen Gegebenheiten damit um.

Folgestunden lassen sich umso besser planen, je genauer Sie im Anschluss an den Unterricht protokollieren, was in der nächsten Stunde zu beachten sein wird. Dazu gehört auch, dass man kurz notiert, wer gefehlt hat oder wer etwas besonders Interessantes gesagt hat, auf das man vielleicht noch einmal eingehen wird.

Sollten Sie, wie es des Öfteren geschieht, den Schülern versprochen haben, nach einer bestimmten Information oder Ähnlichem zu suchen, so dürfen sie dieses Versprechen auf keinen Fall vergessen.

1.4 Innere Differenzierung als selbstverständlicher Bestandteil Ihres Unterrichtes

„Der Hebel, um Deutschland im internationalen Vergleich nach oben zu bringen, ist eine Steigerung bei den schwächsten Schülern." Mit diesem Satz fasste Manfred Prenzel, der Leiter der deutschen PISA-Studie die Ergebnisse der zweiten Studie aus dem Jahr 2003 zusammen. Über das Siegerland Finnland schrieb an gleicher Stelle der Journalist Reinhard Kahl: „Eines der Geheimnisse des finnischen Erfolges lautet: Individualisierung. Jedes Kind ist anders, lernt anders, hat andere Fehler. Je größer das Problem, umso individueller muss die Antwort der Schule sein."

Damit ist eine Herausforderung beschrieben, die wir Lehrer nicht nur den Bildungspolitikern und Bildungsforschern überlassen sollten. Jeder Einzelne von uns kann sich die folgenden Fragen stellen:

- Kann Individualisierung auch der Schlüssel zur Steigerung meines persönlichen Unterrichtserfolges sein?
- Was kann ich in meinem Unterricht tun, um das Lernen stärker zu individualisieren?
- Welchen Nutzen haben meine Schülerinnen und Schüler und ich davon?
- Kann und soll ich etwas unternehmen, damit die Leistungsschwachen den Anschluss nicht verlieren?
- Was bedeutet die Herausforderung „innere Differenzierung" für die Organisation meiner Unterrichtsplanung und -durchführung?

Nach meinem Eindruck ist das Interesse vieler Kolleginnen und Kollegen am Thema ebenso groß wie die vorhandene Skepsis. Viele haben Angst vor Überforderung und fürchten, dass eine Individualisierung der Lernprozesse das Maß an zeitlicher und psychischer Belastung noch mehr steigert als es ohnehin schon der Fall ist. „Man kann doch nicht von mir erwarten, dass ich für alle meine Schülerinnen und Schüler individuelle Unterrichtsangebote erarbeite." Solche und ähnliche Einwände bekommt man immer wieder zu hören und sie sind auch absolut verständlich, wenn man sich Unterrichtsbeispiele ansieht, die wenig dazu geeignet sind, den Unterrichtspraktikern die Befürchtungen zu nehmen. Des Öfteren habe ich erlebt, dass fleißige und engagierte Junglehrer für ein Stationenlernen bis zu sechs oder sieben komplette Unterrichtsvorbereitungen für eine Klasse getroffen haben. Für die Dauer einer Doppelstunde wurden Lerntische mit Angeboten aufgebaut, die allesamt von Lehrerhand vorbereitet waren. Unterrichtsbeispiele dieser Art sind ehrenhaft, pädagogisch wertvoll und vermögen auch die Schüler zu begeistern. Alltagstauglich sind sie allerdings nicht und schon gar nicht dazu geeignet, den viel arbeitenden Skeptiker von der Praktikabilität innerer Differenzierungsmaßnahmen zu überzeugen.

In den letzten beiden Schuljahren habe ich in den von mir unterrichteten Klassen verstärkt versucht, Antworten auf die Frage zu finden, ob und wie innere Differenzierung unter den Bedingungen des Alltagsunterrichtes möglich ist und meine Erfahrungen sind rundum positiv. Sie lassen sich in fünf Sätzen zusammenfassen:

1. Jede Lehrerin und jeder Lehrer kann individuelle Lernangebote machen.
2. Man benötigt dazu nur wenig Mehr an Materialaufwand. Oft genügt das eingeführte Schulbuch.
3. Individualisierung steigert Motivation, Leistung und Freude am Unterricht.
4. Sie bietet Möglichkeiten, die Starken zu fördern und die Schwachen nicht hängen zu lassen.
5. Geht nicht, gibt's nicht.

Wenn Sie die folgenden Seiten als „Pool von Anregungen" nehmen, können Sie innere Differenzierungsmaßnahmen mit wenig Aufwand realisieren.

Innere Differenzierung kompetent angewendet führt zu ...		
verbesserter Diagnosefähigkeit der Lehrerinnen und Lehrer,	*weil*	man Schülerinnen und Schüler individueller wahrnimmt.
einem verbesserten Lernklima in der Klasse,	*weil*	die Schüler sich individuell angenommen fühlen.
einer höheren Lernmotivation,	*weil*	Entscheidungsoffenheit die Lust auf Lernen fördert.
einem höheren Leistungsniveau individuell und auf die Klasse bezogen,	*weil*	die Schwachen mehr Zuwendung erfahren und die Starken mehr Verantwortung übernehmen.
Kompetenzerweiterung der Schüler,	*weil*	es nicht mehr auf die gemeinsame Stoffbasis für alle ankommt, sondern auf die gemeinsame Kompetenz.

Die besonderen Chancen 2 + 2 + 2		
aus Schülersicht	➤	1. Schüler fühlen sich individuell angenommen.
	➤	2. Mitbestimmung fördert Lernbereitschaft.
aus Sicht der Klasse	➤	1. Die Klasse wird zum Team.
	➤	2. Die Atmosphäre verbessert sich.
aus Lehrersicht	➤	1. Innere Differenzierung kann entlasten ...
	➤	2. ... und sorgt für mehr berufliche Zufriedenheit.

Kleine Maßnahmen, große Wirkung

Es ist nicht die Einzelmaßnahme, die zu den messbaren Vorteilen der Individualisierung führt, auch nicht das ein- oder zweimal im Jahr stattfindende große Projekt. Zur inneren Differenzierung gehören viele kleine immer wiederkehrende Schritte, die in ihrer Summe und ihrer Alltäglichkeit zu einer Verbesserung der Unterrichtsqualität führen. Die folgenden Beispiele sind völlig fächerunabhängig.

1. Wer krank war, sucht sich seinen Lerncoach

Wer mehrere Tage wegen Krankheit fehlen musste, hat Schwierigkeiten, wieder den Anschluss zu finden. Wesentlich erleichtert wird der Wiedereinstieg, wenn man als Lehrer Buch darüber führt, wer wann wie lange gefehlt hat. Sind die Schüler wieder anwesend, werden sie besonders begrüßt und man bittet sie, sich ihren persönlichen Lerncoach auszusuchen. Dieser Coach übernimmt nun die Aufgabe, über die Inhalte der versäumten Stunden zu informieren und den Stoff aufzuarbeiten. Das geschieht in einer Zeit, in der die übrigen Schüler eine Hausaufgabe besprechen, eine Wiederholungsübung durchführen oder eine Freiarbeit machen. Zu Beginn des Schuljahres werden alle Schüler darüber informiert, dass sie in der Lage sein müssen, die Aufgabe eines Lerncoachs zu übernehmen.

Erfahrungen: Man kann ziemlich sicher sein, dass Schüler, die wegen Krankheit gefehlt haben, sich einen Lerncoach aussuchen, von dem sie sich die beste Nachhilfe versprechen. Die Schüler freuen sich, dass sie nach der Krankheit auf besondere Art begrüßt werden. Der Lerncoach profitiert, weil er selbst die Chance zum Learning by doing erhält. Oft lernen die Schüler sogar besser, wenn ein Lernstoff von einem Mitschüler erklärt wird.

2. Bei Hausaufgaben gibt es differenzierende Angebote

Oft gibt man Hausaufgaben auf, bei denen Fragen im Schulbuch zu einem bestimmten Kapitel oder mehrere mathematische Aufgaben etc. zu bearbeiten sind. Es gibt keinen Grund, warum alle Schüler immer die gleichen Aufgaben erledigen müssen. Man kann auch Aufgaben zur Auswahl stellen, z. B.: „Wähle von den fünf Fragen drei aus, die du schriftlich in deinem Heft beantwortest." „Löse von den vier Textaufgaben zwei deiner Wahl."

Erfahrungen: Wenn Sie auswählen lassen, können Sie fast sicher sein, dass die Schüler sich mit allen Fragen gedanklich beschäftigen, bevor sie die Auswahl treffen. Besonders bei jungen Schülern nimmt die mögliche Verzweiflung bezüglich der Hausaufgaben ab, weil nun das Gelingen nicht mehr durch einzelne Aufgaben gefährdet ist, die jemand partout nicht kann. In den Folgestunden gibt es interessantere Besprechungsmöglichkeiten, weil die Schüler z. B. in Partnerschaften oder Kleingruppen ihre Hausaufgaben gemeinsam vervollständigen können. Die Lust, Hausaufgaben zu erledigen, nimmt deutlich zu.

3. Schüler übernehmen regelmäßig die Funktion von Methodenbeobachtern

Wenn Einzelarbeit, Partnerarbeit oder Gruppenarbeit durchgeführt wird, wenn neuere Methoden geübt werden, nachdem die Regeln erarbeitet sind, ist es hilfreich, dass jeweils einige Ihrer Schüler die Rolle von Methodenbeobachtern übernehmen. Sie übernehmen so für eine begrenzte Zeit eine Sonderrolle und auf der Basis von gemeinsam erarbeiteten Kriterien die Funktion des Feedbackgebers. Auch für andere Gelegenheiten im Unterricht können Sie Schüler zu Co-Trainern oder Lehrassistenten heranziehen, zum Beispiel wenn Sie in Frontalunterrichtsphasen Ihre Assistenten darum bitten, die Meldeliste zu führen, die Schüler aufzurufen und nach einer bestimmten Dauer die Antworten zusammenzufassen.

Erfahrungen: Die Schüler lieben die Rollen von Methodentrainern und Lehrassistenten. In der Regel geben sich die Schüler untereinander viel direktere und strengere Feedbacks als wir Lehrer es uns erlauben. Wenn das Lernen in Partner- und Gruppenarbeit durch solche Besprechungs- und Reflexionsphasen begleitet wird, stellt sich auf Dauer eine Qualitäts- und Kompetenzsteigerung ein.

4. Besprechung von Klassenarbeiten: Die Einser, Zweier und Dreier beraten und berichtigen die Vierer, Fünfer und Sechser

Gerade wenn Sie die erste Klassenarbeit in einer neuen Klasse geschrieben und zurückgegeben haben, ist diese Art der Fehlerkorrektur wichtig und sinnvoll.

Organisieren Sie über eine Unterrichtsstunde hinweg ein Mikroteaching, in dem die guten Schüler in Gruppen die Funktion des Lehrers übernehmen und die schwächeren Schüler bei der Korrektur ihrer Arbeiten begleiten. Verbunden sein sollte diese Maßnahme immer mit dem Appell, dass diejenigen, die dieses Mal schlecht abgeschnitten haben, für die Zukunft in ihrer Leistungsfähigkeit gestärkt werden sollen. Einige Regeln sind zu klären, damit diese Arbeitsform funktioniert: Die Schwachen müssen bereit sein, sich helfen zu lassen, und die Guten dürfen keinesfalls überheblich auftreten.

Erfahrungen: Das erste und das weitere Versagen in einer Klassenarbeit und in einem Test treibt die Schüler oft in eine Phase der Isolation und Trauer. Schüler verbinden ein Leistungsversagen mit der Annahme, dass man sie von nun an für minderwertig hält und als Mensch nicht mehr mag. Mit dem Mikroteaching werden die schwachen Schüler in Teams aufgefangen. Der Lehrer signalisiert, dass er an den Arbeiten aller Schülerinnen und Schüler in gleicher Weise interessiert ist und dass es ihm

darauf ankommt, mit jedem einzelnen Schüler in der Klasse mit gleicher Zuwendung weiterzuarbeiten. Das Prinzip „Stark hilft Schwach" dient nicht nur der Leistungssteigerung der gesamten Gruppe, sondern ist immer auch eine Form von Werteerziehung, in der sich Hilfsbereitschaft, Teamgeist und Solidarität entfalten können.

5. Freiarbeit an Lerntheken

Angenehm sind Übungs- und Wiederholungphasen für Schüler nur, wenn sie selbstbestimmt üben können, ihre eigenen Schwerpunkte setzen und nicht ständig einen Beobachter hinter sich wähnen, der ihnen permanent über die Schulter schaut. Das Üben an Lerntheken ist dazu ein hervorragendes Mittel, das zusätzlich noch dem Lehrer eine Verschnaufpause in der Hektik des Alltagsunterrichtes verspricht. Für den Mathematikunterricht, aber auch für andere Fächer, breitet man eine Sammlung von Übungsaufgaben auf der Lerntheke aus, die in verschiedene Schwierigkeitsgrade eingeteilt sind. Der Schüler trifft seine persönliche Auswahl und hat die Zeit zum individuellen Üben. Für die Lösungen sollten Korrekturblätter bereitliegen. Das ist wichtig, weil sich die Lehrer ansonsten mit den zahlreichen Korrekturen völlig überfordern. Schüler wissen in der Regel ganz genau, welcher Schwierigkeitsgrad für sie der richtige ist. Wer z. B. in der letzten Mathematikarbeit eine Fünf hatte, wird sich auch ohne Zutun des Lehrers zunächst die Übungsmaterialien heraussuchen, die ihm ein Ausreichend oder ein Befriedigend ermöglichen.

Solche Freiarbeitsstunden zum individuellen Üben sollten – zumindest in den Hauptfächern – zum festen Bestandteil des Jahresunterrichtes gehören. Man kann sie mit einer Konzentrationsübung beginnen und sollte anschließend darauf achten, dass weitgehend in Stille gearbeitet werden kann.

Das Erstellen des Übungsmaterials erfordert einigen Aufwand, der umso geringer wird, je besser Lehrerteams in den Fachgruppen an der Produktion beteiligt werden. Auch gibt es mittlerweile eine Vielzahl fertigen Übungsmaterials. Besonders zu empfehlen ist, dass sich ab der neunten Klasse die Übungsmaterialien an den Einstellungstests für Auszubildende anlehnen, die im Handel käuflich zu erwerben sind.

Entscheidungsoffenheit:
Der Schlüssel zur erfolgreichen Individualisierung des Lernens

Immer wieder kann ich in meinem eigenen Unterricht die folgende Beobachtung machen: Zücke ich nach der Hinführungphase zu einem neuen Thema ein Arbeitsblatt oder verweise auf die Bearbeitung einer bestimmten Seite im Schulbuch, sagen wir z. B. zu den grundlegenden Aufgaben des Deutschen Bundestages, hält sich die Begeisterung der Schülerinnen und Schüler in Grenzen.

Halte ich jedoch zwei Arbeitsblätter in die Höhe, zum Beispiel eines zu den Aufgaben der Bundesregierung und eines zur Stellung der Opposition, und verbinde das mit dem Hinweis, dass jeder Schüler selbst entscheiden möge, welches Material zu welchem Thema er oder sie gerne bearbeiten möchte, steigen Motivation und Mitarbeitsbereitschaft um ein Vielfaches an. Das kann man im Politikunterricht beobachten, aber auch in Biologie, wenn man z. B. entscheiden kann, ob man sich mit dem zentralen oder dem vegetativen Nervensystem beschäftigt, oder in Geschichte, wenn man die Wahl hat, sich mit dem Bau der Pyramiden oder der Stellung des Pharaos zu beschäftigen, oder in Geographie, wenn man das Problem der Verstädterung in Asien oder in Südamerika untersuchen kann usw. Häufig kommen Schülerinnen und Schüler nach Beendigung des Unterrichtes mit der Bitte, das Material, das sie bisher nicht bearbeiten konnten, auch noch zu erhalten.

Die Möglichkeit, über die Wahl eines Themas individuell entscheiden zu können, ist – neben der Einrichtung von Helfersystemen – der wirkungsvollste Schlüssel zur inneren Differenzierung. Es mag sein, dass es hin und wieder Menschen gibt, die gerne gesagt bekommen, was sie zu tun und zu lassen haben, für die große Mehrheit gilt das nicht und schon gar nicht für die Altersgruppe pubertierender Jugendlicher, deren ganzes Streben auf Autonomie und individuelle Selbstfindung gerichtet ist.

Wie gut das Prinzip der Entscheidungsoffenheit über die Themen und Materialien funktioniert, lässt sich wirkungsvoll im Deutschunterricht nachweisen, wenn es um die Behandlung von Liebes- oder Naturgedichten geht. Steht ein einzelnes Werk zur Bearbeitung an, wird es – vorsichtig ausgedrückt – Schwierigkeiten geben, einen gewissen Anteil der Schüler für die Beschäftigung mit dieser Art von Literatur zu interessieren. Lege ich aber eine Anzahl von fünf, sechs oder sieben kleiner und schön ausgewählter Gedichte zum Thema Liebe oder Natur vor und bitte die Schüler darum, ganz individuell eines dieser kleinen Werke auszuwählen, das ihnen persönlich etwas sagt, um dann den übrigen Schülern die persönliche Auswahl vorzustellen, so erhalte ich eine wesentlich höhere Identifikation mit der Unterrichtsgestaltung und eine wesentlich höhere Motivation.

Wer entscheiden kann, lernt selbstbestimmter. Wer selbstbestimmt lernt, ist motivierter. Wer motivierter lernt, bringt bessere Leistungen.

Entscheidungsoffenheit in der Wahl der Themen gilt natürlich nicht grenzenlos. Im Fachunterricht wird es in der Regel ein Angebot von zwei, mehreren oder vielen Teilthemen innerhalb eines Rahmenthemas geben, die dann arbeitsteilig behandelt werden. Auch wird man unter Umständen darauf achten müssen, dass alle Themen besetzt werden. In den ersten Schritten zur inneren Differenzierung, in denen nur aus zwei Angeboten ausgewählt werden kann, wird man sogar auf eine zahlenmäßig gleiche Verteilung achten müssen, je nachdem, wie der Unterricht nach der Materialerarbeitung weitergeführt werden soll.

Aus der arbeitsteiligen Vorgehensweise ergeben sich weitere entscheidende Vorteile:

1. Die Vorgehensweise erleichtert die didaktische und methodische Strukturierung des Unterrichts,
2. sie ermöglicht die dringend notwendige kommunikative Anwendung des Gelernten,
3. sie bereitet die Schüler darauf vor, das in der Schule Gelernte in einer lebenswirklichen Situation zu verwenden,
4. sie fördert die gemeinsame Kompetenzentwicklung bzw. das gemeinsame Erreichen von Bildungsstandards und
5. führt in der Gesamtwirkung zu einer Intensivierung der Lernprozesse.

Wie kann Entscheidungsoffenheit die Unterrichtsführung erleichtern?

Wer morgens zum Frühstück die Tageszeitung liest, kennt wahrscheinlich das folgende Phänomen: Wird man am Nachmittag unvermittelt gefragt, was denn morgens in der Zeitung zu lesen war, gerät man leicht ins Grübeln und es passiert, dass man kaum noch etwas vernünftig rekapitulieren kann. Erhielte man vor Beginn des Lesens den Auftrag, dass man am späten Nachmittag einer Person, die keine Gelegenheit hatte, die Zeitung zu lesen, die drei Top-Meldungen des Tages vorstellen soll, würde man ganz anders lesen und selbstverständlich könnte man am Nachmittag detailliert Auskunft geben. Während des Berichts würde man das Gelesene noch einmal versprachlichen und behielte nun selbst die Situation und die damit verbundenen Top-Meldungen für lange Zeit im Gedächtnis. Das ist genau der Effekt, den man im Unterricht erzielen kann, wenn unterschiedliche Teilthemen bearbeitet werden. Die Schüler lernen anders, wenn sie wissen, dass sie adressatenbezogen lernen. Die Frage, warum sie sich etwas erarbeiten, beantwortet sich wie von selbst. Schließlich geht es ja darum, die uninformierten Partner möglichst gut in Kenntnis zu setzen. Kreiert man zusätzlich ein Lernszenario, in dem die jeweils zuhörenden Schüler z. B. zu den zukünftigen Firmenchefs erklärt werden, die auf der Basis der Qualität eines Vortrages über die Besetzung eines Ausbildungsplatzes zu entscheiden haben, wird das Lernen zu einem echten Training für die Anforderungen im Leben.

Ablauf und Struktur des Unterrichtes mit individueller Themenfindung folgt einem sich wiederholenden Grundmuster, das man immer routinierter planen und durchführen kann, je öfter man es anwendet:

Hinführung zu einem neuen Rahmenthema im Unterricht mit Infos über die Ziele, den Ablauf und die geplante Vorgehensweise.

Gemeinsame Einarbeitung in das neue Thema. Hier müssen unter Anleitung des Lehrers die notwendigen Kenntnisse und Kompetenzen erarbeitet werden, welche Voraussetzung für das selbst gesteuerte Lernen sind (z. B.: exemplarisches Interpretieren einer Ballade oder einer historischen Quelle oder Klärung des Algorithmus und der Begrifflichkeiten für die Bruchrechnung etc.).

Themenwahl der Schüler aus einer Vorschlagsliste; je nach Lerngegenstand kann auch in den Sozialformen differenziert werden.

Phase individueller Themenbearbeitung

Material 1   Material 2   Material 3   Material 4

Zusammenführung – kommunikative Anwendung

1. Möglichkeit:
Partnerarbeit/Partnerbriefing

2. Möglichkeit:
Gruppenmixverfahren

3. Möglichkeit:
Präsentationen im Plenum

Eine Ideenbörse zur inneren Differenzierung im Unterricht

Deutsch

Im Literaturunterricht sind die Möglichkeiten zur inneren Differenzierung geradezu grenzenlos. Man wählt z. B. Goethes Erlkönig und behandelt daran exemplarisch die Stilmittel einer Ballade (Metaphorik, Symbolik, Rhythmus, Vers, Strophe etc.). Dann bietet man eine Auswahl von drei, vier oder fünf klassischen Balladen zur selbstständigen Erarbeitung in Gruppen an. Die Schüler präsentieren im Anschluss den Text, ihre eigenen Interpretationen, Informationen über das Leben der Autoren sowie über die Zeitumstände in einer teamorientierten Präsentation. In einer Klassenarbeit kann dann z. B. eine andere als die selbst gewählte Ballade interpretiert werden.

In der Einführungsphase zur Behandlung einer Lektüre (eines Jugendbuches, einer Novelle, eines Romans) stellt der Lehrer die Hauptakteure vor. Die Schülerinnen und Schüler wählen dann eine der Personen aus, die sie während des Lesens durch das Buch begleiten. Sie führen Kapitel für Kapitel ein Lesetagebuch, in dem sie notieren: Was tut meine Person in Kapitel 1, 2, 3 usw.? Was erfahre ich darin über ihren Charakter?

Der gemeinsame Schwerpunkt liegt so auf dem Aspekt der Personencharakterisierung.

Schüler, die sonst nicht gerne lesen, empfinden diese Vorgehensweise als so spannend, dass sie es oft gar nicht erwarten können, ihre Person im Verlauf der Handlung wiederzuentdecken. In den Anwendungsphasen lassen sich Gruppen zusammenstellen, die sich gegenseitig über ihre Personen unterrichten, Spielszenen vorbereiten, neue Kapitel in die Lektüre einfügen, Präsentationen vorbereiten und durchführen u. a. m.

Wenn eine Klasse bereits mehrere Lektüren behandelt hat und über Grundqualifikationen im Umgang mit Literatur verfügt, lassen sich mehrere Ganzschriften gleichzeitig bearbeiten. Nach der Vorstellung mehrerer Lektüren werden drei, vier oder fünf ausgewählt, arbeitsteilig bearbeitet und für die jeweils anderen Gruppen präsentiert (Szenen vorlesen, Szenen interpretieren, einzelne Personen charakterisieren, Autor und Zeit vorstellen, eine PowerPoint-Präsentation gestalten, einzelne Szenen oder Werkteile inszenieren etc.)

Lesetagebücher stellen sicher, dass alle Schülerinnen und Schüler ihr Werk bis zum Ende gelesen haben. Wer als Lehrer einmal die Möglichkeiten und Lernchancen entdeckt hat, die in dieser Art des adressatenbezogenen Literaturunterrichtes stecken, wird nur noch ungern zur Behandlung eines einzelnen Werkes zurückkehren. Möglichkeiten interessanter Unterrichtsgestaltung in weitgehender Eigenverantwortlichkeit der Schüler ergeben sich hier fast wie von selbst.

Geschichte

Geschichte ist das Fach, das mit einer großen Stofffülle zurechtkommen muss und gleichzeitig größere Schwierigkeiten als andere Fächer hat, die Schüler für Vergangenes zu interessieren. Hier bietet die Individualisierung besondere Chancen. In vielen Rahmenthemen ist es möglich, dass die Schüler ihre eigenen Schwerpunkte setzen. Aus den Teilarbeiten kann dann – ohne allzu großen Aufwand – ein gemeinsames Handlungsprodukt erstellt werden (Plakate, Ausstellungen, Wandzeitungen, Dokumentationen, computerunterstützte Präsentationen). Im Zuge der Behandlung verschiedener Epochen, Hochkulturen und Lebensformen bieten sich hier Themenbereiche an, mit denen man auch die geschichtlich weniger Interessierten erreicht, z. B.: das Leben der Frauen und Kinder, Schule, Mode, Ernährungsgewohnheiten im alten Ägypten oder in den Städten, Dörfern und Burgen im Mittelalter. Mehrfach habe ich erlebt, dass im Anschluss an diese Form der Erarbeitung Teams aus verschiedenen Spezialisten (sie wurden meist als Wissenschaftler bezeichnet) eine gemeinsame Präsentation oder ein gemeinsames Handlungsprodukt erstellt haben. Gute aktuelle Geschichtsbücher bieten hervorragend strukturierte Materialien und methodische Hilfen für diese Formen der Arbeit an.

Deutschunterricht, Klasse 9a

Lektüre: „Die Welle"   Lesebegleitblatt für: _____

Ich begleite folgende Hauptfigur durch das Buch:

| Laurie Sanders | David Collins | Benn Ross | Amy Smith | Rob

Kapitel Nr.	Was tut meine Person?	Was erfahre ich übe ihren Charakter?
1		
2		

Projekt: Große Romane berühmter deutscher Dichter

Versicherung

Ich versichere, dass ich den von mir ausgewählten Roman aufmerksam und weitgehend selbstständig von Anfang bis Ende lesen werde. Über den Leseprozess werde ich ein Lesetagebuch anlegen. Darin trage ich Tag für Tag fortlaufend die gelesenen Seiten ein. Den Inhalt werde ich jeweils mit einigen Sätzen zusammenfassen. In Absprache mit den Schülerinnen und Schülern, die den gleichen Roman lesen werden wie ich, werde ich eine Romanfigur auswählen, der ich im Verlauf des Buches meine besondere Aufmerksamkeit widme. Ich werde mich bemühen, den Schülern, die eine andere Lektüre ausgewählt haben, meinen Roman so zu präsentieren, dass sie ihn ebenfalls durch mich und meine Gruppe gut kennen lernen werden. An den beiden Präsentationen, die im Team über meinen Roman vorzubereiten sind, werde ich mich fleißig und aktiv beteiligen.

Titel und Autor meines Romans: _____

_____ Name und Unterschrift: _____

Aufbrüche im Mittelalter

Wähle dein Thema:
- *der Buchdruck*
- *die Kunst*
- *die neue Rolle der Frau*
- *die Wissenschaft*
- *der Handel*

Mathematik

Schülerinnen und Schüler aus den fünften und sechsten Klassen erhalten die Aufgabe, Haushaltspläne für die wöchentliche Lebensmittelbeschaffung in verschieden großen Familien zu ermitteln. Sie recherchieren Preise, stellen Haushaltspläne auf, berechnen Kosten und visualisieren diese.

Schüler, die kurz vor dem Wechsel in das Arbeitsleben stehen, berechnen zu verschiedenen Löhnen von Arbeitnehmerinnen und Arbeitnehmern die Nettogehälter und Lohnnebenkosten mithilfe aktueller Steuertabellen und der prozentualen Anteile der Sozialversicherungsbeiträge. Sie können auch die Auswirkungen unterschiedlicher Einkommenssteuertarife für verschiedene Gehälter ausrechnen und Diskussionen über das beste Steuermodell führen. Das ist eine Form lebenspraktischen Rechnens, das die Schüler ebenso interessiert wie betrifft.

Erdkunde

Im Rahmen des Themengebietes Europa erstellt der Lehrer mit den Schülern für ein Land der Europäischen Union ein Länderprofil. Dabei werden die Kriterien erarbeitet, die für die Erstellung solcher Profile angewendet werden sollten: Größe, Bevölkerungszahl, geographische, wirtschaft-

liche, politische Struktur etc. Im Anschluss übernimmt jede Schülerin und jeder Schüler die Patenschaft für eines der Länder der Europäischen Union und erstellt selbstständig ein solches Länderprofil, z. B. in Form einer Wandzeitung. Die dazu notwendigen Daten können mithilfe von Internetrecherchen ermittelt werden.

Biologie

Bei der Behandlung lebenswichtiger innerer Organe wird die Arbeit auf Forschungsteams aufgeteilt: Herz, Lunge, Leber, Niere, Magen, Darm. Nachdem die Forschungsteams ihre Ergebnisse erarbeitet und visualisiert haben, berichten sie im Gruppenmixverfahren von den Ergebnissen ihrer Arbeit. In der Simulation eines wissenschaftlichen Kongresses werden dann die Ergebnisse durch verschiedene Spezialisten in gemeinsamen Teams präsentiert.

Fortgeschrittene Möglichkeiten zur differenzierenden Vorgehensweise im Unterricht bieten auch die Methoden *Planarbeit, Planspiel, Schüler unterrichten Schüler, Stationenlernen*. Nähere Informationen dazu auch in: Wolfgang Mattes, Methoden für den Unterricht, Schöningh Verlag, Paderborn 2002.

Gezielte Hilfen für schwache Schüler: Wie holen wir sie wieder ins Boot?

Bevor man sich dieser Frage annimmt, sollte man einen Moment darüber nachdenken, ob man seine schwachen Schüler überhaupt wieder mit ins Boot nehmen will. In Diskussionen mit Lehrern hört man dazu durchaus unterschiedliche Ansichten. Nicht wenige sind der Meinung, dass in ihren Klassen zu viele sitzen, die da eigentlich gar nicht hingehören, und dass der Weg, dieses Problem zu lösen, die schlechte Note, das Wiederholen der Klasse oder die Zuweisung auf eine andere Schulart sein müsse.

Ein kurzer Blick auf die PISA-Studie und die Kommentare dazu zeigt: 38 Prozent aller Schüler in Deutschland müssen eine Jahrgangsstufe wiederholen. Die Zahl derer, die in ihrer Schulkarriere vom Gymnasium nach unten absteigen, übersteigt die Zahl der Aufsteiger bei weitem. 100 000 Jugendliche, etwa 10 Prozent eines jeden Jahrgangs, erreichen überhaupt keinen Schulabschluss. Ein Viertel aller Schüler bildet eine so genannte Risikogruppe. Sie sind nicht dazu in der Lage, sich auf eine Lehrstelle zu bewerben. Kinder mit Migrationshintergrund und Kinder arbeitsloser Eltern sind in der Risikogruppe überrepräsentiert. Allerdings gibt es auch Beispiele erfolgreicher Schulkarrieren aus diesen Gruppen. In keinem anderen der getesteten Länder haben schwache Schüler vergleichbar geringe Chancen. Die Kosten, die der Gesellschaft durch Schulversagen entstehen, betragen mehrere Milliarden Euro.

Diese Zahlen sollten uns Lehrer nicht kaltlassen. Bildungspolitisch können wir das Problem im Rahmen unserer Aufgaben nicht lösen, aber wir können versuchen, so zu unterrichten, dass wir (a) unsere Leistungsanforderungen möglichst stabil halten und (b) dafür sorgen, dass eine möglichst große Zahl aller unserer Schüler die Leistungsziele erreichen. Ohne differenzierende Maßnahmen wird es in heterogenen Lerngruppen nicht gehen. In einer Schule, die Leistung fordert, wäre es naiv zu fordern, dass es keine schlechten Noten geben darf. Auch mag es durchaus hin und wieder sinnvoll sein, Schülerinnen und Schüler den Wechsel auf eine andere Schulart zu empfehlen. Diese Maßnahmen sollten aber erst dann ergriffen werden, wenn die eigenen pädagogischen Möglichkeiten ausgeschöpft sind. Dazu finden Sie hier einige Vorschläge, die sich in ihrer Summe so gut bewährt haben, dass Schüler vor Zeugnisnoten im Negativbereich bewahrt werden konnten.

Möglichkeiten differenzierender Unterrichtsgestaltung

1. Helfersysteme

Man kann so vorgehen, dass man die besonders leistungsstarken Schülerinnen und Schüler zu einer Gesprächsrunde versammelt, in der man sie auf ihre Rolle als Assistenzlehrer (Co-Trainer) vorbereitet. Das kann z. B. geschehen, während die anderen sich in einer Gruppenarbeit befinden oder einen Text oder bestimmte Aufgabenstellungen bearbeiten. Mit den Assistenzlehrern werden Verhaltensweisen und Regeln geklärt, die im Umgang mit leistungsschwachen Schülern von Bedeutung sind: Geduld, nicht überheblich sein, bei Fehlern nicht aufbrausen etc. In dafür reservierten Übungs- und Wiederholungsstunden übernehmen die Helfer Unterricht in Form eines Gruppentrainings, wobei man jeder Lerngruppe zwei Lehrkräfte zuordnen kann. Im Deutschunterricht können sie Texte diktieren und im Anschluss dafür sorgen, dass alle Diktate verbessert werden. In Mathematik können sie eine Liste von Übungs- und Wiederholungsaufgaben mit ihrer Lerngruppe durchrechnen und anschließend besprechen und korrigieren. Helfersysteme haben vor allem dann eine leistungsfördernde Funktion, wenn sie regelmäßig angewendet werden. Keineswegs profitieren nur die Schwachen davon. Die Einnahme der Lehrerrolle fördert soziale Kompetenz, Teamfähigkeit und das fachliche Lernen aller, weil auch der Lehrende fachlich davon profitiert, wenn er die Zusammenhänge erklärt. Tandems sind eine weitere Möglichkeit zur Einrichtung von Helfersystemen. Hierbei sucht sich der leistungsschwache Schüler selbst eine starke Partnerin oder einen starken Partner aus, mit dem in den Übungsphasen an dafür vorbereiteten Aufgabenstellungen gearbeitet wird.

Schüler sind in der Regel stolz, wenn sie die Aufgabe von Lehrern übernehmen dürfen. Schwache Schüler lernen eher ohne Angst und Druck, wenn sie von Mitschülern unterrichtet werden. Schüler mit durchschnittlichen Leistungen können von der einen und der anderen Seite profitieren. Helfersysteme verbessern die Atmosphäre in der Klasse und sorgen – nach einer Zeit der Übung und Routinebildung – für Muße und Entlastung auf der Lehrerseite.

2. Methoden wählen, die alle aktivieren

Schwache Schüler profitieren wenig von Unterrichtsgesprächen, weil sie sich daran wenig oder gar nicht beteiligen. Man sollte auch Methoden einsetzen, die eine aktive Mitarbeit aller garantieren. Der Schreibanlass bietet z. B. eine solche Möglichkeit. Nach einer Einstiegs- oder Problemfrage ruft man nicht umgehend die sich spontan meldenden Schüler auf. Vielmehr fordert man dazu auf, zu der Frage einige Gedanken bzw. den ein oder anderen Satz schriftlich zu formulieren. Nun kann man in der Klasse umhergehen und einzelne Schüler gezielt auffordern, ihre Formulierung vorzulesen. Wählt man diese Vorgehensweise z. B. regelmäßig im Fremdsprachenunterricht, wird man auch diejenigen Schüler dazu motivieren, in der Fremdsprache zu schreiben und zu sprechen, die sich spontan nicht äußern können oder wollen. Auch das Brainstorming zur Sammlung von Gedanken, Gefühlen und Ideen zu Beginn eines Lernprozesses kann die schwachen Schüler aktivieren, weil sie nicht befürchten müssen, nach ihren Äußerungen korrigiert oder bewertet zu werden.

3. Still- bzw. Planarbeit

Besonders in den Fächern, in denen keine Klassenarbeiten zu schreiben sind, werden Schüler als schwach eingestuft, die sich im Unterricht nicht melden und sich mündlich wenig oder gar nicht mitteilen. Appelle nützen wenig, besonders dann, wenn diese Schüler gar nicht faul oder lernunwillig sind, sondern schüchtern und eher ängstlich. Oft ist man erstaunt, wenn man sieht, zu welchen Leistungen diese Schülergruppe fähig ist, wenn sie die Möglichkeit erhalten, still zu arbeiten und die Arbeitsaufträge schriftlich oder zeichnerisch zu erledigen. Die Planarbeit ist eine Methode, die vielen in der mündlichen Mitarbeit eher zurückhaltenden Schülern entgegenkommt. Dazu erhalten die Lernenden einen Plan von Pflicht- und Wahlaufgaben, die sie in einer bestimmten Zeitspanne individuell bearbeiten können.

4. Klar strukturieren und über Abläufe informieren

Schwache Schüler profitieren besonders gut von einer klaren Strukturierung des Unterrichtes und von klaren Regeln. Man tut ihnen keinen Gefallen, wenn man sie darüber in Unkenntnis lässt, welche Schritte und Vorgehensweisen als Nächstes im Unterricht folgen werden. Für die schwachen Schüler kann der informierende Unterrichtseinstieg hilfreicher sein als das offene Einstiegsgespräch. Es dient ihrer Orientierung, wenn man ihnen zu Beginn einer Unterrichtseinheit mitteilt, welche Schritte vorgesehen sind und was von ihnen erwartet wird.

5. Erfolgserlebnisse ermöglichen

Schwache Schüler sind oft Schüler ohne Selbstvertrauen. Eine Serie erlebter Misserfolge kann dazu führen, dass man nicht mehr an den möglichen Erfolg glaubt und sich für einen Versager hält. Wenn es uns gelingt, diesen Teufelskreis zu durchbrechen, ist oft ein entscheidender Schritt getan. Der Weg dazu ist das Lob für eine Arbeit. Wenn man schwache Schüler mit einer Arbeit betraut, die sie leisten können, hat man die Möglichkeit, qualifiziert zu loben (z. B. für ein schön gestaltetes Plakat, eine Wandzeitung, eine Internetrecherche u. v. a. m.), und das wirkt dann wie ein Kuraufenthalt. Sätze wie „Du hast eine tolle Leistung vollbracht. Daran sieht man, dass du begabt bist. Weiter so!" haben schon so manchem Schüler bei der Überwindung seiner Versagensängste geholfen.

Fünf individuelle Maßnahmen

1. Wenn in den ersten Tests oder Klassenarbeiten die ersten schwachen Vierer, Fünfer oder gar Sechser auftauchen, müssen sofort gezielte Maßnahmen eingeleitet werden. Am besten bittet man diese Schüler zu einem Gespräch, in denen man gemeinsam die möglichen Ursachen zu ergründen versucht. Auf dieser Basis können Vereinbarungen getroffen werden, die man schriftlich fixiert.

2. Einzel- oder Gruppengespräche mit leistungsschwachen Schülern verlaufen ergiebiger, wenn diese im Vorfeld mithilfe von Fragebögen oder Tests ihr eigenes Lernverhalten evaluieren. Solche Fragebögen finden Sie auch in: Wolfgang Mattes, Methoden für den Unterricht, Schöningh Verlag, Paderborn 2002 (z. B. „Meinen Fähigkeiten auf der Spur", „Meiner Konzentrationsfähigkeit auf der Spur", „Was fällt mir leicht, was fällt mir schwer?" etc.).

3. Mit leistungsschwachen Schülern kann man individuelle Übungen vereinbaren, die außerhalb der Unterrichtszeit durchgeführt werden können. So haben sich z. B. Schüler, die in einem Deutschdiktat in einer neunten Klasse eine Fünf geschrieben haben, freiwillig bereit erklärt, bis zur nächsten Arbeit jeden Tag eine aktuelle Nachricht aus der Tageszeitung in ein Übungsheft zu übertragen, ihre Texte selbst zu korrigieren und von Zeit zu Zeit dem Lehrer vorzulegen. Solche individuellen Übungen sind auf andere Fächer und Anforderungen übertragbar.

4. Schwache Schüler profitieren sehr davon, wenn sie ihre Haushefte sorgfältig führen. Jeder Schreibvorgang ist für sie ein Lerntraining. Andererseits führen schwache Schüler ihre Hefte oft sehr nachlässig bis gar nicht. Man sollte ganz besonders diese Schülergruppe zu einer sorgfältigen Heftführung ermuntern und ihnen verdeutlichen, welche wichtige Funktion diese Arbeit hat. Nehmen Sie ihnen die Angst vor Fehlern, indem Sie klarmachen, dass Sie auf Sorgfalt und Fleiß Wert legen und weniger auf Perfektion oder Fehlerlosigkeit. Hefte und Hausarbeiten von leistungs-

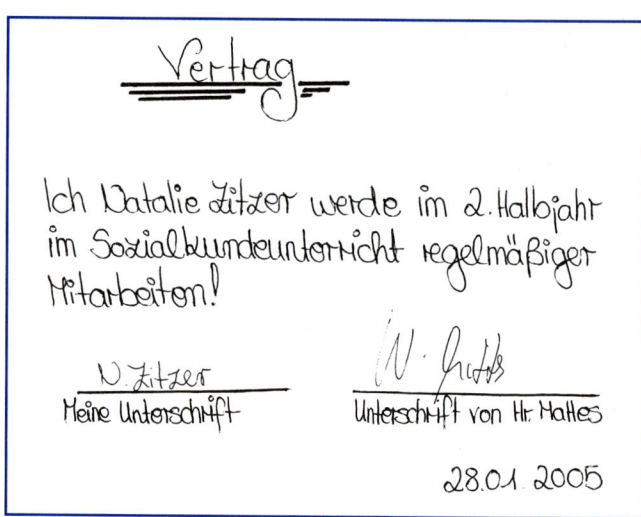

schwachen Schülern sollten regelmäßig kontrolliert und besprochen werden.

5. Auch mit schwachen Schülern sollte man gelegentlich lachen und ihnen nicht weniger gut gelaunt gegenübertreten als allen anderen. Humor kann sowohl eine entkrampfende als auch leistungssteigernde Wirkung hervorrufen. Klar, dass manchmal geschimpft werden muss, aber eine freundliche Bemerkung, ein kleines Gespräch über private Dinge außerhalb des Unterrichtes kann manchmal mehr bewirken als die Gardinenpredigt, die Schüler wie einen Regenguss über sich hinwegrauschen lassen.

Wenn wir verstärkt gezielte Maßnahmen zur Förderung leistungsschwacher Schüler einsetzen, muss und darf das keinesfalls zur Folge haben, dass die Leistungsträger aus dem Blick geraten oder unterfordert werden. In der Individualisierung der Lernangebote steckt die Möglichkeit, Angebote mit unterschiedlichen Schwierigkeitsgraden zu machen und somit die unterschiedlichen Leistungsniveaus in einer Lerngruppe individuell zu bedienen. So kann man z. B. bei der Einrichtung von Lerntheken in Übungsphasen zwischen einem Angebot von Basis- und Fortgeschrittenenaufgaben unterscheiden. Man kann Texte mit unterschiedlichem Schwierigkeitsgrad zur Auswahl stellen etc. In der Regel haben die Schüler ein gutes Gespür dafür, welcher Anforderungsgrad für sie der richtige ist.

Innere Differenzierung erfordert ein Überdenken der Lehrerrolle

Im traditionellen Unterricht war es üblich, dass alle Schülerinnen und Schüler in gleicher Zeit und gleicher Zielsetzung den gleichen Stoff auf die gleiche Art und Weise bearbeiten. Angenehm für uns Lehrer war, dass wir sozusagen immer die Meisterschaft über das Stoffgebiet innehatten. Wir trafen die Wahl und wir konnten alles kontrollieren, was im Unterricht mit diesem Stoff geschah. Dieses Gefühl vermittelt eine gewisse Sicherheit in der Unterrichtsführung und liefert gleichzeitig die Erklärung dafür, warum es vielen Kolleginnen und Kollegen so schwerfällt, von dieser Art der Unterrichtsgestaltung abzuweichen.

Als Nachteile mussten wir in Kauf nehmen, dass wir in zunehmend heterogenen Lerngruppen einen größer werdenden Teil der Schüler nicht mehr erreichten. Wenn wir uns auf einem Durchschnittsniveau bewegen, überfordern und unterfordern wir immer einen Teil der Schüler. Leistungsversagen, Desinteresse und störendes Verhalten können auch in dieser Vorgehensweise ihre Ursachen haben. Eine verstärkte Integration innerer Differenzierungsmaßnahmen erfordert ein Überdenken traditioneller Lehrerrollen bis hin zu einer Neuorientierung. Wenn die Lernangebote variieren, muss der Lehrer aufhören, jeden seiner Schüler förmlich an die Hand zu nehmen, um ihn durch die Schwierigkeiten des Stoffes zu führen. Innere Differenzierung macht es erforderlich, dass wir den Unterricht nicht mehr nur über die Stoffbearbeitung steuern. Gute Lehrer werden vor allem daran arbeiten müssen, dass sie zu guten Organisatoren individueller und nachhaltiger Lernprozesse werden.

Die Umstellung ist auch unter den Bedingungen des Alltagsunterrichtes viel einfacher zu leisten als es zunächst den Anschein hat. Wie gewohnt beginnt der Unterricht mit der Erarbeitung notwendiger Grundlagen. Danach werden die Schüler in ausgedehnte Phasen eigenverantwortlichen Lernens entlassen. Das Bearbeitungsangebot kann sich in den Aufgabenstellungen unterscheiden, in den Inhalten, auch in den Schwierigkeitsgraden. In der Regel liefern die eingeführten Schulbücher dafür eine vielfältige Angebotspalette, sodass sich die Vorbereitung in vertretbaren Grenzen hält. Auch können die Szenarios variieren. Schüler können z. B. beim Einüben der gerade-

zu überlebensnotwendigen Zins- und Prozentrechnung Aufgaben in der Situation eines Bankhauses bearbeiten, eines privaten Haushaltes, einer Firma, einer Stadtverwaltung etc.

Die gemeinsame Klammer im individualisierenden Unterricht ist die gemeinsame Zielvereinbarung in der Form gemeinsam anzustrebender Kompetenzen oder Bildungsstandards. Wer in einer Lerngruppe seinen eigenen Inhalt und seinen eigenen Weg wählen kann, wird immer lernen müssen, sein Ergebnis den anderen Menschen in der Gruppe vermitteln zu können. Gerade darin liegt der große Vorzug individualisierender Vorgehensweisen. Schüler lernen durch innere Differenzierung ihr Wissen anzuwenden und sich und ihr Thema angemessen zu präsentieren. Das ist die große Chance, die alle Mühen der Umstellung wert sein sollte. Es geht nicht nur darum, in einem PISA-Test besser abzuschneiden. Es geht darum, dass wir verstärkt lernen, unseren Schülerinnen und Schülern die Qualifikationen mitzugeben, die für ein erfolgreiches Leben in einer hochkomplizierten Welt von allergrößter Bedeutung sind.

Bedenken müssen wir immer, dass die in unserem Schulsystem übliche Zergliederung der Lernprozesse in den 45-Minuten-Rhythmus der Feind anspruchvoller innerer Differenzierungsmaßnahmen ist. Dazu ein Zitat einer Schülerin aus dem PISA-Siegerland Finnland. „Mit meiner Gruppe habe ich den Auftrag übernommen, ein mehrgängiges Menü zu bereiten. Meine Aufgabe besteht darin, frischen Lachs zu besorgen und ein Lachstatar mit Blinis herzustellen. Dazu habe ich bis morgen Zeit. Ich habe jetzt noch keine Ahnung, wie das geht. Aber ich bin sicher, dass ich das zum vereinbarten Termin geschafft haben werde."

Schulen haben auch hierzulande viele Möglichkeiten und Freiräume, die Unterrichtsbedingungen so zu verändern, dass intensiveres und anspruchsvolleres Lehren und Lernen möglich wird. Viele gehen beispielgebend voran. Ein sehr praktikables Mittel besteht z. B. in der Einführung von Thementagen, in denen Lehrer einen Schultag lang mit einer Lerngruppe ein Thema auf intensive und differenzierende Art bearbeiten können.

2. Kapitel

Heftführung, Hausaufgaben, Noten

Hilfen, die den Unterricht entlasten

Dieses Kapitel nützt Ihnen besonders, wenn Sie …

- Ihre Schülerinnen und Schüler dazu erziehen wollen, ein gutes Arbeitsheft zu führen,

- zur Herstellung von Arbeitsmappen in Portfoliotechnik anleiten wollen,

- dafür sorgen wollen, dass Hausaufgaben regelmäßig und zu Ihrer Zufriedenheit angefertigt werden,

- bei der Vergabe mündlicher Noten Transparenz und Akzeptanz herstellen wollen.

2.1 Wie erzieht man seine Schüler zu einer guten Heftführung?

Wenn ein neues Schuljahr beginnt und man eine neue Klasse übernimmt, sollte „die gute Heftführung" eines der ersten Themen sein, die man mit seinen Schülerinnen und Schülern bespricht. Das gut geführte Arbeitsheft kann dann zum Dauerbegleiter eines jeden Schülers durch das gesamte Schuljahr werden. Von Anfang an sollten die Bedeutung und die Kriterien dafür deutlich gemacht werden. So gewinnen die Schüler eine Orientierung und sie können lernen, sich auf spezifische Anforderungen frühzeitig einzustellen. Am besten wird es sein, wenn Sie vereinbaren, dass die neu anzulegenden Hefte im Schuljahresverlauf nicht gewechselt werden dürfen. Dies ist dann besonders sinnvoll, wenn sie häufiger Materialien in Form von Arbeitsblättern austeilen. Wenn Schüler immer wieder neue Hefte beginnen, landen auch mit Mühe erstellte Arbeitsmaterialien auf dem Müll.

Besser geeignet für die kontinuierliche Arbeit als gebundene Hefte sind Arbeitsmappen mit zweifachen Lochungen. Weiche Ringmappen lassen sich besser in der Schultasche verstauen als Hartmappen. Bei den jungen Schülern, die an den Arbeitsmappen zu schwer zu tragen hätten, sollte man frühzeitig darauf hinweisen, dass vollgeschriebene Hefte aufbewahrt werden müssen.

Die Vorteile

Mit einem gut geführten Heft erhält der Schüler eine Grundlage für das eigene Üben und für die Vorbereitung auf Tests und Klassenarbeiten. Neben diesem in der Regel zuerst genannten Argument gibt es weitere sehr stichhaltige Gründe, die uns veranlassen sollten, auf die Heftführung in allen Jahrgangsstufen großen Wert zu legen:

- Jeder Schüler kann es schaffen, ein gutes Heft zu führen. Niemand ist von vorneherein damit über- oder unterfordert. Es gibt zwar unterschiedliche Talente und unterschiedliche Schreib- und gestalterische Kompetenzen, dennoch kann jeder mit Fleiß und Leistungsbereitschaft ein Ergebnis vorlegen, das Anlass zu einem Lob ist. Heftführung ist keine Anforderung, die Schulangst erzeugt, weil man glauben müsste, dieser Anforderung nicht gewachsen zu sein. Deshalb ist sie gerade als Fördermaßnahme für leistungsschwächere Schüler so hilfreich und bedeutsam.
- Die Erziehung zu einer guten Heftführung ist auch eine Hilfe für Kinder und Jugendliche mit Konzentrationsschwierigkeiten. Diese Kinder benötigen in besonderer Weise klare Anforderungen, die durch eindeutige Kriterien definiert sind. Je besser es diesen Kindern gelingt, Struktur in den Prozess und das Ergebnis ihrer Arbeitsprozesse zu legen, desto leichter kommen sie damit zurecht, das Chaos in den Köpfen zu kontrollieren. Mithilfe der Wahrnehmung auch kleiner Fortschritte und aufmunternder Verstärkungen kann man gerade die chaotischen Kinder über das Mittel der Heftführung zu einer verbesserten Arbeitshaltung erziehen.
- Heftführung vermag alle Schülerinnen und Schüler zu mehr Sorgfalt, Konzentration, Fleiß, Ordnung und Sauberkeit zu erziehen. Sie lernen dabei wichtige Qualifikationen, die wiederum die Voraussetzung für erfolgreiches eigenverantwortliches Lernen sind: mitschreiben, protokollieren, zusammenfassen, Tabellen und Mindmaps anlegen etc.
- Wenn die Schüler das Gefühl haben, dass sie stolz auf ihre Hefte sein können, macht es ihnen Freude, ihre Hefte sorgfältig zu pflegen. Dieser Stolz und diese Freude über das persönlich gestaltete Produkt stellt sich durchaus unabhängig vom Alter der Schüler ein.
- Schließlich können sich auch die Eltern mithilfe der Hefte ihrer Kinder über den Unterricht informieren. Somit können die Hefte eine Verständigungsbrücke zwischen Unterricht und Elternhaus herstellen. Damit ist zugleich die Verpflichtung des Lehrers angesprochen, auf die Heftführung seiner Schüler besonders zu achten.

Zu einem nicht unerheblichen Teil spiegelt sich in den Heften der Schüler immer auch die Qualität der Arbeit des Lehrers. In Lehrproben von Referendaren innerhalb ihres selbstständig zu erteilenden Unterrichtes ist es daher absolut üblich, dass die Fachseminarleiter durch die Reihen der Schüler gehen und sich die Hefte zeigen lassen. Dabei geht es ihnen nicht um die Kontrolle der Schüler, sondern um eine Einsichtnahme in die Kontinuität der Arbeit des Lehrers.

Für die Schüler muss sich die Heftführung lohnen. Frustrierend ist es aus ihrer Sicht, wenn Lehrer eine gute Heftführung einfordern, die schön gestalteten Arbeiten aber über lange Zeiträume weder ansehen noch kontrollieren. Wer die Heftführung seiner Schüler ignoriert, muss damit rechnen, dass diese ihre Bemühungen über kurz oder lang einstellen. Deshalb sollte es unbedingt zu den regelmäßigen Gewohnheiten der Lehrer gehören, Hefte nachzuschauen, um den Schülern eine Rückmeldung zu geben. Das muss nicht immer mit einer langen Korrekturphase und auch nicht mit einer Note verbunden sein. Ein Smiley unter einer gelungenen Arbeit, ein aufmunterndes: „Schön gemacht, weiter so!" erfüllt meist die beabsichtigte Wirkung voll und ganz und überfordert uns nicht. Spätestens zum Ende jedes Halbjahres sollte allerdings eine Heftnote erteilt werden auf der Basis von Kriterien, die den Schülern von Anfang an bekannt sein sollten.

Für eine Unterrichtsstunde zum Thema: „Warum und wie sollte man ein gutes Heft führen?" finden Sie hier eine mögliche Verlaufsskizze und auf den folgenden Seiten die dazu erforderliche Methodenkarte.

Thema: Warum und wie sollte man ein gutes Heft führen?		
Medien und Material	• Ein schönes und ein hässliches Arbeitsheft zur Demonstration (andere Schüler, andere Klasse, ohne Namen) • Methodenkarte Heftführung • Tageslichtprojektor	
Hinführung	• Lehrer demonstriert die beiden Hefte und verbindet das mit der Frage: *Was verraten uns diese beiden Hefte über die Personen, die sie geführt haben?* • anschließend Thema an die Tafel	Unterrichtsgespräch
Erarbeitung	• Unter der Überschrift: *Wenn man ein gutes Arbeitsheft führt, lernt man …* sammeln die Schüler Punkte und stellen sie vor.	Partnerarbeit
	• Lehrer präsentiert die Methodenkarte zum Thema: *Warum und wie führt man ein gutes Heft?* • Die Schüler fassen die Texte zusammen und notieren die für sie wichtigen Stichpunkte.	Die Methodenkarte kann, muss aber nicht kopiert werden; Folien genügen
Hausaufgabe	• Die Schüler werden beauftragt, ein Heft nach den Vorgaben anzulegen und darin die erste Seite zum Thema „Gute Heftführung" zu gestalten.	

Kopiervorlage

METHODENKARTE

Gute Heftführung

A Warum ist gute Heftführung wichtig?

Erstens für dich selbst

Wenn du alle Aufgaben und Arbeitsergebnisse übersichtlich und ordentlich in einem Heft dokumentierst, wirst du über eine hervorragende Arbeitsgrundlage verfügen, mit der du den Unterrichtsstoff wiederholen und dich auf Überprüfungen vorbereiten kannst.

Ein zweiter Grund ist aber noch entscheidender: Während des Aufschreibens lernst du auf eine sehr intensive Art und Weise. Je mehr Mühe du dir bei dieser Arbeit gibst, desto intensiver wirst du alles behalten, was du selbst in das Heft eingetragen hast. Das Bild von der schön gestalteten Seite wird sich ganz tief in deinem Gedächtnis eingraben. Der Prozess des sorgfältigen Aufschreibens ist mindestens ebenso wichtig wie das vorzeigbare Ergebnis. Mit einer guten Heftführung erzieht man sich selbst zu einer guten Arbeitshaltung.

Dieser Lerneffekt stellt sich allerdings nur ein, wenn du das Heft regelmäßig und parallel begleitend zum Unterricht führst. Hefte, die kurz vor einem Abgabetermin un-

ter Zeitdruck zusammengestellt werden, verursachen nur Stress, aber keine Lerneffekte.

Noch etwas: Gute Heftführung macht Spaß! Schüler, die sich einmal dazu aufgerafft haben, ein schönes Arbeitsheft zu führen, erzählen immer wieder, dass die Heftführung ihnen Freude macht und dass sie ganz stolz auf ihr vorzeigbares Ergebnis sind.

Zweitens für deine Lehrer, Eltern und andere Personen

Ein gut geführtes Heft ist wie eine persönliche Visitenkarte. Es zeigt deinen Lehrern und deinen Eltern, wie fleißig und interessiert du arbeitest und lernst. Es kann zu einer Benotung herangezogen werden, weil es den Prozess und das Ergebnis deiner ganz persönlichen Leistung widerspiegelt. Darin liegt für dich eine besondere Chance. Jede Schülerin und jeder Schüler ist dazu befähigt, ein ordentliches Heft zu führen und kann dadurch seine Noten verbessern.

Die Heftführung sagt viel aus über die Person, die dafür verantwortlich ist. Schmutzige, nachlässig und unvollständig geführte Hefte weisen darauf hin, dass das Lernen nicht ernstgenommen wird und dass die Person auch in anderen Dingen nachlässig ist. Das ist der Grund, warum die Mappen von Bewerbern um Lehrstellen oft den Ausschlag für die Entscheidung geben, wer den Ausbildungsplatz erhält und wer nicht.

B Wie führt man ein gutes Heft?
10 goldene Regeln

1. Das Heft muss äußerlich einen guten Eindruck machen. Name, Fach und Schuljahr werden deutlich lesbar platziert. Man kann den Einband schön gestalten, achtet aber auf eine ästhetisch ansprechende und sauber ausgeführte Aufmachung.

2. Das Heft muss ordentlich, mit Sorgfalt und übersichtlich geführt werden. Bemühe dich stets um eine gut lesbare Schrift und um sauberes Zeichnen.

3. Das Heft wird regelmäßig und immer parallel zum Unterricht geführt.

4. Arbeitsblätter werden an den Stellen eingeheftet oder eingeklebt, an denen sich auch alle anderen Eintragungen zu diesem Thema befinden.

5. Jedes Heft muss deutlich erkennbare Seiten-, Ober- und Unterränder haben.

6. Jede Eintragung wird mit einem Datum und mit dem Hinweis versehen, ob sie als Schularbeit oder als Hausaufgabe angelegt wurde.

7. Wenn für die Hausaufgaben Fragen aus dem Schulbuch zu beantworten sind, werden die Fragen in das Heft übertragen und über die Antwort gesetzt.

8. Wenn im Unterricht ein neues Thema beginnt, fängt man immer mit einer neuen Seite an.

Heftkrankheiten

- ◆ Unvollständigkeit
- ◆ Flecken Schmutz
- ◆ Schmierereien
- ◆ Eselsohren
- ◆ Durcheinander
- ◆ Abgerissene Seiten
- ◆ Plötzliches und unerklärliches Verschwinden

9. Besonders ansprechend wirkt ein Heft, wenn mit mehreren Farben gearbeitet wird. Allerdings sollte man die Farbgestaltung nicht übertreiben.

10. Wichtig ist, dass als Arbeitsmappe geführte Hefte im Laufe eines Schuljahres nicht gewechselt werden. Deshalb ist es besser, ein weiches Ringbuch anzulegen, das man über einen langen Zeitraum führen kann.

Verzeichnisse verteilter Materialien sorgen für Übersichtlichkeit

Wenn man häufig Arbeitsblätter und andere Materialien im Unterricht verteilt, ist es sinnvoll, dass die Schüler ein Verzeichnis der ausgeteilten Materialien anlegen und in ihrem Arbeitsheft dokumentieren. Bei der Heftkontrolle sieht man so auf einen Blick, ob alle Arbeitsblätter systematisch gesammelt und eingeordnet wurden.

Die Schüler werden so zu einem sorgfältigen Umgang mit den Materialien angeleitet und sie lernen, ihr Heft kontinuierlich zu pflegen. Sowohl die Heftführung als auch die Qualität der Ergebnisse werden verbessert.

Man gewinnt so auch einen schnellen Überblick über die Bandbreite der behandelten Themen im Laufe des Schuljahres.

Abgebildet ist hier das Verzeichnis der Arbeitsblätter eines 15-jährigen Jungen aus dem Deutschunterricht in einer neunten Klasse. Vadim hat sein Verzeichnis mithilfe des PCs geführt und regelmäßig vervollständigt.

Verzeichnis der verteilten Arbeitsblätter im Fach Deutsch

Name des Heftinhabers: Vadim Adam

Nr.	Titel	Datum
1	Brief zum Jahresanfang	03.09.2004
2	Überblick über den Lehrplan	05.09.2004
3	Im Original (Text doppelseitig)	10.09.2004
4	Was Schulabgänger mitbringen sollten	10.09.2004
5	Wer intelligent sucht, hat viele Chancen	12.09.2004
6	Regeln für Kugellager	12.09.2004
7	Mehr als Ölkännchen und Schraubenschlüssel	17.09.2004
8	Wie verhalte ich mich beim Praktikum?	20.09.2004
9	Blatt für die Klassenarbeit	20.09.2004
10	Wie ich mich bei einem Telefon-Gespräch verhalte	22.09.2004
11	Praktikumsplätze mit dem Telefon	08.10.2004
12	Fit für die berufliche Zukunft	12.10.2004
13	Verfassung der EU, Art. 1 „Die Würde des Menschen"	13.10.2004
14	Warum mobben Menschen andere Menschen?	13.10.2004
15	Übungsdiktat	03.11.2004
16	Einführung zur Lektüre „Die Welle"	12.11.2004
17	Charakterisierung der Hauptcharaktere	17.11.2004
18	Überschriften der Kapitel	17.11.2004
19	Wie funktioniert eine Charakterisierung?	08.12.2004
20	Der Aufbau einer Charakterisierung	08.12.2004
21	Der Fehler dass/das	12.01.2005
22	Übung für dass/das	19./21.01.2005
23	Bewerbung und Lebenslauf	18.01.2005
24	Gruppenarbeit: „Jobsuche"	18.01.2005
25	Das Anschreiben/Nicht zulässig	20.02.2005
26	Bewerbungsschreiben	27.02.2005
27	Wie bekomme ich eine 1 in der Praktikumsmappe?	08.04.2005
28	Literatur/Ballade, „Der Knabe im Moor"	13.04.2005
29	Die Papstwahl/Gedicht über den Papst	20.04.2005
30	Wie man eine Ballade schreibt	23.04.2005
31	Was ist ein Gedicht?	27.04.2005
32	„Der Handschuh"	30.04.2005
33	Heinrich Heine	18.05.2005
34	„Belsazar"	18.05.2005
35	Disziplin im Unterricht	01.06.2005
36	Balladen-Galerie	03.06.2005
37	Große Romane berühmter Dichter	17.06.2005
38	Grundlegende Regeln	28.06.2005
39	Lesetagebuch des Romans „Damals war es Friedrich"	30.06.2005
40		

Schnelle, transparente und gerechte Heftbeurteilung

Wenn man in vielen Klassen unterrichtet und in allen eine gute Heftführung einfordert, ist man mit der Kontrolle bzw. der Benotung leicht überfordert. Mit Grausen denke ich daran, wie Schüler große Kisten mit zum Teil sehr schön und aufwändig gestalteten Mappen zu meinem Auto schleppten, weil ich in drei Klassen, die ich parallel unterrichtete, kurz vor dem Ende eines Halbjahres alle Hefte einsammeln ließ, um jedes einzelne der 88 zu beurteilen.

Die Kontrolle und Beurteilung der Hefte ist allerdings wichtig. Die Schüler fordern diese Rückmeldung als Belohnung ein, wenn sie über den langen Zeitraum eines Halbjahres fleißig ihre Mappen geführt haben. Fehlt am Anfang des Jahres eine Ankündigung darüber, dass Heftnoten erteilt werden, werden diese in der Folge nachlässiger geführt. Auch erweitert die Heftnote die Bandbreite der Notengebung um Kriterien, die vor allem den stillen, aber fleißig arbeitenden Schülerinnen und Schülern zugute kommen.

Mit einem knappen, leicht nachvollziehbaren und schnell anzuwendenden Kriterienkatalog lässt sich das Problem auf zufriedenstellende Art lösen. Dieser kurze Kriterienkatalog wird den Schülern bereits zu Beginn des Schuljahres vorgestellt mit dem Thema: Worauf ich als euer Lehrer in der Heftführung besonderen Wert legen werde.

Die Schüler haben immer Verständnis dafür, wenn man ihnen mitteilt, dass man die Hefte zwar nachsehen und beurteilen wird, dass man aber nicht die Möglichkeit hat, alle Hefte aller Schüler, die man unterrichtet, bis ins Detail hinein nachzuschauen oder gar zu korrigieren. Ich weise die Schüler in diesem Zusammenhang darauf hin, dass sie sich mit Stichproben zufriedengeben müssen. Dies solle sie dazu veranlassen, darauf zu achten, dass jede ihrer Eintragungen kontrolliert werden könnte.

Während des Durchblätterns der Mappen helfen mir die Smileys oder die kritischen Randbemerkungen, die ich bei der Kontrolle von Hausaufgaben im Laufe des Beurteilungszeitraums an die Ränder gezeichnet habe, den Gesamteindruck in einer Note zusammenzufassen.

Mit einem Kriterienkatalog, wie er hier abgebildet ist, kann es gelingen, alle Hefte einer Klasse im Rahmen einer Doppelstunde nachzuschauen, zu beurteilen und jedem Schüler unter vier Augen eine persönliche Rückmeldung zu geben, während die Klasse mit einer Freiarbeit zur Übung und Wiederholung sinnvoll beschäftigt ist.

Heftbeurteilung für _____	☺ hervorragend	☺	☹ schlecht
1. Wie ist der optische Gesamteindruck?			
2. Wie ausführlich ist das Materialangebot?			
3. Wie sorgfältig, sauber und übersichtlich wurde gearbeitet?			
4. Wie viel Fleiß und Mühe wurden investiert?			
Sonstige Anmerkungen:	Heftnote und Datum: _____		

2.2 Heftführung in Portfoliotechnik bereichert den Unterricht

Arbeitsmappen können auch als Portfolio angelegt werden. Man erreicht dadurch eine in der Qualität deutliche Steigerung der üblichen Heftführung. Was ist anders an dieser Methode?

In der ursprünglichen Bedeutung verstand man unter einem Portfolio eine Dokumentenmappe, die sich in die Tasche stecken lässt. Seit der Zeit der Renaissance haben Künstler und Architekten Portfolios zur Sammlung ihrer besten Arbeiten benutzt, um sich damit um Aufträge zu bewerben.

Die elementarste Form ist das Bewerbungsportfolio. Es wird für einen Adressaten erstellt, der über dieses Medium zu einem begründeten Urteil über Kenntnisse, Kompetenzen und Persönlichkeitsmerkmale des Bewerbers befindet und dessen Urteil möglichst so ausfallen soll, dass der Produzent für geeignet gehalten wird, mit einem Auftrag oder einer beruflichen Tätigkeit belohnt zu werden. Diese ursprünglichen Ideen und Merkmale sind auch im Unterricht leitend für die Portfoliogestaltung.

Hier legen die Schüler eine Arbeitsmappe an mit dem Ziel, diese anderen Personen – Lehrern, Eltern und Mitschülern – zu zeigen. Das Publikum, für das der Schüler sein Portfolio erstellt, soll über den Prozess und das Ergebnis der Schülerarbeit informiert werden und darüber etwas über die Person erfahren, die dieses Portfolio angelegt hat. Der Schüler macht etwas in der Absicht, es gut zu machen. Das Ergebnis ist bei dieser Vorgehensweise ein Vorzeige- oder Präsentationsportfolio, bei dem vom Beginn der Arbeit an feststeht, dass ein vorzeigbares Niveau erreicht werden soll. Im Unterricht begleitet der Lehrer über einen Zeitraum von mehreren Unterrichtsstunden den Prozess der Herstellung und hat dann die Möglichkeit, sowohl den Prozess als auch das Ergebnis zu bewerten und zu beurteilen.

Im Unterschied zur üblichen Heftführung beantwortet der Schüler nicht nur Arbeitsaufträge oder Fragen zu einem bestimmten Thema. Auch heftet er nicht nur die eigenen Aufsätze, Berichte und Zeichnungen ab. Er beschreibt auch, warum er sich für eine bestimmte Fragestellung interessiert hat, was ihm besonders wichtig erscheint, was er gerne noch wissen möchte, wie seine Meinung zu bestimmten Dingen ist etc. Das Portfolio wird so zu einem kompletten Lerndokument, indem die Schüler auf einer sachlichen und auf einer persönlichen Ebene einen Lerngegenstand durchdringen und dokumentieren.

Unverzichtbares Merkmal der Portfolioarbeit ist, dass der Schüler aus einer Angebotspalette auswählen und seine eigenen Schwerpunkte bestimmen kann. Das kann so aussehen, dass man aus einer Themenliste ein, zwei oder drei Teilthemen zur Bearbeitung aussucht. Darüber hinaus werden die Schüler dazu angeregt, auf die Suche nach eigenen Materialien zu gehen und/oder eigene Ideen zu verwirklichen. Zusatzmaterialien dürfen nicht nur abgeheftet werden. Weil es zur Aufgabe der Schüler gehört, zu beschreiben, warum sie dieses oder jenes Material ausgewählt haben, treffen sie eine Selektion, die eine gedankliche Auseinandersetzung voraussetzt.

In dieser erweiterten Art der Dokumentation stecken enorme Lernchancen. Mit der Portfoliotechnik lernen die Schüler, über sich selbst und über ihre Arbeit nachzudenken. Indem sie ihre Begründungen für eine Themenwahl und ihre Gedanken über ihre Vorgehensweise dokumentieren, werden ihre Gedankengänge intensiver und selbstreflektierter. Sie hören auf damit, Fragen des Lehrers schematisch und ohne innere Beteiligung zu behandeln. Sie begreifen, dass man sich auf ein Gegenüber einstellen muss, wenn man seine Lernerfahrungen Gewinn bringend verwenden möchte.

Portfolioarbeit führt dazu, dass Schüler verstärkt in die Lage versetzt werden, außerhalb des unterrichtlichen Kontextes von ihren erworbenen Kenntnissen und Fähigkeiten Gebrauch zu machen. Sie bereichert den Unterricht, weil sie zu einem hohen Maß an eigenverantwortlichem und kooperativem Lernen führt. Sie ist gleichermaßen ein Mittel zur Individualisierung und Intensivierung und hat den besonders positiven Nebeneffekt, dass der Lehrer über weite Strecken des Unterrichtes entlastet ist und sich individuell einzelnen Schülern oder Schülergruppen zuwenden kann. Weil der Anwendungsbezug ein so wesentlicher Vorteil lebenspraktischen Lernens ist, sollte die Portfoliotechnik Aufnahme in die Arbeit möglichst vieler Lehrer finden.

Eine Erfahrung

Zum ersten Mal habe ich die Portfoliotechnik in einer zehnten Realschulklasse angewendet, die ich neu übernahm und in ihrem letzten Schuljahr einstündig im Fach Sozialkunde unterrichten sollte. Leistungsmotivation und politisches Wissen schienen mir so gering ausgeprägt zu sein, dass ich zunächst nicht wusste, wo ich ansetzen sollte, um das begrenzte zur Verfügung stehende Stundenkontingent noch lerneffektiv zu nutzen. Ich entschied mich für die Umstellung des Unterrichtes auf Portfolioarbeit, weil es meiner Ansicht nach sowieso nichts zu verlieren gab.

Der Gewinn war groß. Die Entscheidung musste zu keinem Zeitpunkt bereut werden. Obwohl die Schüler mit dieser Vorgehensweise wesentlich mehr leisten mussten als in nahezu allen anderen Unterrichtsformen, kam es zu einer erheblichen Motivationssteigerung und zu guten Arbeitsergebnissen auf breiter Basis.

Die Portfoliotechnik ist durchaus in den Alltag integrierbar. Sie kann in allen Jahrgangsstufen und in fast allen Fächern zum Einsatz kommen. Im Unterschied zu den Heften, welche die Schüler durch alle Themen im Laufe eines Jahres begleiten, legen die Schüler für ihr Portfolio eine Themenmappe an. Für die meisten Arbeiten ist eine Mappe, in der die Dokumente abgeheftet werden können, besser geeignet als eine Loseblattsammlung, weil es so nicht zu einem Verlust einzelner Dokumente kommen kann.

Relativ unkompliziert fällt die Einführung aus, wenn ein größeres Kapitel in einem eingeführten Schulbuch als Grundlage benutzt wird. Das kann ein eher theoretisches Fachgebiet in den Fächern Biologie, Chemie und Physik sein, ein Themenschwerpunkt in Geschichte oder in Erdkunde. Auch fremdsprachliche Portfoliogestaltung und -präsentation sind denkbar. Auf der folgenden Doppelseite finden Sie ein Beispiel aus dem Politikunterricht in einer zehnten Klasse. Hier wurde ein etwa 40 Seiten umfassendes Kapitel aus dem eingeführten Schulbuch zum Thema „Die politische Ordnung in der Bundesrepublik Deutschland" zugrunde gelegt. Mit nur kleinen Veränderungen ist diese Vorgehensweise auf viele andere Themen übertragbar.

Für die Portfoliogestaltung gilt der Einwand nicht, dass die Schülerinnen und Schüler in einer Klasse dafür zu wenig reif seien oder methodisch und fachlich zu ungeschult etc. Die Erfahrung zeigt vielmehr, dass gerade eher leistungsschwache und methodisch ungeübte Gruppen mit der Portfoliomethode zu einer erheblichen Leistungssteigerung geführt werden können.

Für die Einführung und Abfolge kann man sich an folgenden Schritten orientieren:

Einführung der Portfoliomethode

1. Inhaltliche Hinführung und Einstimmung in das neue Themengebiet

2. Vorstellung der Portfoliomethode; Klärung der Ziele und der Vorgehensweise
   (siehe dazu den Brief und die Methodenkarte auf der folgenden Doppelseite)

3. Vereinbarung eines Zeitrahmens bis zur Fertigstellung

4. Auftragsübergabe an die Schüler und Sichtung der Materialgrundlage

5. Arbeitsphase
   Erledigung der Pflicht- und Wahlaufgaben in der Unterrichtszeit und als Hausaufgabe;
   Sammlung und Auswahl weiterer Materialien (z. B. durch Internetrecherchen).

6. Präsentationsphase
   mindestens in einer Doppelstunde; die Schüler können sich ihre Arbeiten erst in Kleingruppen gegenseitig präsentieren und dann z. B. jeweils ein Portfolio auswählen, das vor der Klasse präsentiert werden soll.

7. Benotung und Feedback

Mit diesem Brief wurden die Schüler einer zehnten Klasse auf die Portfolioarbeit vorbereitet.

Liebe Schülerinnen und Schüler der Klasse 10d!

- *Was bedeutet es für euch ganz persönlich, in einem demokratischen Staat zu leben?*
- *Wie gut sollen junge Leute über das politische System informiert sein, in dem sie aufwachsen?*

Vielleicht habt ihr euch bisher noch nicht so viele Gedanken über diese Fragen gemacht. Wenn das so ist, so solltet ihr allerdings jetzt damit beginnen.

Kenntnisse über das politische System werden heute von fast allen jungen Leuten erwartet, die sich bei der Bewerbung um einen Ausbildungsplatz einem Einstellungstest unterziehen und die in einem Assessment-Verfahren ihr Wissen und ihre Fähigkeiten unter Beweis stellen müssen. Das Wissen allein genügt aber nicht. Darüber hinaus muss man in der Lage sein, seine Kenntnisse in sprachlich angemessener Form anderen Gesprächspartnern gegenüber erklären zu können. Auch sollten junge Leute eine begründete Meinung entwickeln und vortragen können zu den wichtigen Fragen, die aktuell in der Öffentlichkeit diskutiert werden.

Dies alles sind nur einige der Gründe, warum wir uns in den kommenden Unterrichtsstunden mit dem folgenden Thema beschäftigen werden:

Die politische Ordnung in der Bundesrepublik Deutschland

Mit diesem neuen Thema werden wir auch eine neue Methode anwenden. Sie heißt:

Die Portfoliomethode

Zunächst einmal bedeutet diese Methode, dass du selbst für dich in Ruhe arbeiten kannst und dass du dabei innerhalb des vorgegebenen Themas weitgehend selbst bestimmen kannst, womit du dich beschäftigst und was dich an deinen Themen besonders interessiert.

Das Ziel besteht darin, dass du dein persönliches Portfolio erstellst. Ursprünglich verstand man darunter eine Mappe aus eigenen Arbeiten, mit denen sich Künstler und Architekten im Mittelalter um Aufträge bewarben. Diese Grundidee gilt auch noch heute. Im Unterschied zur normalen Heftführung erstellst du dein Portfolio mit dem Ziel, den Prozess und die Ergebnisse deiner Arbeit anderen Menschen zu zeigen, um sie von der Qualität deiner Arbeit zu überzeugen. Sie sollen nicht nur deine Antworten auf Fragen lesen, sondern auch erfahren, warum du diese oder jene Frage ausgewählt hast, was dir bei der Beantwortung durch den Kopf ging, was du dir gerne merken möchtest und wie deine Meinung zu den umstrittenen Fragestellungen lautet.

Während du an deinem Portfolio arbeitest, solltest du dir immer Leserinnen und Leser vorstellen, die dein Portfolio später durchsehen werden, um etwas über die Sache und über die Person zu erfahren, die das Portfolio gestaltet hat (also die Eltern, die Lehrer, die Mitschüler u. a.).

Als Lerngrundlage steht dir das Kapitel in deinem Schulbuch „Politik erleben" zur Verfügung.

Von den elf Einheiten zum Thema „Die politische Ordnung in der Bundesrepublik Deutschland" wirst du dir drei Themenbereiche aussuchen, über die du dein Portfolio erstellst. Darüber hinaus kannst du aus dem Internet, aus Büchern, Zeitungen und Zeitschriften weitere Materialien auswählen, die du in dein Portfolio aufnehmen wirst.

Am Ende des Arbeitsprozesses werden alle Portfolios vorgestellt. Für deine Mappe wirst du eine Note erhalten, die einen wesentlichen Teil deiner Halbjahresnote im Fach Sozialkunde ausmachen wird.

Ich bin sehr gespannt darauf, wie erfolgreich du arbeiten wirst, und wünsche dir und mir, dass du dich mit Interesse, Freude und Fleiß an deine Arbeit begibst.

Euer Lehrer Wolfgang Mattes

(bitte den Brief auch den Eltern zeigen)

METHODENKARTE

Portfolio

Zehn Schritte zur Vorgehensweise

1. Verschaffe dir zunächst einen Überblick über das gesamte als Portfolio zu bearbeitende Kapitel in deinem Schulbuch, indem du alle Überschriften liest, dir die Abbildungen anschaust und die Fragestellungen beachtest.

2. Wähle dann mindestens drei der angebotenen Themen aus, über die du mehr erfahren möchtest und die du intensiv bearbeiten wirst.

3. Notiere auf das erste Blatt des Portfolios unter der Überschrift „Liebe Leserin und lieber Leser …",

   • warum du diese Themen ausgewählt hast,
   • was du gerne herausfinden möchtest und
   • wie du dabei vorgehen wirst.

   Von nun an wirst du im weiteren Verlauf deiner Arbeit den Leser immer auf dem Laufenden halten, indem du zwischendurch Anmerkungen über deine Vorgehensweise und deine bisherigen Lernfortschritte machst. Über deine Arbeitsphasen wirst du eine Übersicht anlegen, in der du notierst, was du wann wo gemacht hast.

4. Möglichst gute Antworten auf die Fragen und Arbeitsaufträge im Schulbuch bilden den Pflichtteil deiner Portfolioarbeit. Du kannst aber aus den im Buch abgedruckten Fragen eine Auswahl treffen. Es genügt, wenn du etwa zwei Drittel aller Fragen beantwortest.

5. Formuliere alle Antworten so, als ob du einer oder mehreren Personen gegenübersäßest, denen du die Antworten mündlich erläutern würdest, z. B.: „Ich erkläre Ihnen jetzt, welche Wahlgrundsätze es gibt und was sie bedeuten …"

6. Suche dir eine Partnerin, einen Partner oder eine kleine Gruppe von Mitschülern aus, mit denen du regelmäßig den Stand deiner Arbeit besprichst. Ihr könnt auch Teile eurer Arbeit in Gemeinschaftsproduktion erstellen.

7. Zu Hause sollst du zu den Themen deiner Arbeit auf die Suche nach weiteren Materialien gehen (im Internet, in Zeitungen und Zeitschriften, in Büchern etc.) Wähle aus den gesammelten Materialien einige wenige aus, die du in deine Mappe aufnimmst und deinen Lesern mit einem eigenen Text vorstellen wirst.

8. Entscheide dich für eine ansprechende Form bzw. ein ansprechendes Design. Mit einem Portfolio verhält es sich so wie mit einer Bewerbungsmappe. Die Form ist ebenso bedeutsam wie der Inhalt.

9. Übe dich darin, dein Portfolio in angemessener Form zu präsentieren. Als Präsentierender schlüpfst du in die Rolle eines Lehrers, der seinen Zuhörern das Gelernte anschaulich erklärt.

10. Lege dein fertiges Portfolio zum vereinbarten Termin vor.

Die wichtigsten Qualitätsmerkmale

• *Die Pflichtaufgaben sind in sauberer Schrift ausführlich behandelt.*

• *In der Abfolge der Arbeiten ist für den Leser ein roter Faden erkennbar.*

• *Aus deinen persönlichen Anmerkungen zur Vorgehensweise kann der Leser gut entnehmen, wie du vorgegangen bist.*

• *Die Zusatzmaterialien sind passend ausgewählt und gut kommentiert.*

• *Man kann dem Portfolio entnehmen, dass du dich fleißig mit den Themen auseinandergesetzt hast.*

• *Das Portfolio hat eine ästhetisch ansprechende Gestaltung.*

2.3 Problemthema Hausaufgaben: So werden sie von allen Schülern gemacht

Ohne Hausaufgaben geht es nicht. Man sollte sich da nichts vormachen. Wenn wir die PISA-Ergebnisse ernst nehmen und die Lesekompetenz und die mathematische Kompetenz verbessern wollen, genügt es nicht, dass nur in der Unterrichtszeit gelesen und gerechnet wird. Hausaufgaben ergänzen die Arbeit im Unterricht sinnvoll, wenn sich damit neuer Unterricht vorbereiten und erteilter Unterricht nachbereiten lässt. Stets muss die Kompetenzorientierung im Vordergrund stehen. Das heißt, die Schüler sollen in einem kontinuierlichen Training lernen, Aufgabenstellungen möglichst selbstständig zu bearbeiten, Verantwortung für sich selbst zu übernehmen und nicht vorschnell aufzugeben, wenn sich die Bewältigung einer Aufgabe einmal als schwierig erweist. Und schließlich: Wer nachmittags Hausaufgaben macht, hängt nicht die ganze Zeit herum, sondern verbringt seine Zeit mit etwas Sinnvollem. Andererseits: Hausaufgaben sind eine ständige Quelle von Ärger und Frust, und zwar sowohl für die Schüler und Eltern als auch für uns Lehrer. Gesamtgesellschaftlich sind sie ein Problemthema.

Wie geht es Ihnen, wenn Sie die folgenden Zahlen lesen? Nach Angaben des Bundesministeriums für Bildung und Forschung erhält jeder vierte Schüler in Deutschland regelmäßig Nachhilfe. Die meistgenannten Gründe dafür sind natürlich schlechte Noten, aber auch, dass die Schüler mit den Hausaufgaben nicht zurechtkommen und die Eltern sich außerstande sehen zu helfen. In Familien mit überdurchschnittlichem Einkommen sind es sogar 36 Prozent der Schüler, in den unteren Einkommensstufen 15 Prozent. In den alten Bundesländern gibt es doppelt so viel Nachhilfe wie in den neuen. Insgesamt geben die Deutschen pro Jahr etwa 2,6 Milliarden Euro für Nachhilfe aus. Das ist mehr als doppelt so viel wie für Schulbücher ausgegeben wird.

Sicher, die Zahlen können uns kaltlassen nach dem Motto: Wer in der Schule nicht lernt, muss eben schauen, wie er sonst zu seinen Erfolgen kommt. Andererseits haben wir Lehrer zumindest einen von drei Schlüsseln zur Lösung des Problems in der Hand. Wer dem Thema in seinem Unterricht die größte Aufmerksamkeit schenkt, kann viel zur Problemlösung beitragen.

Vier mögliche Fehler im Vorgehen von Lehrern

1. In Lehrproben von Referendaren oder bei Aufstiegsprüfungen fällt des Öfteren auf, dass bei aller akribischen Unterrichtsplanung die Überlegungen für eine abschließende Hausaufgabe relativ stiefmütterlich behandelt werden. In Mathematik wird z. B. gerne ein Paket von Übungsaufgaben aus dem Schulbuch aufgegeben. Auf die Nachfrage, ob die Aufgaben vorher durchgerechnet wurden, erhält man nicht selten ein Nein. Da in den meisten Mathematikbüchern spätestens ab der dritten Aufgabe irgendein Sonderproblem auftaucht, ist relativ leicht nachvollziehbar, dass zumindest bei den schwachen Schülern zu Hause Frust entsteht und dass Tränen fließen werden.

2. Ebenso gravierend ist es, wenn der Lehrer sein vorgesehenes Pensum im Unterricht nicht bewältigen kann und dann den Rest in die Hausaufgabe verlagert. Die Schüler werden so mit einer Lernanforderung konfrontiert, für deren Bewältigung eigentlich die Begleitung des Lehrers vorgesehen war.

3. Gelegentlich werden Hausaufgaben als Verlegenheitslösung aufgegeben. Irgendwie hält man die Stunde für unvollständig, wenn am Ende keine Verkündigung der Hausaufgaben steht. Es kann dann zu unüberlegten oder gar unsinnigen Hausaufgabenstellungen kommen.

4. Manche Lehrer geben gerne Hausaufgaben auf, finden es aber lästig, sie in der Folgestunde zu besprechen, zumal sich damit kein beeindruckender Stundeneinstieg gestalten lässt. Die Folge ist, dass Hausaufgaben von den Schülern als unbedeutend eingestuft werden, weil ja sowieso niemand Wert auf ihre Erledigung legt.

Ein Bündel von Erfolg versprechenden Maßnahmen

Mit den folgenden Maßnahmen haben Kolleginnen und Kollegen sehr gute Erfahrungen gemacht, die sich nicht länger mit dem Zustand zufriedengeben wollten, dass immer wieder ein Teil ihrer Schüler ohne Hausaufgaben im Unterricht erschien. Wenn dieses Maßnahmenpaket konsequent angewendet wird, kann fast garantiert werden, dass, bis auf einzelne Versäumnisse, die sich nie ganz vermeiden lassen, alle Schüler zur regelmäßigen Hausaufgabenerledigung veranlasst werden, vorausgesetzt, es gibt keine völlige Schulverdrossenheit.

Schüler beim Hausaufgabenbriefing.
Wer keine Aufgaben hat, bleibt in dieser Phase außen vor.

1. Man macht ein Angebot mit Wahlmöglichkeit

Es gibt eigentlich keinen Grund, dass alle Schüler in einer Klasse immer genau die gleichen Hausaufgaben gestellt bekommen. Es gibt allerdings viele Gründe dagegen: Die Guten werden regelmäßig unter- und die Schwachen überfordert. Machen Sie – wann immer es geht – ein differenzierendes Angebot. Das ist oft ganz einfach. Sind z.B. in den gesellschaftskundlichen Fächern Fragen zu beantworten, die das Schulbuch bereitstellt, lässt sich eine Auswahl anbieten: „Sucht euch von den fünf Fragen zum Kapitel drei aus, die ihr schriftlich beantwortet." In Mathematik müssen es nicht die Aufgaben 1 bis 6 sein, sondern: „Wähle auf Seite X vier der zehn Aufgaben aus. Versuche dabei, dich an die Aufgabe mit dem für dich höchsten Schwierigkeitsgrad heranzupirschen." Auch zur Erschließung von Sachtexten aller Art kann eine Auswahl angeboten werden: „Wähle aus, ob du diesen Text mit mehreren Zeichnungen illustrieren willst, ihn in eine Mindmap oder Tabelle umformst, oder ob du dazu mindestens fünf Fragen für ein Fernsehquiz entwickelst."
Mit der Wahlmöglichkeit steigt die Lust, die Hausaufgaben zu erledigen. Auch können Sie davon ausgehen, dass die Schüler sich vergleichsweise intensiv mit allen Fragen oder Aufgaben auseinandersetzen, bevor sie ihre Auswahl treffen. Bei den Kleinen wird es weniger Tränen

geben, weil nicht mehr alle Bemühungen an einer Aufgabe scheitern. Ein Nachteil: Bei den Nachhilfeschulen kommt es zu Umsatzeinbrüchen.

2. Das Hausaufgabenbriefing als ritualisierte Besprechungsform

Diese Methode hat sich als eine der interessantesten, kurzweiligsten und wirksamsten Formen der Hausaufgabenbesprechung herausgestellt. Sie ist auch dann gut geeignet, wenn Sie sich nicht die Zeit nehmen wollen oder können, einzelne Hausaufgaben intensiv im Frontalunterricht zu besprechen. Sie muss etwa dreimal eingeübt werden. Ab dann funktioniert sie problemlos und sie geht so:
Auf das Stichwort „Hausaufgabenbesprechung im Partnerbriefing" setzen sich die Schüler in Partnerschaften einander gegenüber und stellen sich in einem Ritual von (a) Vorstellung der Hausaufgaben durch Partner 1, (b) Zusammenfassung und Kommentierung durch Partner 2, (c) Vorstellung der Arbeit von Partner 2, (d) Zusammenfassung und Kommentierung durch Partner 1 ihre Hausaufgaben gegenseitig vor. Im Anschluss daran können sie sich auf eine Hausaufgabe verständigen, die sie gerne einem größeren Kreis vorstellen möchten. Wenn die Schüler gelernt haben, sich schnell und ohne großen

Aufwand in Partnerschaften einander gegenüberzusetzen, dauert diese Übung nicht länger als zehn Minuten. Man kann eine Hausaufgabenbesprechungsstunde „opfern", um sie einzuüben. Man kann das Partnerbriefing auch zu einer Gruppenarbeit mit drei, vier oder fünf Schülern ausweiten.

Die Vorteile: Alle Schüler stellen ihre Hausaufgabe vor und erhalten eine verbale Anwendungsübung. Die Methode entfaltet eine große Dynamik. Reiht man die Dauer der Beiträge aneinander, so ergibt sich eine Quantität von themengebundener Kommunikation, die man mit Einzelvorstellungen in mehreren Stunden nicht erreichen könnte. Ein ganz entscheidender weiterer Vorteil ist, dass die Schüler, die ihre Hausaufgaben nicht gemacht haben, während dieser Übung außen vor sind. „Tut mir leid, ihr könnt an dieser Übung nicht teilnehmen. Bitte, nehmt so lange vor der Tafel Platz." Man braucht weder zu schimpfen noch sich aufzuregen. Dieser sanfte, aber bestimmte Ausschluss auf Zeit wird in der Regel als so peinlich empfunden, dass die Schüler sich von nun an hüten, die Hausaufgaben wiederholt zu vergessen.

3. Hausaufgaben in Szenariotechnik und andere kreative Angebote

Es macht einen großen Unterschied, ob man die Aufgabe stellt, die fünf demokratischen Wahlgrundsätze zusammenzufassen, oder ob man darum bittet, sie in der Form eines Briefes an einen fiktiven Schüler oder Freund zu verfassen, in dem man diesem auf dessen Anfrage hin die fünf Wahlgrundsätze erklärt. Das Gleiche gilt z.B. für Themen wie die Stellung des Pharaos in der ägyptischen Gesellschaft. Hier kann man z. B. vorschlagen, die Zusammenfassung in der Form eines kleinen Vortrages für einen Kongress von Ägyptologen zu gestalten. Wer die Schönheiten von Paris oder London in der Fremdsprache zu beschreiben hat, kann das als Mitglied eines Reiseveranstalters tun, der einen Text für einen Prospekt zu entwerfen hat. Diese Art der Szenariotechnik lässt sich ganz oft anwenden. Sie benötigt ein wenig Kreativität, ist aber schnell geplant und führt in der Regel dazu, dass sich die Schüler stärker mit einer Aufgabe identifizieren. Mit der Szenariotechnik wird das Lernen immer um eine affektive Dimension bereichert. Damit wird die rechte Gehirnhälfte aktiviert, was wiederum zur Folge hat, dass sich das Gelernte nachhaltiger einprägt.

Mit anderen kreativen Aufgabenstellungen lässt sich erreichen, dass Arbeiten und Lernen Freude machen kann. Schüler der unteren Klassen, die mit einer bestimmten Summe Geldes die Einkäufe für das Wochenende einer Familie zusammenstellen oder die Kosten für die Zutaten für ihre Lieblingsspeise berechnen, können in Supermärkten Preise ermitteln, vergleichen, addieren und von ihrem Budget subtrahieren und lernen dabei lebenspraktisches Rechnen und Wirtschaften. Aus den neu gelernten Englischvokabeln lässt sich eine Strophe für einen Popsong basteln, den man als Texter nicht mehr vergisst, u. v. a. m.

4. Stundenthema: Wie fertigt man Hausaufgaben an?

Das planvolle Erledigen von Hausaufgaben ist eine Kompetenz, die gelernt werden muss. In der Regel leistet die Grundschule diese Aufgabe. Stellt man in der Unterstufe der weiterführenden Schulen fest, dass die Hausaufgabenerledigung einer Vielzahl von Schülern Schwierigkeiten bereitet, so sollte man dem Thema mit dem Lernziel der Strategiebildung für das selbstständige Arbeiten eine Unterrichtsstunde widmen, am besten im Zusammenhang mit der Heftführung in einer kleinen Reihe zum Thema „Wichtige Arbeitstechniken". Hier können Regeln zur Hausaufgabenerledigung formuliert werden, welche die Schüler in Form einer Arbeitskarte über ihren häuslichen Arbeitsplatz hängen können. Ein Material zur Gestaltung einer solchen Stunde innerhalb der Orientierungsstufe finden Sie auf der übernächsten Seite.

Auch in den höheren Klassen schadet es nichts, wenn zu Beginn eines Schuljahres noch einmal die Regeln für Hausaufgaben erarbeitet werden. Zugleich demonstriert man hier den Schülern, welch großen Wert man auf eine sorgfältige und gut geplante Erledigung von Hausaufgaben legt.

5. Steigende Motivation durch Hausarbeiten mit PC

In den höheren Jahrgangsstufen sollte man dazu anregen, die Hausaufgaben mit dem PC zu erledigen. Besonders bei den Jungen steigt damit die Motivation erfahrungsgemäß stark an. Hierfür müssen wiederum gesonderte Regeln erarbeitet werden, weil der PC dazu verführen kann, dass man sich mit diversen anderen Dingen beschäftigt, die von den Pflichtaufgaben wegführen.

In diesem Zusammenhang ist unbedingt auf das Downloaden fertiger Hausaufgaben einzugehen bzw. auf die Nutzung so genannter Dialerprogramme. Das sind Einwahlprogramme, die fertige Hausaufgaben kostenpflichtig anbieten und so zu einer Kostenfalle werden können. Für die Verwendung von Texten aus dem Internet gilt die Regel, dass unter Angabe der Quelle zitiert werden darf. Klargemacht werden muss, dass es sich um einen Betrug handelt, wenn ein Fremdtext aus dem Internet ohne Angabe der Quelle als eigene Leistung ausgegeben wird. Auf jeden Fall sorgen diese präventiven Maßnahmen dafür, dass die Schüler vorsichtiger und verantwortungsbewusster mit der Internetnutzung für Hausaufgaben umgehen werden. Über das Thema „PC und Hausaufgabenerstellung" sollte auch mit den Eltern gesprochen werden.

6. Langfristige Terminarbeiten in den höheren Klassen

Etwa von der achten Klasse an sollte man sich allmählich von den Hausaufgabenstellungen von Unterrichtsstunde zu Unterrichtsstunde lösen und längerfristige Arbeiten vereinbaren, für die ein fester Termin gilt. Hier können die Hausarbeiten mit der Portfoliomethode oder der Planarbeit verbunden werden. Die Vorteile: Die Schüler lernen so, sich über längere Zeit selbstständig mit einem Themengebiet zu beschäftigen und können ihr eigenes Zeitmanagement entwickeln. Die Hausaufgabenstellungen werden umfangreicher und anspruchsvoller. Man muss nicht mehr in jeder Unterrichtsstunde daran denken, die Hefte zu kontrollieren. Allerdings muss hier darauf geachtet werden, die Schüler nicht zu überfordern. Werden Fragen gestellt, so müssen diese unabhängig voneinander beantwortbar sein, weil die Schüler sonst mit weiteren Fragen scheitern, wenn deren Beantwortung von der Antwort auf eine vorhergehende Frage abhängt.

7. Nur konsequente Kontrollen helfen

Schülerinnen und Schüler wissen ganz genau, bei welchen Lehrern sie die Hausaufgaben fleißig und ordentlich erledigen müssen und bei welchen es nicht so genauzunehmen ist. Die Einschätzung hängt davon ab, wie konsequent und regelmäßig kontrolliert wird. Wir können nicht erwarten, dass Kinder und Jugendliche ihre Pflichten immer aus Einsicht und aus Interesse an der Sache erledigen. Sie brauchen Kontrolle, um wichtige Sekundärtugenden wie Pflichterfüllung und Verantwortungsbewusstsein zu entwickeln. Dazu gehört natürlich auch, dass sie lernen, die Konsequenzen zu tragen, wenn sie ihre Hausaufgaben nicht vorlegen. In den meisten Kollegien gibt es verbindliche Vereinbarungen darüber, wie mit nicht erledigten Hausaufgaben zu verfahren ist. Auf jeden Fall sollte jeder Lehrer genau Buch führen und bei dreimaligem Versäumnis die Eltern benachrichtigen. Es kann dann auch eine Sechs als mündliche Note erteilt werden, weil es sich um die Verweigerung einer Leistung handelt. Keine Sorge: Lehrer, die konsequent handeln, genießen auch hier ein höheres Maß an Respekt und Anerkennung als diejenigen, die sich wenig kümmern und unangenehmen Maßnahmen aus dem Weg gehen.

8. Nicht mit Lob sparen

Schüler fertigen ihre Hausaufgaben fleißig, pflichtbewusst und sorgfältig an, weil sie sich dadurch Anerkennung und Vorteile versprechen. (Darin unterscheiden sie sich nicht von einem Doktoranden.) Lobt man sie für eine fleißige Arbeit, entsteht dadurch zugleich die Lust, sich weiterhin mit Fleiß neuen Aufgaben zu widmen. Besonders für die schwachen Schüler kann das Lob für gut erledigte Hausaufgaben ein Schlüssel sein, neuen Mut und Selbstvertrauen zu entwickeln und so auch in anderen Bereichen des Unterrichtes wieder Tritt zu fassen. Der kleine Vermerk unter den Hausaufgaben: „Das hast du toll gemacht, weiter so!" kann Wunder wirken, auch und gerade bei den älteren Schülern. In der Regel präsentieren sie diese Anmerkungen stolz zu Hause und wir Lehrer können so mit kleinen Maßnahmen zu dem ein oder anderen sonnigen Wochenende beitragen.

Materialien für eine Unterrichtsstunde zum Thema:

Hausaufgaben nach Plan erledigen

1. Hinführung
Fall vorlesen, Spontanreaktionen, evtl. Sinn von Hausaufgaben thematisieren

Der Fall: Daniels Probleme mit den Hausaufgaben

Für Daniel sind die Hausaufgaben der Horror. Oft muss er erst einmal herumtelefonieren, weil er nicht mehr weiß, was er für den nächsten Tag erledigen muss. Weil er kein guter Rechner und ziemlich schlecht in Mathe ist, kommen die Mathematikaufgaben bei ihm immer erst zum Schluss dran. Manchmal vergisst er sie dann völlig und sie fallen ihm erst am nächsten Vormittag wieder ein. Dann wird ihm regelmäßig schlecht im Bauch, wenn er an die Mathestunde denkt. Daniel sitzt oft stundenlang an seinem Schreibtisch vor den geöffneten Büchern, aber es will nichts in seinen Kopf hinein. Dann fängt er mit verschiedenen Aufgaben an und legt sie zur Seite, sobald es schwierig wird. Von seinen Eltern fühlt er sich unter Druck gesetzt. In der Schule bleiben die Erfolgserlebnisse aus.

Daniel hat die Nase voll. Er möchte gerne, dass es besser klappt mit den Hausaufgaben. Aber er weiß nicht wie.

2. Erarbeitung
Schüler formulieren selbst Regeln oder/und füllen den Fragebogen aus.

Regeln für Hausaufgaben	Das kann ich gut	Das muss ich noch üben
1. Ich trage immer alle Hausaufgaben in mein Aufgabenheft ein.		
2. Zu Hause gewöhne ich mich an eine feste Zeit für meine Hausaufgaben.		
3. Ich sorge für Ordnung an meinem Arbeitsplatz. Auf dem Tisch liegt nur, was ich für die Aufgabe brauche.		
4. Ich lege für jede Aufgabe ungefähr die Zeit fest, in der ich fertig sein möchte.		
5. Ich gewöhne mich an einen 3-Stufen-Plan: (1) mit den Aufgaben beginnen, die mir leicht fallen, (2) dann die schweren, (3) am Schluss die Aufgaben, die mir Spaß machen.		
6. Ich schreibe, rechne und zeichne immer so sorgfältig wie möglich.		
7. Ich achte darauf, dass meine Hefte sauber und ordentlich aussehen.		
8. Bei Schwierigkeiten gebe ich nicht zu schnell auf, sondern habe Geduld und strenge mich an bei der Lösung der Aufgaben.		
9. Ich schaue am Ende noch einmal in mein Aufgabenheft, um zu kontrollieren, ob ich alles richtig gemacht habe.		
10. Ich räume meinen Arbeitsplatz auf und packe meinen Schulranzen für den nächsten Tag.		

3. Anwendung
Schüler notieren ihre Favoriten und stellen sie vor.

Diese Regeln schreibe ich mir heraus, damit ich sie in Zukunft besser beachten kann:

Ein Informationsbrief an die Eltern sorgt für Klarheit

Liebe Eltern der Klasse ...,

in den letzten Wochen hat es des Öfteren Anlass zu Klagen gegeben, weil eine größere Anzahl von Schülern mehrfach ohne Hausaufgaben im Unterricht erschienen ist. Als die verantwortlichen Fachlehrerinnen und Fachlehrer Ihres Kindes möchten wir Ihnen daher einige Informationen über die Erledigung der Hausaufgaben zukommen lassen. Hausaufgaben dienen der Übung, der Wiederholung und der Vorbereitung des Unterrichts. Sie müssen regelmäßig angefertigt werden, sollen aber weder bei Ihnen noch bei Ihrem Sohn bzw. Ihrer Tochter zu Ärger und Stress führen. In diesem Sinne wird es sicher hilfreich sein, wenn Sie die folgenden Vorschläge beachten könnten.

Im Unterricht erfahren die Schüler, dass sie ein Hausaufgabenheft zu führen haben, in das Tag für Tag die Hausaufgaben in allen Fächern einzutragen sind. Gibt es einmal keine Hausaufgaben auf, so vermerkt Ihr Kind auch das in seinem Aufgabenheft. Bitte lassen Sie sich diese Hefte regelmäßig vorlegen. So haben Sie stets einen guten Überblick über alles, was zu erledigen ist.

Wir erwarten nicht, dass Hausaufgaben perfekt erledigt werden. Wir erwarten nur, dass die Schüler sich Mühe geben und sorgfältig arbeiten. Fehler sind für uns eine wichtige Rückmeldung. Sie zeigen uns, was im Unterricht noch zu tun ist. Würden alle Fehler von den Eltern verbessert, so müssten wir denken, dass es im Unterricht keiner Übung mehr bedarf.

Für Fehler in den Hausaufgaben gibt es keine schlechten Noten. Bedeutsam für die Notengebung ist nur, ob die Hausaufgaben regelmäßig angefertigt werden, ob man ihnen ansieht, dass die Schüler sich Mühe geben. Das ist mit Sicherheit zu schaffen.

Uns ist wichtig, dass die Schüler lernen, dass sie für die Erledigung ihrer Hausaufgaben selbst verantwortlich sind. Wenn Sie möchten, können Sie den ein oder anderen Ratschlag erteilen, aber nehmen Sie bitte Ihrem Kind die Arbeit nicht ab.

Sicherlich werden Sie Verständnis dafür haben, dass wir mit Konsequenz dafür sorgen müssen, dass die Schüler die ihnen aufgetragenen Pflichten gewissenhaft erledigen. Jedes Fehlen einer Hausaufgabe wird von dem entsprechenden Fachlehrer vermerkt. Sollte es bei einem einmaligen Versäumnis bleiben, wird das nicht weiter von Bedeutung sein. Bei einem dreimaligen Versäumnis erhalten die Schüler einen Eintrag ins Klassenbuch, über den Sie informiert werden. Auch kann ihnen dann eine entsprechende Leistungsnote erteilt werden.

Noch eine Bitte: Lassen Sie es nicht zu, dass sich Ihr Kind direkt im Anschluss an die Hausaufgaben mit Computerspielen beschäftigt oder vor den Fernseher setzt. Die Wirkung dieser Medien kann dann so stark sein, dass das zuvor Gelernte sofort wieder ausgelöscht und durch andere Eindrücke ersetzt wird.

Sollte Ihr Kind über einen längeren Zeitpunkt mit der Erledigung der Hausaufgaben Probleme haben, setzen Sie sich bitte mit den betreffenden Fachlehrern oder mit den Klassenlehrern in Verbindung. So können wir gemeinsam eine Lösung entwickeln.

Auf der nächsten Elternversammlung, zu der wir Sie schon jetzt herzlich einladen, können wir über alle weiteren Fragen bezüglich der Hausaufgaben miteinander reden.

In der Hoffnung auf eine weitere gute Zusammenarbeit

mit freundlichen Grüßen

2.4 Mündliche Noten: Konflikte minimieren mithilfe eindeutiger Kriterien

Die Notengebung liegt einzig und allein in der pädagogischen Verantwortung des Lehrers und ist Teil seiner pädagogischen Freiheit. Häufig ist damit eher eine Last als eine Lust verbunden. Noten sind aus der Sicht der Schüler mit das Wichtigste in der Schule. Man kann es ihnen nicht verübeln angesichts einer Situation, in der Noten über Schul- und Berufskarrieren, Ausbildungs- und Studienplätze entscheiden. Grundsätzlich benoten Lehrer Leistungen in zweifacher Hinsicht: einerseits ergebnisorientiert in der Form von Tests und Klassenarbeiten, andererseits prozessorientiert in der Form von Noten für mündliche Mitarbeit, die ein Leistungsverhalten über einen längeren Zeitraum bewerten. Klassenarbeiten und Tests unterliegen sehr fachspezifischen Kriterien. Für die mündlichen Noten gelten eher fächerübergreifende Maßstäbe. Deshalb soll hier von der Epochalnote die Rede sein.

Lehrer haben das Recht, Epochalnoten zu erteilen. Das ist eine Bewertung der mündlichen Leistung eines Schülers, die sich auf einen längeren Zeitraum bezieht. Üblicherweise werden diese Noten am Ende einer Unterrichtsreihe erteilt. Aus pädagogischen und aus rechtlichen Gründen verbietet es sich, nur eine einzige Epochalnote pro Halbjahr zu vergeben. Mindestens zwei sollten es pro Fach und pro Halbjahr sein, auch aus dem Grund, den Schülern die Möglichkeit der Verbesserung ihrer mündlichen Mitarbeitsnote einzuräumen.

Die Epochalnote hat viele Vorteile, aber sie wirft auch Probleme auf, die besonders deutlich zutage treten, wenn man mit hoher Unterrichtsverpflichtung in vielen Klassen unterrichtet und damit eine so große Zahl von Schülerinnen und Schülern zu bewerten hat, dass man leicht den Überblick verliert. Dieses Problem wird noch größer, wenn man es mit Fächern zu tun hat, die nur ein- oder zweistündig in der Woche unterrichtet werden. Bei der großen Zahl von Schülern jedem individuell gerecht zu werden und dabei sicherzustellen, dass die eigene Notengebung einer denkbaren juristischen Überprüfung standhält – das ist die Kunst, die bewältigt werden muss.

Besondere Vorzüge und Probleme von Epochalnoten

1. Die Bewertung erfasst einen längeren Zeitraum und schließt die Zufälligkeiten einer Tagesform aus.	1. Mit zu eng gefassten Maßstäben fördert man die Vielredner mit geringen Zuhörerqualitäten.
2. Individuelle Lernfortschritte können besonders berücksichtigt werden.	2. Ohne klar definierte Kriterien kann die Benotung willkürlich werden.
3. Als Prozessbewertung ergänzt und erweitert die Note die ergebnisfixierten Tests und Klassenarbeiten.	3. Es kann vergleichsweise leicht passieren, dass Sympathien und Antipathien in die Notengebung einfließen.
4. Auf der Basis des erweiterten Lernbegriffs erfasst sie kommunikative, methodische und soziale Kompetenzen.	4. Die Beobachtung jedes einzelnen Schülers kann eine Überforderung darstellen.
5. Sie nimmt vergleichsweise wenig Unterrichtszeit in Anspruch.	5. Es gibt keine klar definierte Grundlage, auf deren Basis die Bewertung erfolgt.

Fünf hilfreiche Grundsätze

1. Nicht ängstlich sein

Sicher, die Bereitschaft vieler Eltern, wegen der Notengebung eines Lehrers bis vor ein Verwaltungsgericht zu gehen, scheint zuzunehmen. Passiert es einmal, macht es schnell die Runde, aber letztlich kommen diese Dinge eher selten vor. Und wenn: Noten sind nun einmal ein Rechtsakt, gegen den Rechtsmittel eingelegt werden können. Das ist ein Ausdruck von Rechtsstaatlichkeit zur Verhinderung von Willkür. Jeder von uns muss damit rechnen, die Kriterien seiner Notengebung offenlegen zu müssen. Das ist vielleicht nicht immer angenehm, aber überhaupt kein Grund, ängstlich zu sein. Zögerliche Notengeber laden viel eher zu Protesten ein, als die Mutigen, die konsequent sind und sich beständig um Objektivität und Gerechtigkeit bemühen, wohl wissend, dass letzte Wahrheiten unerreichbar sein werden. Auch genießen diese Mutigen die höhere Wertschätzung bei Schülern und Eltern.

2. Mit einer überschaubaren Menge von Kriterien arbeiten

Viele kluge Veröffentlichungen enthalten viele kluge Kriterien für die Erteilung der Epochalnoten. Da soll das Maß an Kreativität bei der Suche nach Problemlösungen bewertet werden, die Tiefe, mit der ein Unterrichtsgegenstand gedanklich durchdrungen wird, die Fähigkeit, ein Teilergebnis vollständig zusammenzufassen, und viele andere Gütekriterien mehr. Neben dieser theoretischen Vielfalt müssen sich Lehrer in der Praxis den Vorwurf gefallen lassen, sie hätten nur ein einziges Kriterium für die Epochalnote, nämlich wie oft die Schüler aufzeigen und aufgerufen werden. Weil das eine nicht praktikabel ist und das andere nicht gerecht, plädiere ich für eine überschaubare, aber klar definierte Menge an Kriterien, die man den Schülern an die Hand geben kann und mit denen Sie Ihre Noten jederzeit begründen können.

Fünf grundlegende und ausreichende Kriterien	Denn darauf kommt es an
• Aktive, regelmäßige und konzentrierte Mitarbeit	• Mitarbeiten
• Aufmerksames Zuhören gegenüber dem Lehrer und den Mitschülern	• Zuhören
• Einhaltung der vereinbarten Regeln im Unterricht	• Regeln beachten
• Pflichterfüllung (z.B. bei der Erledigung von Hausaufgaben)	• Pflichten erfüllen
• Das Bemühen um gute Beiträge in angemessener Sprache	• Sich anstrengen

Das Kriterium des Zuhörenkönnens sollte gleichrangig neben das der aktiven Mitarbeit gestellt werden, weil man sonst in der Tat den sich produzierenden Vielredner bevorzugt und die eher Schüchternen bestraft, die aber dennoch in einer interessierten und konzentrierten Haltung dem Unterricht folgen.

Der Qualität der Beiträge sollte man in der Bewertung nicht die oberste Priorität einräumen, weil sich sonst viele aus der Angst heraus nicht melden, ihre Beiträge seien nicht gut genug. In meinem Unterricht gilt der Grundsatz, dass Schüler alles sagen und fragen können, ohne Angst haben zu müssen, dass es falsch sei. Man kann eine sehr gute Epochalnote sehr wohl damit begründen, dass die Beiträge des Benoteten eine besondere Qualität aufweisen. Man sollte aber einen sich beständig bemühenden und aufzeigenden Schüler nicht dadurch abwerten, dass man ihm klarmacht, seine Beiträge seien qualitativ eher dürftig. Daher ist das fünfte Kriterium eher vorsichtig formuliert.

3. Die Kriterien transparent machen

Wie bei der guten Heftführung und bei vielen anderen Dingen gilt auch für die Notengebung, dass die Kriterien den Schülern bekannt sein müssen, damit sie sich darauf einstellen können. Diese fünf Kriterien können an die Tafel geschrieben und/oder diktiert werden. Wenn die Kriterien in Form eines Regelplakates in der Klasse aufgehängt werden, kann man immer wieder auf einzelne

Merkmale hinweisen, wenn sie von Schülern oder Schülergruppen nicht beachtet werden. Besondere Akzeptanz werden die Kriterien natürlich finden, wenn alle unterrichtenden Lehrer in einer Klasse sich darauf verständigen können.

4. Man sollte die Schüler sich selbst einschätzen lassen

In Klassen bis zu 30 Schülern benötigt man drei kopierte Vorschlagslisten für Epochalnoten. Man lässt sie durch die Klasse wandern, damit jeder Schüler seinen Notenvorschlag samt Begründung eintragen kann (mit dem Hinweis auf Freiwilligkeit). Mit dieser Möglichkeit der Selbsteinschätzung kann schon in den unteren Klassen begonnen werden. Wer die Vorgehensweise kontinuierlich praktiziert, wird die Vorzüge des Verfahrens nicht mehr missen wollen.

Natürlich bleibt der Grundsatz, dass die Notengebung voll und ganz im Verantwortungsbereich des Lehrers liegt, von diesen Vorschlägen unangetastet. Wenn wir aber im Vorfeld der Notenfestsetzung wissen, wie die einzelnen Schüler ihre Leistungen selbst einschätzen, können wir uns auf ein mögliches Konfliktpotenzial einstellen. Sieht sich ein Schüler z. B. im Bereich des „Sehr gut" und man selbst schätzt seine Leistung nur als „Befriedigend" ein, so kann man sich präventiv auf ein Gespräch einstellen, das möglichen weiteren Auseinandersetzungen vorbeugt.

Überbewertungen der eigenen Leistungen kommen aber in der Praxis viel seltener vor als man im Vorfeld glaubt. Aller Erfahrung nach verfügen die Schüler über ein sehr realistisches Selbsteinschätzungskonzept. Oft geben sie sich selbst eine schlechtere Note als es unserer Einschätzung entspricht. (Mädchen sehen ihre Leistungen in der Mitarbeit in der Regel selbstkritischer als Jungen.) Man hat dann das Glück, einem Schüler sagen zu können: „Du siehst dich zwar nur im Bereich des ‚Befriedigend'. Aus folgenden Gründen bin ich aber bereit, dir eine Zwei einzutragen: ..."

Bei wiederholter Anwendung des Verfahrens lernen die Schüler sehr schnell, dass ein unrealistisches Notenpoker ihnen keine Vorteile einbringt.

Weitere Vorteile des Verfahrens sind:

- Man vermeidet krasse Fehlurteile. Wer Fächer mit geringem Stundenansatz in vielen Klassen unterrichtet, kann nicht immer garantieren, dass seine Beobachtungen zutreffend sind.

- Je mehr die Schüler spüren, dass man an ihrer Selbsteinschätzung interessiert ist, desto mehr schätzen sie dieses Verfahren.

- Man kann im Anschluss an das Verfahren während einer schülergesteuerten Arbeitsphase jeden einzelnen Schüler kurz zu einem persönlichen Gespräch im Sinne einer vertrauensbildenden Maßnahme zu sich bitten. Bei Notenübereinstimmung genügen ein Lächeln und eine kurze Geste der Übereinstimmung, um ein gutes Lehrer-Schüler-Verhältnis zu stabilisieren.

- Man kann die Liste mit den Begründungen der Schüler bis zur Erteilung der nächsten Epochalnote aufbewahren und die neue Notenbegründung an die bereits bekannte anbinden.

- Das Verfahren selbst hat für die Schüler eine leistungssteigernde Funktion. Es führt ihnen immer wieder die Bedeutung und die wichtigen Dimensionen ihrer eigenen Mitarbeit vor Augen. Auf der Lehrerseite trainiert es die individuelle Wahrnehmung der Schülerinnen und Schüler und sorgt für eine beständige Optimierung der Diagnosekompetenz.

5. Im Konfliktfall konsequent und flexibel zugleich bleiben

Konfliktfälle treten natürlich dann gehäuft auf, wenn die Schüler sich viel schlechter benotet sehen, als es ihrer Selbsteinschätzung entspricht, und besonders dann, wenn die Lehrernote „Mangelhaft" oder gar „Ungenügend" ist. Es ist selbstverständlich, dass Negativnoten durch Beobachtungen und möglichst auch durch entsprechende schriftliche Vermerke (wie z. B. über fehlende Hausaufgaben) besonders gut abgesichert sein müssen. Ist man der Überzeugung, dass die Note begründet ist, so bleibt sie auch stehen. Gerade in dieser Konsequenz – auch gegenüber möglichen Elternprotesten – zeigt sich die Stärke von Lehrern.

Epochalnoten

Hier kannst du deine Mitarbeit selbst einschätzen, indem du einen Notenvorschlag für deine Epochalnote mit einer Begründung dazu notierst.

Für die Epochalnoten sind die folgenden Kriterien entscheidend:
1. Wie aktiv, aufmerksam und konzentriert arbeitest du mit?
2. Wie gut hörst du deinen Mitschülern und dem Lehrer zu?
3. Wie wirkt sich dein Verhalten auf das Lernen in der Gesamtgruppe aus?
4. Wie gut erledigst du deine Pflichten (z. B. die Hausaufgaben)?
5. Gibst du dir erkennbar Mühe, deine Beiträge in angemessener Sprache zu formulieren?

Name	Noten-vorschlag	Begründung	Erteilte Note
1. Olga u	4	• höre zu • Aufmerksam	4-
2. Yulia B	2-	• war aufmerksam und habe mich aktiv am Unterricht beteiligt • sorgfältig meine Hausaufgaben erledigt und gute Präsentationen vorgestellt.	2
3. Arthur S	3	• immer Aufmerksam • noch nie Aufgefallen • mache immer Hausaufgaben	3
4. Georg R	4	• Aufmerksam • höre immer zu • Benehmen	4+
5. Simon P	2+	• Mitarbeit • Aufmerksamkeit • Benehmen • Hausaufgabenerledigung	2
6. Stefanie W	4+	– höre zu – bin aufmerksam – störe den Unterricht nicht	4
7. Ramona M	4	– Aufmerksamkeit – störe nicht – erledige sorgfältig meine Hausaufgaben	4
8. Susan P	3-	– höre zu – mache Hausaufgaben – mache aber nicht viel mit	3
9. Corinna H	2(+)	– aktive Teilnahme – gut formulierte Beiträge – regelmäßig Hausaufgaben – Aufmerksamkeit	1
10. Anna F	3	– ich bin immer aktiv dabei – bin Aufmerksam – wenn sie mich was fragen weiß ich meistens die Antwort	3

3. Kapitel

Zwischen Frontalunterricht und Schülerselbsttätigkeit

So lassen sich die Bildungsstandards verwirklichen

Dieses Kapitel nützt Ihnen besonders, wenn Sie ...

- Lust haben, Ihre bisherige Unterrichtsgestaltung zwischen Frontalunterricht und Schülerselbsttätigkeit zu überprüfen,

- den Einsatz der Sozialformen Einzel-, Partner- und Gruppenarbeit mit vertretbarem Aufwand verstärkt einplanen möchten,

- Ihre Schülerinnen und Schüler besser als bisher auf PISA-Überprüfungen und andere Testverfahren vorbereiten möchten,

- Ihr System zur Zusammensetzung und zur Benotung von Gruppenarbeit professionalisieren möchten.

3.1 Frontal oder offen: Alle wünschen sich eine gute Mischung

Im Frühjahr des Jahres 2005 lud mich ein Arbeitskreis luxemburgischer Lehrer zur Durchführung einer Fortbildungsveranstaltung zum Thema „Gruppenarbeit" in das Nachbarland ein. Im Vorfeld der Veranstaltung wurde unter den teilnehmenden Schulen bzw. Lehrern eine Vorbefragung über die jeweils persönliche Art der Unterrichtsgestaltung durchgeführt. Der Fragebogen war in zwei Teile unterteilt, von denen der eine Teil den Titel hatte „Wie unterrichten Sie wirklich?" und der andere „Wie möchten Sie gerne unterrichten?" Über 90 Prozent der befragten Lehrerinnen und Lehrer gaben an, dass sie überwiegend frontal unterrichten. Als Verhältnis zwischen lehrerzentrierten und schülerzentrierten Verfahren wurde ein Durchschnittswert von 80 zu 20 ermittelt. Ganz anders sah die Wunschliste aus: Über 80 Prozent der Lehrerinnen und Lehrer gaben an, dass sie gerne mehr Gruppenarbeit durchführen würden, wenn die Bedingungen dazu besser wären und wenn sie wüssten wie. Hoffnungsfroh kann dabei nicht der Ist-Wert machen.

Schließlich rangiert Luxemburg im PISA-Ranking in allen Werten noch unterhalb Deutschlands. Hoffnungsfroh machen der kollektive Wunsch nach Veränderung und die Bereitschaft, dafür etwas zu tun.

Das ist nur eine Momentaufnahme, die aber durchaus zu Parallelschlüssen animiert über die derzeitige Stimmung hierzulande. Es gibt vielfach den Wunsch nach Veränderung und es gibt auch positive Entwicklungen. Z. B. kommt eine Untersuchung des deutschen Philologenverbandes aus den Jahren 2003 und 2004 zu dem Ergebnis, dass kooperative Unterrichtsformen und Methodenvielfalt in allen Schularten zunehmen. Die befragten Gymnasiallehrer gaben an, dass ihr Anteil an Frontalunterricht in den letzten fünf Jahren um ein Fünftel zurückgegangen sei, während Gruppenarbeit im gleichen Zeitraum um ein Drittel zugenommen habe. Schulen in den so genannten sozialen Brennpunkten gehen zunehmend dazu über, den Frontalunterricht zurückzudrängen.

Wie sind die markanten Punkte des Ist-Zustandes hierzulande?

Es gibt eine zunehmende Bereitschaft unter den Lehrerinnen und Lehrern zur Veränderung des eigenen Unterrichtes hin zu mehr Methodenvielfalt und Schülerselbsttätigkeit. Den meisten Lehrern ist bewusst, dass die Dominanz des Frontalunterrichtes in der Form der Belehrung ein äußerst ineffektiver Weg zu nachhaltigem Lernen ist. Trotzdem ist der Frontalunterricht an den deutschen Schulen immer noch die vorherrschende Methode. Wissenschaftlich abgesicherte Erkenntnisse aus den Bereichen Lern- und Entwicklungspsychologie, Gehirnforschung und Didaktik liefern den Nachweis, dass Kinder und Jugendliche nur dann nachhaltig lernen, wenn sie ihren Wissens- und Kompetenzerwerb so weit wie möglich selbstständig gestalten können. Kompetenzen und Basisqualifikationen, wie von der Kultusministerkonferenz in den nationalen Bildungsstandards beschlossen und von den Ländern für verbindlich erklärt, lassen sich nicht in einem einseitig belehrenden Unterricht verwirklichen. Allerdings ist der Frontalunterricht kein generelles Übel. Es kommt darauf an, ihn in angemessener Dosierung und im richtigen Mischungsverhältnis zu den übrigen Methoden klug in den Gesamtablauf von Lernprozessen zu integrieren. Im Zusammenspiel dienen die frontalen und schülergesteuerten Lernformen dem gleichen Ziel: Kompetenzentwicklung unter Anleitung des Lehrers. Sie sind keine Gegensätze, sondern sich ergänzende Formen des Lernens in einem handlungsorientierten Unterrichtskonzept. Alle Methoden entfalten ihre positiven Wirkungen nur innerhalb eines Gesamtarrangements und nur, wenn sie gut gemacht sind. Einseitig belehrender Unterricht demotiviert Schüler, führt zu mangelhafter Bildung und zu schlechten Testergebnissen. Der Schlüssel für mehr Bildung liegt im besseren Unterricht. Jeder Lehrer hat Einfluss darauf.

Lehrer, die zu viel reden, werden eher krank als andere. Lehrer, die oft und erfolgreich Einzel-, Partner- und Gruppenarbeit zu praktizieren gelernt haben, entlasten sich und bleiben länger gesund.

Wer wissen will, was es zu verändern gilt, sollte sich Klarheit über den Ist-Zustand verschaffen. Das kann man ohne großen Zeitaufwand tun, wenn man einmal eine Woche lang (oder zwei) im Anschluss an jede erteilte Unterrichtsstunde notiert, wie viel Zeit man insgesamt frontal unterrichtet hat und wie lange die Schüler in Einzel-, Partner- oder Gruppenarbeit selbsttätig aktiv waren. Auf der Basis dieser persönlichen Analyse kann man dann entscheiden, ob man für den eigenen Unterricht einen Veränderungsbedarf im Mischungsverhältnis sieht.

	Zeitanteile in Prozent zwischen Frontalunterricht und Schülerselbsttätigkeit											Zeitrelation in Minuten
	100 0	90 10	80 20	70 30	60 40	50 50	40 60	30 70	20 80	10 90	0 100	F = S =
Montag												
1. Stunde												
2. Stunde												
3. Stunde												
4. Stunde												
5. Stunde												
6. Stunde												
7. Stunde												
Dienstag												
1. Stunde												
2. Stunde												
3. Stunde												
4. Stunde												
5. Stunde												
6. Stunde												
7. Stunde												
Mittwoch												
1. Stunde												
2. Stunde												
3. Stunde												
4. Stunde												
5. Stunde												
6. Stunde												
7. Stunde												
Donnerstag												
1. Stunde												
2. Stunde												
3. Stunde												
4. Stunde												
5. Stunde												
6. Stunde												
7. Stunde												
Freitag												
1. Stunde												
2. Stunde												
3. Stunde												
4. Stunde												
5. Stunde												
6. Stunde												
7. Stunde												

Kopiervorlage

Warum erteilen wir Lehrer eigentlich so viel Frontalunterricht?

Vielen Lehrern habe ich bei vielen Gelegenheiten diese Frage gestellt. Die Antworten weisen immer wieder große Ähnlichkeiten auf: Weil die Rahmenbedingungen es nicht anders zulassen, weil die Stofffülle zu groß ist, weil sich mit den Schülern, die man zu unterrichten hat, nun einmal kein anderer Unterricht machen lässt usw. So gut wie nie höre ich die Antwort: Weil Frontalunterricht die beste Unterrichtsform ist, die ich mir vorstellen kann. Merkwürdig: Viele von uns arbeiten in einer Methodik, von der sie selbst nicht überzeugt sind, in der sie übrigens selbst auch nicht unterrichtet werden wollten.

Die Rahmenbedingungen sind es nicht

Auch die luxemburgischen Kollegen, die angaben, zu 80 Prozent Frontalunterricht zu betreiben, führten die schlechten Rahmenbedingungen dafür als Argument an. Dabei unterrichtet jeder von ihnen nur ein Fach und das mit maximal 18 bis 21 Wochenstunden. In ihren Schulen sind sie mit Räumen, Möbeln und Medien ausgestattet, von denen die meisten von uns nur träumen können, und sie genießen zudem ein weitaus höheres Gehalt.

Auch habe ich bei Hospitationen und Überprüfungen Lehrer erlebt, die es in Fächern wie Ethik und Religion mit Kursgrößen von 8 bis 15 Schülern zu tun haben und den gleichen Frontalunterricht machten, als wenn sie dreißig und mehr vor sich sitzen hätten.

Die Gruppengröße ist es auch nicht

Stets wird das Argument ins Feld geführt, die Klassen seien für Formen selbstständigen Lernens zu groß. Genau das ist aber ein Argument gegen die Dominanz des Frontalunterrichtes. Ein Lehrer, der versucht, eine mehr oder weniger unmotivierte Lerngruppe bis zu dreißig Schülern und mehr bei der Stange zu halten, muss sich bis zur Erschöpfung verausgaben. Andererseits macht es keinen gravierenden Unterschied, ob 32 oder 16 Schüler still und in Ruhe einer Arbeit nachgehen oder fünf oder sieben Gruppen.

Die Stofffülle ist es auch nicht

Immer wieder bin ich entsetzt darüber, wie wenig Stoff in der klassischen Frontalsituation in einer Unterrichtsstunde bewältigt werden kann. Meist ist es nur ein einziger Informationstext oder eine ganz eng begrenzte Zahl von Aufgaben, durch die sich ein Lehrer im Laufe einer Stunde mit seinen Schülern hindurcharbeitet. Wie ungleich größer ist die bewältigte Stoffmenge, wenn Schüler in arbeitsteiligen Verfahren unterschiedliche Stoffgebiete bearbeiten und sich gegenseitig über ihre Arbeitsergebnisse in Kenntnis setzen, und um wie viel besser gelingt das Behalten, wenn der Stoff selbsttätig erarbeitet wird.

Wir sind es selbst

Die große Zahl der Lehrer, zu denen ich mich zähle, verspüren eine gewisse Freude an der öffentlichen Äußerung und genießen es, wenn andere ihnen zuhören. Hinzu kommt, dass wir immer unsere eigenen Wortbeiträge für bedeutsamer halten als die Beiträge anderer Leute. Das scheint mir ganz natürlich zu sein. In jedem Beisammensein von Erwachsenen und in jeder beruflichen Hierarchie gibt es das Moment der sozialen Kontrolle, das uns daran hindert, zu lange und zu ausführlich zu reden. Wer in einer Lehrerkonferenz allzu dominant wird, empfängt Signale, dass er es nun gut sein lassen möge. Es sei denn, es spricht der Chef. Ganz anders in der Schulklasse. Hier sind wir der Chef und es steht den Schülern nicht zu, uns zu stoppen. Hier können wir so ausführlich reden, wie wir es sonst nirgendwo dürfen. Und weil wir diese Situation genießen, neigen wir dazu, sie auszunutzen. Wir können uns das leisten, weil die Schüler, anders als andere Kunden, uns nicht weglaufen können. Ich gestehe ein, dass ich am liebsten den ganzen Vormittag lang erzählen würde, wenn es um meine persönlichen Vorlieben ginge. Ich tue es nicht, weil ich mir der Verpflichtung und Verantwortung bewusst bin, die ich für die mir anvertrauten Kinder und Jugendlichen übernommen habe. Wer entgegen aller Erkenntnis zu einseitig frontal unterrichtet, sollte sich in die Pflicht nehmen und seine Arbeit selbstkritisch prüfen. Damit beginnt jede Qualitätssteigerung.

Wie würden Sie selbst gerne unterrichtet?

In der Frage nach dem gesunden Mischungsverhältnis zwischen frontalem und schülergelenktem Unterricht haben sich zwei Grundüberzeugungen als absolut konsensfähig herausgestellt:

1. Niemand möchte eine allzu große Dominanz des Frontalunterrichtes gegenüber den anderen Formen des Lernens.
2. Niemand bestreitet ernsthaft, dass der Frontalunterricht wichtige Funktionen in einem Lernprozess erfüllt und daher unverzichtbar ist.

Auch Kolleginnen und Kollegen, die überwiegend frontal unterrichten, sind selbst weder begeistert davon noch halten sie die Dominanz der Methode für besonders lerneffektiv. Das zeigen unter anderem die vielen Klagen über die mangelnde Leistungsbereitschaft und das mangelnde Leistungsvermögen ihrer Schüler. Mein Eindruck ist auch, dass Kollegen, die im Unterricht einen sehr hohen Redeanteil für sich beanspruchen, äußerst ungehalten reagieren, wenn auf einer Fortbildungsveranstaltung für Lehrer die Vorträge zu lange dauern und sie sich in eine Situation versetzt fühlen, in der sie einseitig belehrt werden.
Kurz: Niemand möchte eine Dominanz des belehrenden Unterrichtes, weder die Schülerinnen und Schüler noch deren Eltern, noch die Lehramtsanwärter bzw. Referendare, noch die erfahrenen Pädagogen, noch die Bildungs-, Lern- und Gehirnforschung. PISA-, TIMSS- und IGLU-Studie fordern eine Reduktion des Frontalunterrichtes, die nationalen Bildungsstandards favorisieren kommunikative und kooperative Lernformen, ebenso alle Richtlinien, Lehrpläne etc. Kein Fach ist davon ausgenommen. Wenn es zutrifft, dass der Frontalunterricht immer noch 75 Prozent der Unterrichtszeit an deutschen Schulen ausmacht, dann wird es höchste Zeit, diese Dominanz zurückzudrängen und am besten wird es sein, jeder von uns fängt schon morgen mit seinem persönlichen Beitrag an.

Mit der Reflexionsübung auf dieser Seite können Sie selbst ermitteln, wie Sie sich eine optimale Verteilung der sozialen Grundformen des Lernens vorstellen. So lässt sich Wunsch und Wirklichkeit miteinander vergleichen und der eventuelle Veränderungsbedarf quantifizieren. Auch eine Befragung des Kollegiums und der Schüler kann als Diskussionsgrundlage sinnvoll sein. Einen Vorschlag über die anzustrebende Dosierung der Sozialformen finden Sie in der Verlaufsgrafik auf der nächsten Doppelseite.

Eine Reflexionsübung

Stellen Sie sich bitte vor, Sie würden wieder regelmäßig als Schülerin bzw. Schüler die Schule besuchen und hätten in der Regel sechs Unterrichtsstunden à 45 Minuten an einem Vormittag. Das macht insgesamt 270 Minuten tägliche Unterrichtszeit. Vorausgesetzt, es ist Ihr Ziel, möglichst viel und gut zu lernen: Wie viel Zeit von diesen 270 Minuten möchten Sie gerne durchschnittlich in den folgenden Lernformen unterrichtet werden?

Sozialform	So würde ich mir die Verteilung in Minuten wünschen
A in der Form des Frontalunterrichtes	
B in Einzelarbeit	
C in Partnerarbeit	
D im Gruppenunterricht	

Ein Grundmuster für die Kombination schülergesteuerter

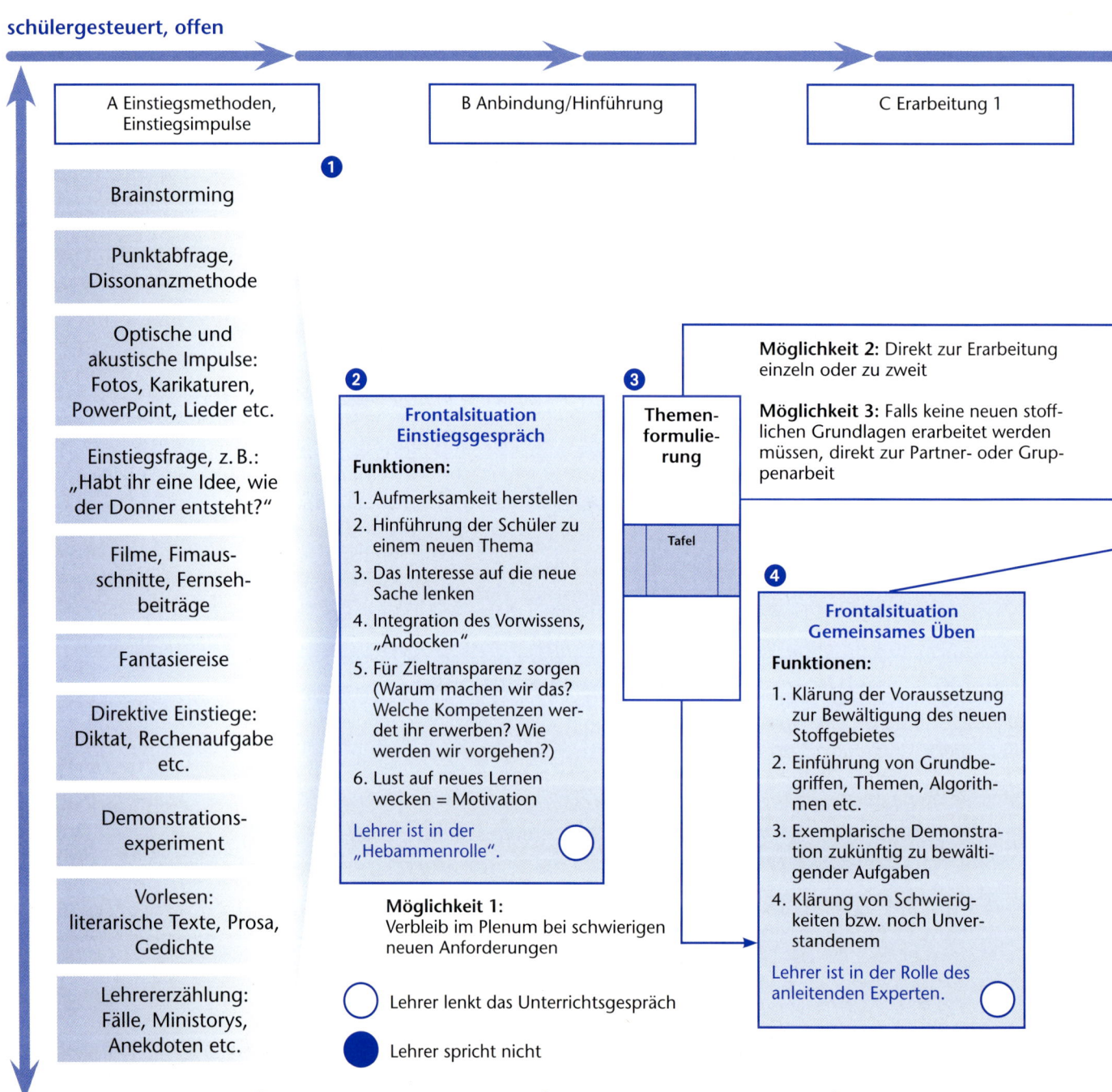

schülergesteuert, offen

A Einstiegsmethoden, Einstiegsimpulse

B Anbindung/Hinführung

C Erarbeitung 1

❶

Brainstorming

Punktabfrage, Dissonanzmethode

Optische und akustische Impulse: Fotos, Karikaturen, PowerPoint, Lieder etc.

Einstiegsfrage, z. B.: „Habt ihr eine Idee, wie der Donner entsteht?"

Filme, Fimaus-schnitte, Fernseh-beiträge

Fantasiereise

Direktive Einstiege: Diktat, Rechenaufgabe etc.

Demonstrations-experiment

Vorlesen: literarische Texte, Prosa, Gedichte

Lehrererzählung: Fälle, Ministorys, Anekdoten etc.

❷
Frontalsituation Einstiegsgespräch

Funktionen:

1. Aufmerksamkeit herstellen
2. Hinführung der Schüler zu einem neuen Thema
3. Das Interesse auf die neue Sache lenken
4. Integration des Vorwissens, „Andocken"
5. Für Zieltransparenz sorgen (Warum machen wir das? Welche Kompetenzen wer-det ihr erwerben? Wie werden wir vorgehen?)
6. Lust auf neues Lernen wecken = Motivation

Lehrer ist in der „Hebammenrolle". ◯

Möglichkeit 1:
Verbleib im Plenum bei schwiergen neuen Anforderungen

❸
Themen-formulie-rung

Tafel

Möglichkeit 2: Direkt zur Erarbeitung einzeln oder zu zweit

Möglichkeit 3: Falls keine neuen stoff-lichen Grundlagen erarbeitet werden müssen, direkt zur Partner- oder Grup-penarbeit

❹
Frontalsituation Gemeinsames Üben

Funktionen:

1. Klärung der Voraussetzung zur Bewältigung des neuen Stoffgebietes
2. Einführung von Grundbe-griffen, Themen, Algorith-men etc.
3. Exemplarische Demonstra-tion zukünftig zu bewälti-gender Aufgaben
4. Klärung von Schwierig-keiten bzw. noch Unver-standenem

Lehrer ist in der Rolle des anleitenden Experten. ◯

◯ Lehrer lenkt das Unterrichtsgespräch

● Lehrer spricht nicht

lehrergelenkt, frontal

und lehrergelenkter Verfahren

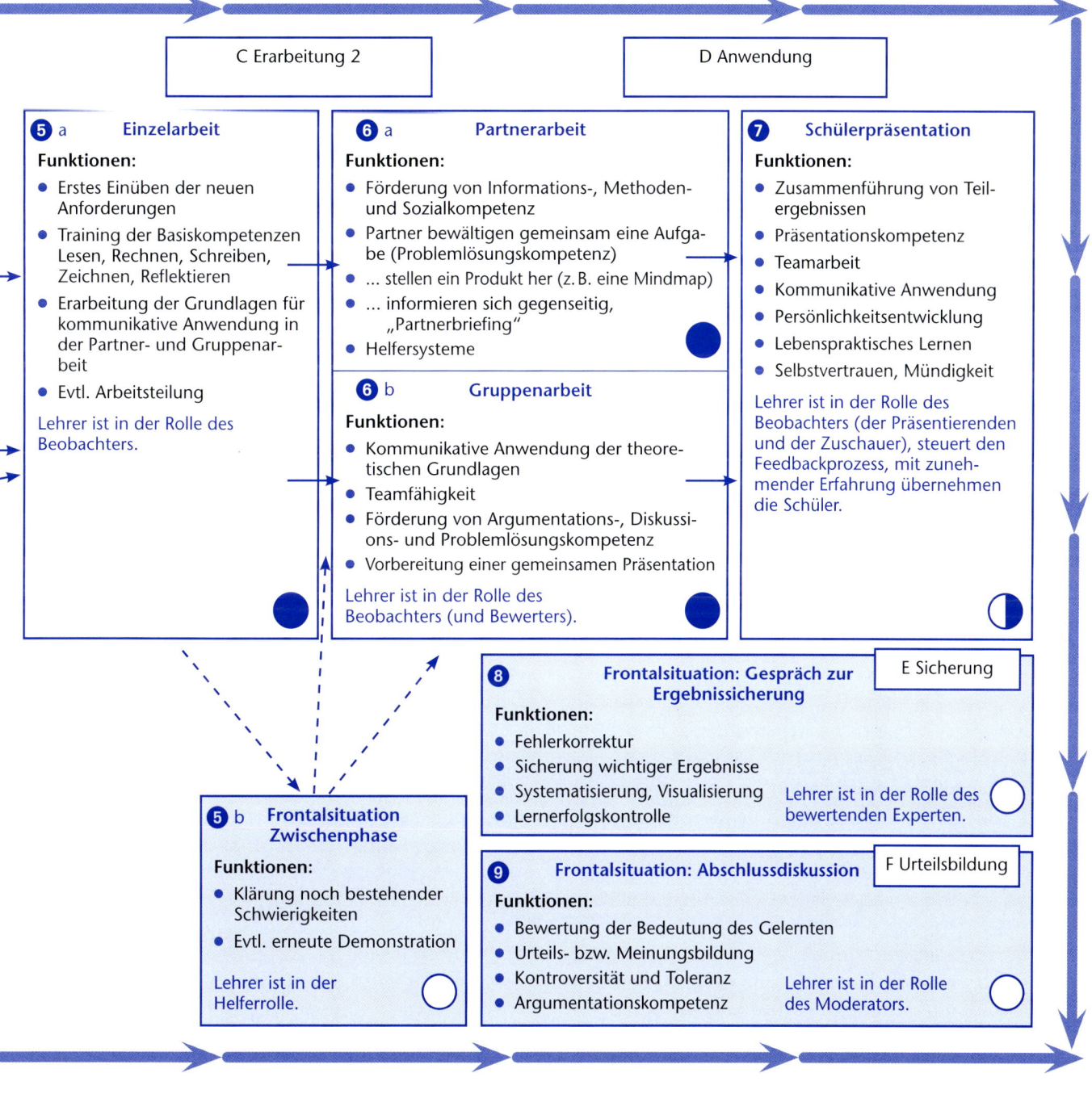

C Erarbeitung 2

D Anwendung

❺ a   Einzelarbeit

Funktionen:
- Erstes Einüben der neuen Anforderungen
- Training der Basiskompetenzen Lesen, Rechnen, Schreiben, Zeichnen, Reflektieren
- Erarbeitung der Grundlagen für kommunikative Anwendung in der Partner- und Gruppenarbeit
- Evtl. Arbeitsteilung

Lehrer ist in der Rolle des Beobachters.

❻ a   Partnerarbeit

Funktionen:
- Förderung von Informations-, Methoden- und Sozialkompetenz
- Partner bewältigen gemeinsam eine Aufgabe (Problemlösungskompetenz)
- ... stellen ein Produkt her (z. B. eine Mindmap)
- ... informieren sich gegenseitig, „Partnerbriefing"
- Helfersysteme

❻ b   Gruppenarbeit

Funktionen:
- Kommunikative Anwendung der theoretischen Grundlagen
- Teamfähigkeit
- Förderung von Argumentations-, Diskussions- und Problemlösungskompetenz
- Vorbereitung einer gemeinsamen Präsentation

Lehrer ist in der Rolle des Beobachters (und Bewerters).

❼   Schülerpräsentation

Funktionen:
- Zusammenführung von Teilergebnissen
- Präsentationskompetenz
- Teamarbeit
- Kommunikative Anwendung
- Persönlichkeitsentwicklung
- Lebenspraktisches Lernen
- Selbstvertrauen, Mündigkeit

Lehrer ist in der Rolle des Beobachters (der Präsentierenden und der Zuschauer), steuert den Feedbackprozess, mit zunehmender Erfahrung übernehmen die Schüler.

❽   Frontalsituation: Gespräch zur Ergebnissicherung | E Sicherung

Funktionen:
- Fehlerkorrektur
- Sicherung wichtiger Ergebnisse
- Systematisierung, Visualisierung
- Lernerfolgskontrolle

Lehrer ist in der Rolle des bewertenden Experten.

❺ b   Frontalsituation Zwischenphase

Funktionen:
- Klärung noch bestehender Schwierigkeiten
- Evtl. erneute Demonstration

Lehrer ist in der Helferrolle.

❾   Frontalsituation: Abschlussdiskussion | F Urteilsbildung

Funktionen:
- Bewertung der Bedeutung des Gelernten
- Urteils- bzw. Meinungsbildung
- Kontroversität und Toleranz
- Argumentationskompetenz

Lehrer ist in der Rolle des Moderators.

3.2 Mit dem Klavierlehrerprinzip verwirklichen Sie die Bildungsstandards

Auf der rechten Seite sind einige Formulierungen aus den bereits vorliegenden nationalen Bildungsstandards zitiert. Sie sind eine der Konsequenzen aus den Ergebnissen der PISA-Studie. In Zukunft bilden sie den verbindlichen Rahmen für den Unterricht in den verschiedenen Fächern mit dem Ziel, die Qualität schulischer Bildung auf breiter Basis zu verbessern sowie die Vergleichbarkeit schulischer Abschlüsse zu sichern. Die Standards beschreiben fachliche und allgemeine Kompetenzen und Leistungserwartungen. Das gilt in erster Linie für die Schülerinnen und Schüler, hat aber auch Konsequenzen für die Bildungspolitik der Länder, die Schularten, für jede einzelne Schule und für jeden einzelnen Lehrer. Schließlich sind wir es, die dafür Sorge tragen müssen, ob und wie die Standards verwirklicht werden können. Es ist damit zu rechnen, dass in so genannten Lernstandserhebungen in Zukunft verstärkt evaluiert wird, in welchem Maße die Standards verwirklicht werden und was in den einzelnen Schulen dafür getan wird.

Solche verordneten Maßnahmen „von oben" lösen erfahrungsgemäß in den Kollegien keine Begeisterung aus. Das ist auch verständlich, weil jede Neuerung Umstellungen mit sich bringt, die zunächst einmal mit Verunsicherungen und erhöhtem Arbeitsaufwand einhergehen.

Bei distanzierter Betrachtung kann allerdings deutlich werden, dass die Bildungsstandards nicht gemacht worden sind, um uns Lehrer zusätzlich zu ärgern. Es hilft, wenn wir versuchen, die Entwicklung mit professionellen Augen zu betrachten. Die PISA-Studie und andere haben gezeigt, dass das Bildungsunternehmen Deutschland im internationalen Vergleich nicht konkurrenzfähig ist. Sie hat eigentlich nur bestätigt, was viele Kolleginnen und Kollegen schon vorher bei vielen Gelegenheiten beklagten, nämlich, dass wir mit den Leistungen unserer Schüler nicht zufrieden sein können. Vor diesem Hintergrund ist es logisch, dass die Unternehmensziele neu definiert werden müssen. Nach anfänglicher Skepsis sollten wir fragen, ob die Neuorientierung auch Vorzüge und Chancen für unsere eigene berufliche Zufriedenheit mit sich

bringt. Ich bin überzeugt, dass das möglich sein wird. Die verstärkte Kompetenzorientierung schließt die Dominanz der Belehrung aus, weil sich Kompetenzen nicht lehren, sondern nur erarbeiten lassen. Das bedeutet als Chance: Der Lehrer wird seine Aktivitäten in dem Maße zurückschrauben können wie die fachgebundenen Aktivitäten der Schüler zunehmen. Solange die Schüler im Unterricht rechnen, schreiben, lesen, recherchieren, sprechen und präsentieren, kann der Lehrer den Motor seiner Aktivitäten auf niedriger Drehzahl laufen lassen. In der Ausrichtung des Unterrichtes auf Kompetenz- und Standardorientierung steckt die Chance für weniger Stimmbandentzündungen und Erschöpfungszustände und für mehr Freude am Beruf.

Wer die Vorzüge des Frontalunterrichtes schätzt, braucht keine Sorge zu haben, ihn nicht mehr praktizieren zu können. Unsere Schüler müssen zur Selbstständigkeit und zu kooperativen Lernformen erzogen werden. Das geht nicht, indem wir sie sich selbst überlassen. Lehrer, die gar nicht mit ihren Schülern im Plenum arbeiten, machen u. U. gravierendere Fehler als diejenigen, deren Frontalunterricht bei 80 Prozent liegt. Im richtigen Mischungsverhältnis liegt die Optimierung der Bildungschancen. 40 Prozent zu 60 Prozent oder ein Drittel zu zwei Drittel: Im Bereich dieses Spektrums sollte sich der Unterricht in der Gesamtstruktur einpendeln, wenn den selbstständigen Lernformen die Priorität eingeräumt wird, welche die Standards vorgeben.

Man sollte sich am Klavierlehrerprinzip orientieren: Wer Klavier spielen lernt, braucht zu Beginn eine motivierende Anleitung des Lehrers, in der Mitte eine Hilfe bei Fehlern und gegebenenfalls ein aufmunterndes Gespräch und immer am Ende einer Übung ein Feedback in Form einer Beschreibung der Leistungsfortschritte und Bewertung. Das Ganze sollte möglichst professionell gemacht sein. Klavier spielen müssen die Schüler aber immer selbst.

Zur Professionalisierung in der Gesprächsführung in den verschiedenen Unterrichtsphasen gibt es einige Tipps auf den folgenden Seiten.

Aus den Bildungsstandards für den Mittleren Schulabschluss

Die Bildungsstandards wurden ab 2002 zunächst für die Fächer Deutsch, Fremdsprachen, Mathematik sowie für die Naturwissenschaften Biologie, Chemie und Physik erarbeitet und von der Kultusministerkonferenz zwischen 2003 und 2004 beschlossen. Die Länder haben sich zur Anwendung der Bildungsstandards vom Schul-jahr 2005/2006 an verpflichtet. Einige Bundesländer haben darüber hinaus für weitere Fächer Standards erarbeitet und verbindlich festgelegt. Aus den bisher beschlossenen Standards finden Sie hier einige Auszüge.

In welchen Lernformen lassen sie sich verwirklichen?

Deutsch
- verschiedene Formen mündlicher Darstellung unterscheiden und anwenden, insbesondere erzählen, berichten, informieren, beschreiben, schildern, appellieren, argumentieren, erörtern,
- längere, freie Redebeiträge leisten, Kurzdarstellungen und Referate frei vortragen: ggf. mithilfe eines Stichwortzettels/einer Gliederung,
- sich konstruktiv an einem Gespräch beteiligen,
- die eigene Meinung begründet und nachvollziehbar vertreten,
- kriterienorientiert das eigene Gesprächsverhalten und das anderer beobachten, reflektieren und bewerten,
- Texte (medial unterschiedlich vermittelt) szenisch gestalten,
- verschiedene Gesprächsformen praktizieren, z.B. Dialoge, Streitgespräche, Diskussionen, Rollendiskussionen, Debatten vorbereiten und durchführen,
- Gesprächsformen moderieren, leiten, beobachten, reflektieren,
- Arbeitspläne/Konzepte entwerfen, Arbeitsschritte festlegen: Informationen sammeln, ordnen, ergänzen

Englisch/Französisch als erste Fremdsprache
- ein Gespräch oder eine Diskussion beginnen, fortführen und auch bei sprachlichen Schwierigkeiten aufrechterhalten,
- sich in der Klasse mit Partnern und in Gruppen in der Fremdsprache verständigen und Kommunikationsprozesse aufrechterhalten,
- die Phasen des Schreibprozesses (Entwerfen, Schreiben, Überarbeiten) selbstständig durchführen.

Mathematik
- mathematische Argumentationen entwickeln (wie Erläuterungen, Begründungen, Beweise),
- Überlegungen, Lösungswege bzw. Ergebnisse dokumentieren, verständlich darstellen und präsentieren, auch unter Nutzung geeigneter Medien,
- die Fachsprache adressatengerecht verwenden

Biologie
- Die Schülerinnen und Schüler stellen in verschiedenen Sozialformen die Inhalte eines Textes oder eines Schaubildes zu Struktur, Funktion oder Entwicklung von Systemen in eigenen Worten dar,
- werten Informationen zu biologischen Fragestellungen aus verschiedenen Quellen aus und verarbeiten diese mithilfe verschiedener Techniken methoden- und adressaten- und situationsgerecht.

Gemeinschaftskunde/Politik/Weltkunde
(aus den Bildungsstandards für Gymnasien in Baden-Württemberg 2004)
- Die Schülerinnen und Schüler kennen die fachspezifischen Methoden sozialwissenschaftlichen Arbeitens (Informationsbeschaffung, Informationsverarbeitung, Präsentation) und können diese altersgemäß anwenden.
- Sie können Texte und Materialien, die der politischen Teilhabe dienen, erstellen (z.B. Leserbriefe, Flugblätter).
- Dabei lernen sie, unterschiedliche kommunikative bzw. politische Absichten (Darstellung, Appell, Argumentation) sach- und situationsgerecht zu verfolgen.

Wirtschaft
- Lernprozesse sind so zu organisieren, dass die Inhalte ökonomischer Bildung in der Kombination von begrifflich-sachlicher Systematisierung, handlungs- und problemorientiertem Lernen und kritisch-konstruktiver Reflexion vermittelt werden.

Geographie
- Die Schülerinnen und Schüler können Basisinformationen aus Karten, Atlaskarten, Profilen, Diagrammen, Klimadiagrammen, Ablaufschemata, Statistiken, Modellen, Bildern, Luftbildern und Texten erfassen und einfache geographische Darstellungsmöglichkeiten selbst anfertigen.

3.3 Die Kunst der Gesprächsführung bestimmt die Qualität des Unterrichtes

Die Kunst der Gesprächsführung ist eine der wichtigsten Schlüsselqualifikationen für den Beruf des Lehrers. Im Positiven und im Negativen hängt von ihr die Qualität des gesamten Unterrichtes ab. In direkter Weise ist sie bestimmend für die Phasen, in denen die Gesprächsführung in der Hand des Lehrers liegt, also im Frontalunterricht. In indirekter Weise wirkt sie sich auch auf die Qualität aller schüleraktiven Phasen aus, weil die Arbeit der Schülerinnen und Schüler immer auch damit zu tun hat, wie gut Einzel-, Partner- und Gruppenarbeitsphasen vom Lehrer vor- und nachbereitet werden.

Drei grundlegend unterschiedliche Anlässe für lehrergelenkte Gespräche im Frontalunterricht sind zu unterscheiden:

1. **Das Gespräch zum Unterrichtseinstieg**
2. **Das Gespräch zur Klärung von Sachverhalten und Sicherung wichtiger Ergebnisse**
3. **Das Gespräch zur Urteilsbildung und zur kontroversen Diskussion**

Jeder dieser grundlegenden Gesprächsanlässe hat seine eigenen Qualitätskriterien und verlangt nach einer spezifischen Gestaltung in der Gesprächsführung.

Die häufigsten Fehler in der Gesprächsführung schwanken zwischen zwei Extremen:

Einerseits liegt die Gefahr in einer übergroßen sprachlichen Dominanz. Man redet zu viel, zu lange, zu weitschweifig, zu detailbesessen, manchmal auch zu umständlich. Man lässt den Schülern keine Zeit zum Nachdenken, kommentiert jede einzelne Schüleräußerung, gibt sich auch in großen Klassen mit der einen richtigen Antwort zufrieden, wählt die Antworten aus, die in das eigene Konzept passen, stellt zu viele und oft viel zu enge Fragen, will jedes Detail abklären, bevor man die Schüler etwas selbstständig erarbeiten lässt. Wird die Zeit knapp, verkürzt man die schüleraktiven Phasen, wobei diese dann zeitlich so beschränkt werden, dass ein produktives eigenverantwortliches Arbeiten sich kaum entfalten kann. Dies führt mit der Zeit zu einer negativen Einschätzung schülerak-

tiver Unterrichtsformen und in der Folge dazu, dass noch mehr geredet wird. Manche Lehrer scheinen Angst vor Momenten der Stille im Unterricht zu haben. Ohne abzuwarten werden nur die Schüler aufgerufen, deren Finger als erste in die Höhe schnellen. Da dies in der Regel immer die gleichen sind, vergrößert sich beständig die Kluft zwischen den aktiv Mitarbeitenden und denen, die über weite Strecken still am Unterricht teilnehmen. Das ist einer der Gründe für Chancenungleichheit.

Neben dem Extremfall sprachlicher Dominanz bildet übergroße sprachliche Zurückhaltung das andere Extrem. Manche Lehrer versuchen, die Tücken der Gesprächsführung im Frontalunterricht dadurch zu umgehen, dass sie sich erst gar nicht auf die Methode einlassen. Da werden ganz schnell Arbeitsblätter verteilt und Gruppenarbeiten durchgeführt, ohne dass die nötigen Klärungen und Verständnisgrundlagen geliefert werden. Oft sind es die ungeübten und eher ängstlichen Lehrer, die dazu neigen, sich hinter schülerzentrierten Sozialformen zu verstecken. Aktionistisch und ohne Zielorientierung werkeln die Schüler dann herum, was zu Fehleinschätzungen führt, wenn der Lehrer sich mit dem naheliegenden Argument schützt, er mache einen besonders modernen Unterricht.

Wer seine unterrichtliche Gesprächsführung verbessern will, muss auf das *Learning by Doing* setzen. Am wirkungsvollsten wird die Beratung sein, wenn sie durch Beobachtung und Analyse von außen geschieht. Wo diese Möglichkeit im Alltag fehlt oder nicht genutzt wird, ist man auf seine eigene selbstkritische Reflexion angewiesen. Dabei ist zu unterscheiden zwischen der formalen und der inhaltlichen Analyse von Unterrichtsgesprächen. Bei der formalen Gestaltung eines lehrergelenkten Unterrichtsgesprächs geht es um die Festlegung des angemessenen Gesprächsrahmens mit allen notwendigen Regeln, Rahmenbedingungen, Sitzordnungen etc. Beim Nachdenken über die Gesprächsinhalte geht es um die Kunst der guten Fragestellung, die Befähigung zur Strukturierung, die Sicherung wichtiger Beiträge etc.

Tipps für die Gesprächsführung in einem Einstiegsgespräch

Die Tipps beziehen sich auf das Einstiegsgespräch zu Beginn einer neuen Unterrichtsreihe. Einzelne Einheiten bzw. Stunden können, müssen aber nicht mit einem Einstiegsgespräch eröffnet werden. Wenn sich eine Gruppe in einem Arbeitsprozess befindet, der durch den Stundentakt unterbrochen wird, genügt oft eine kurze Anbindung an den vergangenen Unterricht, um den Lernprozess fortzusetzen.

1. Beginnen Sie mit einer Ich-Botschaft.

Ich-Botschaften zu Beginn eines Gespräches sorgen für eine angenehme und authentische Atmosphäre, z. B. mit Äußerungen wie: *„Ich denke, ich habe mir etwas Interessantes und Lehrreiches für euch überlegt."* Vertrauen schaffen Ich-Botschaften vor allem, wenn der Lehrer sich der Wahrheit der Botschaften verpflichtet fühlt.

2. Vermeiden Sie Einstiege mit „stummen Impulsen", wenn das Gespräch zu einem Thema hinführen soll.

Gemeint sind die wortlosen Einstiege, bei denen der Lehrer ein Foto, eine Karikatur, einen Gegenstand zeigt und schweigend abwartet, was den Schülern dazu einfällt. Wer damit arbeitet, verzichtet auf Lenkung und Zielorientierung und gibt sich allzu oft mit belanglosen Beiträgen zufrieden. Hauptsache, es wird irgendetwas gesagt. Diesen Einstieg kann man wählen, wenn ein Gespräch völlig offen geführt werden soll. Das ist aber im Fachunterricht nur selten der Fall. Einstiege mit stummen Impulsen sind oft vertane Zeit und wirken zuweilen peinlich. Daraus ergibt sich der nächste Tipp.

3. Überlegen Sie sich einen guten Einstiegsimpuls bzw. eine gute Einstiegsfrage.

Gesprächseröffnende Impulse oder Fragen müssen zwei Kriterien erfüllen: Sie sollten offen sein, indem sie eine Vielzahl von Antwortmöglichkeiten zulassen, und sie sollten eine Lenkung des Gesprächs ermöglichen, indem sie eine Zielerwartung artikulieren, z. B.: *„Schaut euch in Ruhe diese Bilder an und erzählt dann, welche Gedanken und Gefühle sie über das Leben der Menschen im Mittelalter in euch auslösen."*

4. Warten Sie nach Ihrem Einstiegsstatement eine Zeit lang ab und ertragen Sie die Stille.

Weil die schnellste Schülerantwort nicht immer die beste ist, sollte man Momente des Nachdenkens zulassen. Mit einem abwartenden Schweigen erhöhen Sie die Wirksamkeit Ihrer Gesprächsaufforderung. Zählen Sie leise bis 60, wenn es Ihnen schwerfällt, die Stille zu ertragen. Lassen Sie Ihren Blick über die Köpfe schweifen und ermuntern Sie Schüler, sich zu melden mit Äußerungen wie: *„Sieben Finger sind schon oben, warten wir noch sieben weitere Meldungen ab."*

5. Legen Sie eine Gesprächsdauer fest und informieren Sie die Schüler darüber.

Das ist eine der wichtigsten Regeln, weil sie auf Schülerseite für Transparenz sorgt, Ihnen den Übergang zur nächsten Phase erleichtert und weil sie die Dauer des Frontalunterrichtes zeitlich begrenzt. *„Ich möchte mich gerne die ersten 15 Minuten der Stunde mit euch unterhalten und dann zu einer interessanten Partnerarbeit übergehen."* Sie können sogar einen Schüler zum Zeitnehmer erklären. Verläuft das Gespräch überaus lebhaft, spannend und lehrreich, können Sie immer noch eine Verlängerung der Dauer vereinbaren.

6. Notieren Sie vorgreifende Schülerbeiträge zur späteren Verwendung.

Die Angst des Lehrers, ein Schüler könne wichtige Lernergebnisse bereits in der Anfangsphase verkünden, wirkt sich kontraproduktiv auf das Lernen aus, wenn solche Beiträge mit Äußerungen quittiert werden wie: *„Du denkst schon zu weit."* Freuen Sie sich über die Klugheit dieser Schüler. Notieren Sie die Beiträge, ohne in dieser Phase intensiv darauf einzugehen. Wenn Sie eine halbe Stunde später oder auch erst in der Folgestunde diese Äußerung z. B. so zitieren: *„Anna hat zu Beginn der vergangenen Stunde schon die folgenden sehr klugen Äußerungen zu unserem Problem gemacht ..."*, können Sie sich der Anerkennung durch Ihre Schüler gewiss sein.

7. Wenden Sie sich nicht zu früh ab, um die Tafel zu beschriften.

Ich erlebe es oft, dass ein Einstiegsgespräch beendet ist, bevor es überhaupt beginnen konnte. Das geschieht, wenn der Lehrer sich nach der ersten Antwort zur Tafel umdreht, um diese und die folgenden Äußerungen zu notieren. Sobald Menschen sich einander den Rücken zudrehen, hören sie auf, miteinander zu sprechen. Trennen Sie die Rolle des Gesprächsleiters von der Rolle des Visualisierers. Sammeln und protokollieren Sie die Beiträge zunächst den Schülern zugewendet und benutzen Sie die Tafel – falls es in dieser Phase sinnvoll erscheint – im Anschluss daran.

Tipps für die Gesprächsführung in Auswertungsgesprächen

Gemeint sind hier die lehrergelenkten Unterrichtsgespräche in den Phasen des gemeinsamen Übens und Wiederholens. Der Lehrer befindet sich in der Rolle des Experten, der seinen Schülern als helfender und beratender Dienstleister zur Verfügung steht. Auswertungsgespräche haben ihren Platz in der Regel nach schüleraktiven Phasen. Die Schüler haben ihre Arbeitsergebnisse vom Platz aus oder vor der Klasse präsentiert, wobei deutlich wurde, welche Leistungsunterschiede, Wissens- und Kompetenzlücken noch vorhanden sind. Ein Auswertungsgespräch kann durchaus die gesamte Dauer einer Unterrichtsstunde in Anspruch nehmen, wenn es eingebettet ist in längere Phasen schülergesteuerten Lernens und wenn sich dadurch die Leistungen in Tests und Klassenarbeiten auf breiter Basis verbessern lassen.

1. Sammeln Sie im Vorfeld, was noch unverstanden ist.

Während der Erarbeitungsphase können Sie in der Klasse herumgehen und einzelne Schüler oder Gruppen gezielt fragen, was verstanden ist und was nicht. Mithilfe von Problemsammlungen können Sie dann das Gespräch strukturieren.

2. Ermuntern Sie alle Schüler, ihre Lernschwierigkeiten konkret zu benennen.

Auf die Frage: *„Habt ihr alles verstanden?"* nicken in der Regel alle bejahend, weil keiner zu der Minderheit gehören will, die wieder einmal nicht mitgekommen ist. So macht man sich leicht etwas vor über den Leistungsstand der Schüler. Viel wirksamer ist es, wenn Sie die Schüler ausdrücklich und konkret dazu ermuntern, das Unverstandene zu benennen, z. B. mit Äußerungen wie: *„Nach unserer kurzen Erarbeitungsphase kann es gar nicht sein, dass schon alle Schwierigkeiten beseitigt sind. Wer klug ist, muss noch Fragen haben und stellt sie jetzt."*

3. Sprechen Sie leistungsschwächere Schüler pädagogisch behutsam an.

Da Sie Ihre Schüler mit Leistungsproblemen kennen, sollten Sie diese Phase nicht verstreichen lassen, ohne dass diese die Chance erhalten, Fragen zu stellen oder auch ein Teilergebnis vorzutragen. Das gezielte Ansprechen von Schülern, die sich von sich aus nicht melden, kann sehr hilfreich sein, verlangt aber Einfühlungsvermögen. Machen Sie den Schülern Mut, indem Sie in Ihrer Aufforderung deutlich machen, dass Sie da sind, um zu helfen. Das Bemühen um Integration leistungsschwächerer Schüler ist ein langwieriger Prozess, in dem die Mitschüler lernen müssen, sich nicht über Fehler anderer lustig zu machen.

4. Nutzen Sie die Wissensvorsprünge der Leistungsträger.

Bei allem Bemühen um Integration leistungsschwacher Schüler dürfen die Leistungsträger nicht vernachlässigt werden. Schüler lieben es, wenn sie als Experten angesprochen werden mit Aufforderungen wie z. B.: *„Sarah, man merkt, dass du unsere Expertin in diesem Lernstoff bist. Erkläre uns die Zusammenhänge so, dass wir alle sie verstehen können."* Starke Schüler reagieren überhaupt nicht negativ darauf, wenn man ihnen mitteilt, dass man ihre Beiträge erst zu einem späten Zeitpunkt im Gespräch abrufen wird.

5. Formulieren Sie Ihre Fragen so, dass lebenspraktische Kommunikationskompetenz erreicht wird.

Weil es unseren Schülern erfahrungsgemäß sehr schwerfällt, ihr Wissen außerhalb des Unterrichtskontextes kompetent zu verwenden, ist dies einer der wichtigsten Tipps. Man belasse es z. B. nicht bei Fragen wie: *„Wie lauten die fünf Wahlgrundsätze für die Durchführung einer Bundestagswahl?"* Viel kompetenzorientierter und lebenspraktischer sind demgegenüber Aufforderungen wie: *„Stellt euch vor, ihre befändet euch in einem beruflichen Einstellungsgespräch und man fragt euch: Können Sie uns bitte die fünf Wahlgrundsätze für Bundestagswahlen vorstellen und ihre Bedeutung erläutern? Wie macht ihr das, um erfolgreich zu sein?"*

6. Sparen Sie nicht mit Lob.

Erfolgserlebnisse sind der entscheidende Motor zur Erzeugung einer nachhaltigen Lern- und Leistungsmotivation. Wann immer sich die Möglichkeit bietet, Schüler für einen Lernfortschritt zu loben, auch wenn dieser in Einzelfällen nur begrenzt ausfällt, sollte man die Gelegenheit nutzen.

Tipps für die Moderation einer Schülerdiskussion

Die Schülerdiskussion ist ein kontrovers geführtes Gespräch, in dem die Schüler lernen, eine eigene Meinung zu entwickeln, argumentativ zu vertreten, Gegenargumente auszuhalten, die eigene Meinung in der Diskussion zu festigen oder zu überdenken oder gegebenenfalls zu ändern.

In einer Schülerdiskussion ist der Lehrer in der Rolle des leitenden Moderators. Er diskutiert nicht mit und hat auch nicht die Aufgabe, die Schüler von der Richtigkeit der eigenen Argumente zu überzeugen. Der Moderator bleibt weitgehend neutral, wenn es um das Spektrum von Ansichten im Rahmen des Grundrechts auf Meinungsfreiheit geht. Die Leitung einer Diskussion ist eine schwierige Aufgabe, die ein hohes Maß an Gesprächsführungskompetenz verlangt. Sie sollte nicht an ungeübte Schüler übergeben werden, weil diese damit meist überfordert sind und sich in der Regel darauf beschränken, die Teilnehmer aufzurufen.

1. Formulieren Sie das Thema so, dass Kontroversität als erwünscht erscheint.

Hat die SV genügend Möglichkeiten, auf das Schulleben Einfluss zu nehmen? Hat der Makedonier Alexander den Beinamen „der Große" verdient? Haben die Menschen die Pflicht, historische Bauwerke besonders zu schützen? Ist die Globalisierung eine Chance oder eine Gefahr? Must everybody have the right to smoke or not to smoke? Trägt jeder Einzelne von uns eine Verantwortung für den Umweltschutz? Soll das Klonen von Embryonen verboten bleiben oder erlaubt werden? Ist die Kernenergie ein Segen oder eine Gefahr für die Menschheit? u. v. a. m.

Die Qualität einer Diskussion hängt davon ab, wie klar Sie das Thema formulieren. Betten Sie die Diskussion in die bis dahin erarbeiteten Inhalte ein. Weisen Sie in einer Anmoderation darauf hin, dass es zum gewählten Thema unterschiedliche Ansichten gibt und dass es in der Diskussion darauf ankommt, eine eigene Meinung zu artikulieren und mit abweichenden Meinungen fair umgehen zu können.

2. Erklären Sie zu Beginn die Gesprächsregeln und Ihre Rolle als Moderator.

Zu den wichtigsten Gesprächsregeln gehört, dass man andere ausreden lässt, dass man nicht dazwischenruft und dass man Äußerungen von Teilnehmern nicht herabwürdigend kommentiert. Informieren Sie die Schüler darüber, dass Sie sich auf die Gesprächsmoderation beschränken werden (inhaltliche Zurückhaltung, Führung der Rednerliste, Impulsgebung). Visualisieren Sie das Thema und die Gesprächsregeln an der Tafel.

3. Eröffnen Sie das Gespräch mit einer Frage, die es allen Schülern ermöglicht, ihre persönliche Meinung einzubringen.

Verdeutlichen Sie den Schülern dabei, wie sehr Sie an deren Meinungen interessiert sind und wie erwartungsvoll Sie einer lebhaften Diskussionsrunde entgegensehen. Übergeben Sie nach der formulierten Eingangsfrage das Wort ohne weitere Vorrede an die Teilnehmer. Warten Sie in Ruhe ab, wenn nun eine Zeit des Nachdenkens einsetzt und die ersten Meldungen nur zögerlich erfolgen.

4. Hören Sie genau zu und lenken Sie mit Zurückhaltung.

Der gute Moderator protokolliert einzelne Schülerbeiträge, greift sie wieder auf und benutzt sie als neue Gesprächsimpulse: *„Petra sagte vorhin, es sei Geldverschwendung, sich um die Instandhaltung alter Gebäude zu kümmern ..."*

5. Leiten Sie eine Schlussrunde ein.

Hier fordern Sie die Schüler auf, sich ein letztes Mal auf die Rednerliste setzen zu lassen. Sie können auch Schüler, die bis dahin still geblieben sind, freundlich und ermunternd ansprechen und ihnen sagen, dass auch deren Ansichten zum Thema von Interesse sind.

6. Fassen Sie den Diskussionsverlauf und das Ergebnis zusammen.

Dabei sollten Sie inhaltlich das Verhältnis zwischen Konsens und Dissens in der Gruppe herausstellen und formal auf die Einhaltung der Spielregeln Bezug nehmen.

3.4 Einzel-, Partner-, Gruppenarbeit – Kompetenzförderung durch kompetente Planung

Besondere Lernchancen, geeignete Anlässe und verschiedene Unterformen sowie drei Sozialformen habe ich in meinem Band „Methoden für den Unterricht" zusammengestellt. Da ich mich nicht wiederholen möchte, beschränke ich mich im Folgenden auf Aspekte, die für Sie im Prozess der Unterrichtsplanung von Bedeutung sein können.

In welchen Sozialformen würden Sie selbst gerne unterrichtet?

Diese Frage wurde 64 Lehramtsanwärterinnen und Lehramtsanwärtern für das Lehramt an Realschulen im Rahmen eines Allgemeinen Seminars vorgelegt. Gleichzeitig wurde gefragt, wie die angehenden Lehrer das Mischungsverhältnis zwischen den Sozialformen in ihrer eigenen Schulzeit erlebt haben und drittens, wie das Mischungsverhältnis aussieht, das ihnen in den Ausbildungshospitationen geboten wird in einem Unterricht, der zum Teil von den zuständigen Fachlehrerinnen und Fachleitern und zu einem anderen Teil von Kolleginnen und Kollegen an den Schulen durchgeführt wird.
Die Ergebnisse sind nicht repräsentativ, lassen aber drei Schlussfolgerungen zu:

1. Angehende Lehrerinnen und Lehrer wünschen sich einen wesentlich geringeren Anteil an Frontalunterricht als sie ihn selbst als Schüler erlebt haben.
2. Jeder der vier grundlegenden Sozialformen wird ein wichtiger Platz zugewiesen.
3. Die prozentuale Verteilung im Ausbildungsunterricht zeigt, dass es eine Entwicklung hin zu einem höheren Anteil der schülergesteuerten Sozialformen gibt.

Interessant ist auch, dass diese Gruppe der jungen Lehrer zwischen 24 und 34 Jahren der Partnerarbeit einen höheren Stellenwert einräumt als der Gruppenarbeit. Viele äußerten in ihren Stellungnahmen, dass man zu zweit am besten lerne.

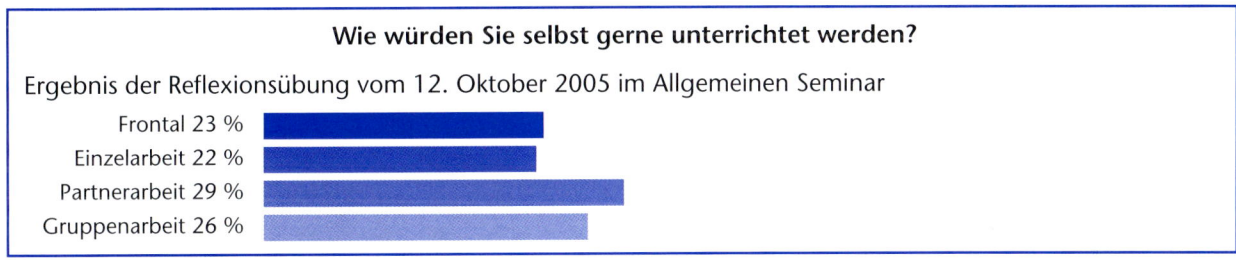

Wie würden Sie selbst gerne unterrichtet werden?

Ergebnis der Reflexionsübung vom 12. Oktober 2005 im Allgemeinen Seminar

Frontal 23 %
Einzelarbeit 22 %
Partnerarbeit 29 %
Gruppenarbeit 26 %

Wie haben Sie als Schüler das Mischungsverhältnis der Sozialformen erlebt?

Frontal 68 %
Einzelarbeit 21 %
Partnerarbeit 3 %
Gruppenarbeit 8 %

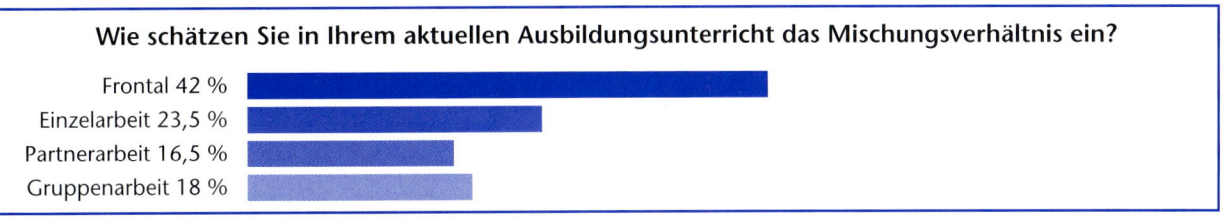

Wie schätzen Sie in Ihrem aktuellen Ausbildungsunterricht das Mischungsverhältnis ein?

Frontal 42 %
Einzelarbeit 23,5 %
Partnerarbeit 16,5 %
Gruppenarbeit 18 %

Mit Einzelarbeit zu verbesserten Basis- und Testkompetenzen

An einer Realschule, die ich regelmäßig besuche, erhält ein Kollege in einer schulinternen Evaluation der Rechtschreibleistungen in mehreren Durchgängen und über mehrere Jahre hinweg herausragend bessere Ergebnisse als alle anderen unterrichtenden Lehrer. Ich frage ihn, wie er das schafft und seine Antwort lautet: „Einzelarbeit. Um richtig schreiben zu lernen, muss man schreiben und zwar immer wieder, konzentriert und in ruhiger Atmosphäre. Bei den kleinen Schülern sind es die kurzen, mehrfach in der Woche durchgeführten Übungen, die helfen, bei den Größeren ist es z. B. die Schreibwerkstatt, in denen zuerst allein geschrieben wird und dann in Partnerschaften oder Gruppen Fehlerkorrekturen durchgeführt werden."

Was dieser Kollege für das Training zum richtigen Schreiben genutzt hat, gilt auch für eine Vielzahl anderer Basiskompetenzen: Schreiben, Rechnen, Lesen, Zeichnen, sich über einen längeren Zeitraum auf eine Aufgabe konzentrieren, Vokabeln lernen, den Computer nutzen, das sind Lernleistungen, bei denen es offensichtlich ist, dass sie nur durch individuelles Lernen erreicht werden können. Schaut man sich die Bildungsstandards im Detail an, stellt man unschwer fest, dass auch komplexere Kompetenzen Formen individuellen Lernens voraussetzen, zum Beispiel in Deutsch:

Lesen – mit Texten und Medien umgehen

Die Schülerinnen und Schüler verfügen über grundlegende Verfahren für das Verstehen von Texten, was Leseinteresse sowie Lesefreude fördert und zur Ausbildung von Empathie und Fremdverstehen beiträgt.
Sie entnehmen selbstständig Informationen aus Texten, verknüpfen sie miteinander und verbinden sie mit ihrem Vorwissen. Dafür entwickeln sie verschiedene Lesetechniken und setzen Lesestrategien gezielt ein. Sie verfügen über ein Grundlagenwissen zu Texten, deren Inhalten, Strukturen und historischen Dimensionen, reflektieren über Texte, bewerten sie und setzen sich auf der Grundlage entsprechender Kriterien mit ihrem ästhetischen Anspruch auseinander. Sie verfügen über ein Orientierungswissen in Sprache und Literatur und nutzen die verschiedenen Medien, um Informationen zu gewinnen und kritisch zu beurteilen. [...]
Sie untersuchen und formulieren Texte nach funktionalen, normativen und ggf. ästhetischen Gesichtspunkten. [...]

(zitiert aus: Beschlüsse der Kultusministerkonferenz: Bildungsstandards für den Mittleren Schulabschluss, Beschluss vom 4.12.2003, Verlag Luchterhand, S. 9)

Unschwer ließe sich hier eine längere Zitatensammlung anfügen aus den Bildungsstandards für die Fremdsprachen, für Mathematik und Naturwissenschaften. In Fächern, in denen noch keine nationalen Bildungsstandards formuliert sind, sind die Anforderungen ähnlich: Quellen-, Diagramm-, Schaubild- und Statistikinterpretation in den gesellschaftskundlichen Fächern ist an individuelles Lernen gebunden. Nahezu alle Arbeitstechniken in allen Fächerbereichen erfordern, dass man etwas auch allein kann, und dass man sich über längere Zeit in einem Lernprozess allein auf diese Aufgabe konzentriert.

Auch im alltäglichen Leben lernen und erarbeiten wir uns viele Dinge allein: Wir lesen Bücher und Zeitungen allein, fahren allein mit dem Auto, surfen allein im Internet, telefonieren allein, studieren Fahrpläne allein, auch mit Fernsehsendungen, Filmen und Theaterstücken setzen wir uns in erster Linie einzeln auseinander, selbst wenn wir dabei in Gruppen zusammensitzen.

„Wozu braucht man dann noch Lehrer oder Klassenkameraden, wenn alles im Selbststudium geschieht?", könnte man fragen. Die Antwort lautet, weil Kinder und Jugendliche zum selbstständigen Lernen Anleitung, Expertenrat, Begleitung, Ermutigung und Fehlerkorrektur benötigen, weil Einzelarbeitsphasen klug in ein Gesamtarrangement eingepasst werden müssen, um bildungswirksam werden zu können, und weil individuelles Lernen vieles leisten kann, aber längst nicht alles, was man für ein erfolgreiches Lernen und Leben braucht.

Gönnen Sie sich und Ihren Schülern mehr Einzelarbeitsphasen

In Lehrproben und Aufstiegsprüfungen ausgebildeter Lehrer sieht man nur sehr wenige und wenn, dann nur sehr kurze Einzelarbeitsphasen. Das mag daran liegen, dass Lehrer die Unterrichtsbeobachter nicht dadurch langweilen wollen, dass sie die Schüler nach einer Stundeneinführung in eine Arbeitsphase entlassen, in der eine Lehrerleistung nicht direkt beobachtbar ist und die vergleichsweise traditionell wirkt. Schließlich ist Einzelarbeit die älteste Lernform überhaupt. Eine gut organisierte Gruppenarbeit mit anschließender Teampräsentation wirkt vergleichsweise spektakulärer und zeitgemäßer. Dies kann in der späteren Berufsausübung zur Folge haben, dass gerade hochmotivierte Lehrer ein schlechtes Gewissen bekommen, wenn sie ihre Schüler über weite Strecken allein arbeiten lassen.

Dieses schlechte Gewissen ist völlig unbegründet. Schüler lernen sehr intensiv unter der Bedingung, dass gewisse Voraussetzungen gegeben sind: Die Einzelarbeit muss gut in den gesamten Unterrichtsverlauf eingebettet sein. Der Arbeitsauftrag muss zur Methode passen. Er muss die Schüler fordern, ohne sie zu überfordern. Es muss ausreichend Zeit gegeben werden und den Schülern muss bewusst sein, dass ihre individuelle Erarbeitung nach Beendigung der Methode in eine kommunikative Anwendung mündet. Es muss geregelt zugehen und es sollte möglichst still gearbeitet werden, damit sich eine größtmögliche Konzentration einstellt.

So können sich die Schüler – streckenweise unabhängig von der Person des Lehrers – in Ruhe einer Sache zuwenden und Verantwortung für das eigene Lernen übernehmen.

Zehn Gründe für Einzelarbeit

1. Wichtige Basiskompetenzen muss sich jedes Kind und jeder Jugendliche individuell erarbeiten.
2. Schüler übernehmen Verantwortung für das eigene Lernen und
3. wenden sich ganz einer Sache zu.
4. Einzelarbeit ist die Voraussetzung für eine nachfolgende ertragreiche Gruppenarbeit,
5. erzeugt Lesekompetenz und weitere Testkompetenzen für PISA, TIMSS und andere Erhebungen,
6. hilft in der Vorbereitung auf berufliche Eignungstests,
7. verbessert die Hausaufgabenkompetenz,
8. ermöglicht individuelle Zuwendung und Hilfestellungen durch den Lehrer,
9. erzeugt wohltuende Stille im hektischen Schulalltag und
10. schont die Lehrerkräfte.

Einzelarbeit ist die Voraussetzung für gute Partner- und Gruppenarbeit

Partner- und Gruppenarbeit werden in den meisten Fällen wesentlich ertragreicher, wenn Sie ihnen eine Einzelarbeitsphase vorschalten. In der Regel muss erst ein Material durchgearbeitet werden, z.B. in Form einer Lesephase, damit die Partner bzw. Gruppenmitglieder über eine Arbeitsgrundlage verfügen, über die sie gemeinsam kommunizieren können. Dieser Aspekt wird oft vernachlässigt, was dazu führt, dass die Schüler im Gruppenunterricht ihre eigentlich individuell zu bearbeitenden Materialien nur sehr oberflächlich zur Kenntnis nehmen.

Man kann dann beobachten, dass sie vorschnell mit der Produktion von Plakaten oder der Einübung eines szenischen Spiels beginnen, ohne dass sie sich der Mühe unterzogen haben, ihre Texte, Statistiken, Schaubilder, Diagramme etc. intensiv zu bearbeiten.

Sie sollten es sich daher zum Prinzip machen, dass Sie bei vorgesehener Gruppenarbeit die Materialerarbeitungsphasen, die der Informationsaufnahme und kognitiven Übung dienen, in Form von Einzelarbeit der Gruppenarbeit vorschalten.

Einzelarbeit als Schlüssel zur inneren Differenzierung

Das traditionelle Verfahren der Einzelarbeit besteht darin, dass die gesamte Klasse in der gleichen Zeit mit der gleichen Zielsetzung die gleiche Aufgabe zu erfüllen hat. Dieses Verfahren kann durchaus seine Berechtigung haben, wenn es z. B. darum geht, dass ein bestimmter Text von allen still gelesen und mithilfe eines speziellen Texterschließungsverfahrens bearbeitet wird, damit im Anschluss darüber gesprochen werden kann.

Weitaus bildungswirksamere Möglichkeiten bietet die Einzelarbeit, wenn die Schüler individuelle Angebote erhalten und aus vielfältigen Materialangeboten auswählen können. In den Erarbeitungsphasen hat man so als Lehrer die Chance, eine vergleichsweise umfangreiche Materialmenge bearbeiten zu lassen. Nehmen wir als Beispiel den Geschichtsunterricht, in dem der Lehrer immer unter dem Druck einer großen Stoffmenge steht. Nach dem Prinzip: *Bearbeite einen Text, lerne vier!* können sich die Schüler mit unterschiedlichen Materialien aus ihrem Schulbuch zu den antiken Hochkulturen beschäftigen und jeweils als Spezialisten für einen Bereich ihr erworbenes Wissen in eine Gruppenarbeit einbringen, in der alle unterschiedliche Materialien bearbeitet haben. Der große Vorteil: Wenn die Schüler wissen, dass sie ein Material so bearbeiten müssen, dass sie in der Lage sind, gegenüber Mitschülern darüber zu referieren, erschließt sich ihnen wie von selbst der Sinn des Lernens und sie arbeiten adressaten- und kompetenzorientiert. Mit dieser Vorgehensweise wird das Vorurteil widerlegt, dass in schülergesteuerten Unterrichtsformen nur geringe Stoffmengen bearbeitet werden können. Das genaue Gegenteil ist möglich. Wenn die Schüler lernen, das von ihnen präsentierte Stoffgebiet routiniert mit einer Zusammenfassung abzuschließen nach dem Motto: *„Was meine Mitschüler sich unbedingt langfristig merken sollten"*, erreichen wir in Formen selbstbestimmten Lernens

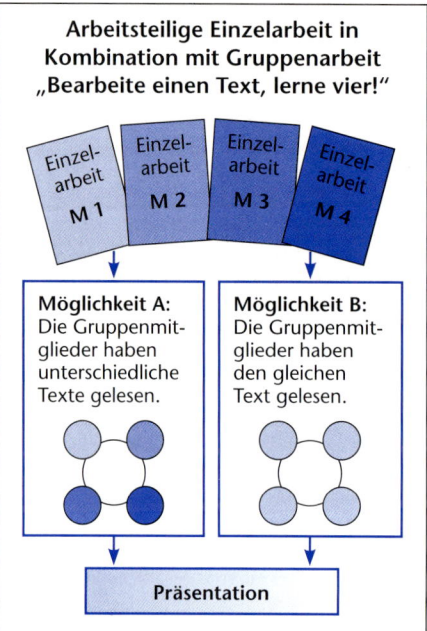

eine Nachhaltigkeit, gegen die die Lehrerdarbietung chancenlos erscheint.

In den Übungs- und Wiederholungsphasen ist die Einzelarbeit unverzichtbar. In der Form der Freiarbeit und/oder der Einrichtung von Lerntheken können den Schülern unterschiedliche Übungsmaterialien zur Verfügung gestellt werden, aus denen sie eine persönliche Auswahl treffen. Die Materialien dazu, z. B. Mathematikaufgaben mit unterschiedlichem Schwierigkeitsgrad und Angeboten zur Selbstkontrolle, können von den Fachkollegen an der Schule gemeinsam erarbeitet und immer wieder verwendet werden, sodass niemand mit der Materialproduktion überfordert ist. Der Markt bietet auch fertige Materialien für alle Fächer an.

Der gelegentlich fehlinterpretierte Begriff der Freiarbeit bedeutet hier, dass die Schüler eine gewisse Freiheit in der Auswahl ihres Übungsmaterials haben, aber dennoch konzentriert und regelgebunden arbeiten müssen.

Schon oft hatte ich Gelegenheit, Schüler aller Altersstufen in diesen Prozessen individuellen Arbeitens zu beobachten. In der Regel stellt sich eine sehr angenehme Atmosphäre ein, in der alle konzentriert ihrer Arbeit nachgehen und in der Schüler und Lehrer sich wohlfühlen können. Es ist den Schülern und den Lehrern zu wünschen, dass sie im Laufe einer Schulwoche regelmäßig wiederkehrende Übungsphasen dieser Art erleben. Einer meiner Kollegen erzählte mir, dass er erst im Zuge einer Stimmbandentzündung die Möglichkeit der Freiarbeit aus der Not heraus entdeckt habe. Er sei sich nun aber sicher, dass seine Schüler mehr lernen als zu den Zeiten seiner ständigen stimmlichen Präsenz. Das freut mich für den Kollegen und für seine Schüler. Wir noch von Stimmbandentzündungen Verschonten müssen es zur Erkenntnisgewinnung nicht so weit kommen lassen.

Einzelarbeit schafft Testkompetenz und verbessert die Berufschancen unserer Schüler

Jeder Schüler, egal ob Haupt-, Realschüler oder Gymnasiast, der sich um einen Ausbildungsplatz in einem größeren Unternehmen bewirbt, wird sich in der Regel einem Berufseignungstest unterziehen müssen, der in Einzelarbeit gemeistert werden muss und der sich über eine Dauer von zwei bis zweieinhalb Zeitstunden erstrecken kann. Gegenstand dieser Testverfahren ist das Schul- und Allgemeinwissen, vorwiegend aus den Fächern Deutsch, Mathematik und den gesellschaftskundlichen Fächern mit Fragen aus den Bereichen Geographie, Geschichte, Politik und Wirtschaft. Auch naturwissenschaftliche Kenntnisse werden erfragt. Hinzu kommen Testaufgaben, die logisches und problemlösendes Denken, räumliche Vorstellungskraft, Belastbarkeit, Konzentrationsvermögen, Entscheidungsfreude und Risikobereitschaft testen.

Auf einer Messeveranstaltung zum Thema „Job und Karriere" habe ich mich kürzlich selbst einem Testverfahren gestellt, das für Abiturienten und Schulabsolventen mit Mittlerem Schulabschluss konzipiert war. Mir blickten viele Augen über die Schulter, dafür hing allerdings für mich kein Berufseinstieg von der Testsituation ab. Dennoch: Ich begann zu schwitzen!

Schülerinnen und Schüler, die auf diese Anforderungen durch die Schule nicht vorbereitet werden, schneiden natürlich schlechter ab als diejenigen, die im Schonraum der Schule solche Testsituationen simulieren und einüben können.

Bei Veranstaltungen mit Kolleginnen und Kollegen aus den verschiedenen Schularten bin ich manchmal er-

staunt darüber, wie wenig Kenntnis viele von uns über die Abläufe, die Inhalte und die Anforderungen in solchen Testverfahren haben. Man hört auch die Meinung, die Schule habe sich nicht um diese Dinge zu kümmern. Schließlich seien wir keine Erfüllungsgehilfen der Wirtschaft. Ich setze dem entgegen, dass die Schule die Aufgabe hat, junge Menschen auf die Anforderungen des Lebens vorzubereiten. Dazu gehört auch, dass sie den beruflichen Anforderungen gewachsen sind. Wer beruflich scheitert, wird schließlich auch im Privatleben nicht glücklich sein.

In meinem Unterricht verwende ich ab der achten Klasse immer wieder solche Testmaterialien und sage den Schülern: „Wenn ihr diese Aufgaben lösen könnt, werdet ihr jeden beruflichen Eignungstest erfolgreich meistern!" Es gibt kaum andere Materialien, mit denen sich eine Klasse leichter zum Lernen und Arbeiten bewegen lässt. Ich rate jedem Kollegen, sich die Einstellungstests für Auszubildende im Buchhandel zu besorgen und zumindest die Aufgaben daraus im Unterricht zu verwenden, die das eigene Fach betreffen. Das Angebot ist reichhaltig. Wenn Sie sich solche Materialien kopieren, haben Sie auch immer Grundlagen für Vertretungsstunden ab der Klasse 8 in der Tasche, mit denen sich die Schüler gerne und motiviert beschäftigen.

Das Angebot an Testliteratur ist reichhaltig.

Partnerarbeit – schnell organisiert und sehr lerneffektiv

Schüler einer fünften Klasse im Deutschunterricht während der Partnerarbeit: hochmotiviertes Lernen, ohne dass man sich gegenseitig stört.

Der Erziehungswissenschaftler Peter Struck stellt in seinem lesenswerten Buch „Die 15 Gebote des Lernens" (Primus-Verlag, Darmstadt 2002, S. 149ff.) den Wert der Partnerarbeit über den der Einzel- und über den der Gruppenarbeit. Das wird zwar nicht empirisch belegt, ist aber nachvollziehbar. Ich sehe die Partnerarbeit zwar nicht in Konkurrenz zu den anderen schülergesteuerten Sozialformen, teile aber die Überzeugung von ihrem hohen pädagogischen Wert. Auch hat sie den Vorteil, dass sie leicht planbar und ohne großen organisatorischen Aufwand zu realisieren ist.

Während die Einzelarbeit vornehmlich für die Wissenserarbeitung geeignet ist und die Gruppenarbeit vornehmlich für die kommunikative Anwendung, ist die Partnerarbeit Erarbeitungs- und Anwendungsmethode zugleich.

Schwierige Aufgaben zu zweit lösen lassen

Die Lösung schwieriger Rechenaufgaben, die Analyse einer umfangreichen historischen Quelle, die Interpretation von Schaubildern, Statistiken, Klimadiagrammen (oder auch deren Herstellung) kann man gut an jeweils zwei Schüler delegieren. Dabei werden die Partner in der Anfangsphase still für sich arbeiten, um sich dann der gemeinsamen Problemlösung zuzuwenden. Schon in den fünften und sechsten Jahrgangsklassen habe ich Kinder beobachten können, die sehr produktiv in Partnerschaften arbeiteten. So wurden z. B. zu zweit Mindmaps zu Sachtexten erstellt. Die Suche nach Schlüsselbegriffen in den Texten, die sich als Hauptstränge für das Anlegen einer Mindmap eignen, ging in Partnerschaft viel besser von der Hand, als wenn man es allein hätte tun müssen. Beim Nachschlagen von Fachbegriffen, kann ein Schüler Begriffe heraussuchen und notieren, während der andere im Wörterbuch nachschlägt. Tabellen über Ursachen, Folgen, Probleme, Lösungen von Phänomenen lassen sich gut zu zweit ausfüllen u. v. a. m.

Die Bildungsstandards für das Fach Deutsch legen einen Schwerpunkt auf die Überarbeitung selbst verfasster Texte. Auch hier können die Schüler, z. B. mit der Methode der Textlupe, ihre selbst verfassten Werke in Partnerarbeit überarbeiten und optimieren.

Kugellager und Partnerbriefing als Schlüsselmethoden zur Förderung kommunikativer Kompetenz

Kein Lehramtsanwärter kann das Methodentraining in den Allgemeinen Seminaren an unserem Studienseminar durchlaufen, ohne mehrfach die Kugellagerübung und das Partnerbriefing erlebt und selbst angewendet zu haben, so lange, bis sich Routine im Umgang damit eingestellt hat. Beide Verfahren sind besonders lerneffektive Methoden, weil sie allen Schülerinnen und Schülern die Möglichkeit bieten, Gelerntes kommunikativ anzuwenden und dazu ein direktes Feedback zu erhalten. Kompetent angewendet, lässt sich so auf breiter Basis das Literacy-Bildungskonzept umsetzen, das den PISA-Studien zugrunde liegt.

Bei der Kugellagerübung bearbeiten alle Schüler zunächst das gleiche Material, werden dann in Partnerschaften eingeteilt und erklären sich gegenseitig das Erarbeitete. Dabei spricht jeweils ein Partner und der andere hört zu. Da der Zuhörende das Material kennt, kann er dem Sprecher direkt im Anschluss an dessen Vortrag eine Rückmeldung über die Qualität des Berichtes geben. Nach dieser ersten Runde wechseln die Partnerschaften, wobei die bis dahin Zuhörenden nun zu den Berichterstattern werden.

Beim Partnerbriefing wird die Klasse zunächst in zwei Gruppen aufgeteilt, die jeweils ein Material zu einem gemeinsamen Rahmenthema und in einem in etwa gleichen Umfang bearbeiten, also zwei Textabschnitte, zwei Diagramme, Schaubilder, Quellen etc. Die Partner informieren sich dann gegenseitig (= Briefing) und präsentieren anschließend die Ergebnisse ihrer Bearbeitung. Dazu ist es erforderlich, dass die beiden Materialien miteinander in Verbindung stehen. (Oft genügt es schon, wenn Sie einen längeren Sachtext in zwei Teile unterteilen, vorausgesetzt man versteht den zweiten Teil, ohne den ersten zu kennen.) Für die Präsentation können die Schüler zwischen einer leichten und einer schwierigen Version wählen:

Leicht: Jeder Schüler präsentiert vor der Klasse sein eigenes Material.

Schwierig: Jeder referiert das Material des anderen.

Die Kugellagerübung wird auch als doppelter Sitzkreis bezeichnet, weil die Schüler sich in zwei einander zugewendeten Kreisen gegenübersitzen sollen. In der zweiten Runde wechseln diejenigen im inneren Kreis entgegen dem Uhrzeigersinn die Stühle, drehen sich also gegeneinander wie in einem Kugellager.

Wo die Möglichkeit der Sitzkreisbildung fehlt, muss nicht auf die Methode verzichtet werden. Die Partner können sich auch frei im Klassenraum bewegen und die Übungen im Stehen durchführen. Das schafft kaum organisatorischen Aufwand. Auch haben amerikanische Untersuchungen kürzlich darauf hingewiesen, dass vor allem die Jungen besser in Bewegung und im Stehen lernen. Das hatten aber auch schon die alten Griechen entdeckt, die in den Wandelgängen ihrer Gymnasien gehend ihre philosophische Dialogfähigkeit schulten.

Was die Menge an themenzentrierter Kommunikation angeht, sind die beiden Methoden der Partnerarbeit unschlagbar. In dem Beispiel rechts, in dem es im Deutschunterricht um das Exzerpieren und Referieren zweier anspruchsvoller Zeitungstexte zum Thema Umweltschutz ging, betrug die Redezeit der Schüler aneinandergereiht 168 Minuten im Rahmen einer Übung, die ohne die Zeit der Textbearbeitung nur 20 Minuten in Anspruch nahm.

Einen hohen Wert haben Kugellager und Partnerbriefing im Fremdsprachenunterricht. Mit ihrer Hilfe wird man jeden Schüler dazu bringen, relativ unbeobachtet vom Lehrer zusammenhängend in der Fremdsprache zu kommunizieren. Wenn diese Methoden dereinst zum festen Repertoire aller Lehrer gehören, werden wir mit erheblich verbesserter mündlicher Kommunikationskompetenz in den Fremdsprachen rechnen können.

Über den Wert des Partnerbriefings als Methode zur Besprechung von Hausaufgaben wurde schon im zweiten Kapitel dieses Buches berichtet.

Beispiel für ein Partnerbriefing mit Schülerfeedback aus einer zehnten Klasse

Methode: Partnerbriefing zur Texterarbeitung, Rahmenthema Klimaschutz; Deutsch Klasse 10

Text 1:

Abkommen von Marrakesch ebnet Klimaschutz-Abkommen von Kyoto den Weg

DIE ZEIT vom 12. Nov. 2001

Text 2:

EU über Schadstoffhandel einig – Firmen können CO_2-Verschmutzungsrechte kaufen

Süddeutsche Zeitung vom 10. Dez. 2002

Ablaufschritte zur Texterarbeitung mit der Methode „Partnerbriefing"
(Klasse 10 am 8.5.2003)

- Aufteilung der Schüler in zwei Gruppen
- Schüler erhalten den Auftrag, ihren Text so zu lesen, dass sie den Inhalt später einem Partner erzählen können
- Einzelarbeit; Texte exzerpieren
  - **Partnerbildung**
- Partner A berichtet, B hört zu   (4 Minuten)
- Partner B fasst zusammen   (2 Minuten)
- Partner B berichtet, A hört zu   (4 Minuten)
- Partner A fasst zusammen   (2 Minuten)
- A und B tauschen sich über die Gemeinsamkeiten der Texte aus
- A und B berichten gemeinsam vor der Klasse

Feedback der Schüler zum Partnerbriefing

- Die Methode ist sehr lerneffektiv.
- Hohe Intensität der Beschäftigung mit dem Text
- Man bekommt sofort ein Feedback, ob man seine Sache gut gemacht hat.
- Die Mischung aus Sprechen und Zuhören ist angenehm.
- Ausgleich von Anspannung und Entspannung
- Man gewinnt schnell Routine.
- Man bearbeitet nur einen Text und lernt zwei.
- Man bereitet sich sehr intensiv vor.
- Man kann ohne Kontrolle durch den Lehrer frei sprechen.
- Angenehme Atmosphäre
- Man kann sich sehr gut dabei konzentrieren.
- Man stellt sich voll auf den Partner ein.
- Man vergisst alles, was drumherum passiert.
- Die Zeit geht sehr schnell vorbei.
(Klasse 10 am 8.5.2003)

Gruppenarbeit: Professionell geplant und praktikabel organisiert führt sie zum Erfolg

Gruppenarbeit scheint mittlerweile zum selbstverständlichen Methodenrepertoire der meisten Lehrer zu gehören. In besonderer Weise gilt dies für junge Kolleginnen und Kollegen. Im Laufe ihrer Ausbildung waren sie – aller Wahrscheinlichkeit nach – selbst häufig in Arbeitsgruppen aktiv und haben so die Vorzüge und auch die Schwierigkeiten von Gruppenarbeitsprozessen selbst mehrfach erlebt. Während Lehramtsauszubildende gelegentlich zu einer Überbewertung und Überstrapazierung der Methode neigen, trifft man bei vielen älteren Kollegen immer noch auf Skepsis, manchmal auch auf Ablehnung. Selbst in der Fachliteratur finden sich durchaus widersprüchliche Aussagen über die Lerneffektivität der Gruppenarbeit, sodass jeder die Belege auswählen kann, die seine persönliche Nähe oder Distanz zur Methode am besten stützen.

Für den Wert der Gruppenarbeit gilt, was für alle anderen Methoden auch gilt: Sie ist weder per se eine gute noch eine schlechte Methode. Auch ist sie weder generell bei Schülern beliebt noch unbeliebt.

Sie entfaltet ihre positiven Bildungseffekte nur, wenn sie gut, d.h. wenn sie fachlich und pädagogisch durchdacht und professionell geplant und organisiert ist. Und sie wird von den Schülern nur als angenehm empfunden, wenn diese sich in ihrer Gruppe wohlfühlen und wenn sie den Lernerfolg als persönlichen Gewinn empfinden. Sie kann über die Wirksamkeit einer Einzel- oder Partnerarbeit hinausgehen, wenn es gelingt, das Potenzial innerhalb der Gruppe optimal für einen Lernprozess nutzbar zu machen. Es gibt keinen Grund, die Methode in Konkurrenz zu einer anderen zu sehen. Unter diesen Bedingungen ist die Gruppenarbeit aus vielerlei Gründen eine unverzichtbare Methode.

Sie ermöglicht prozessorientiertes und ergebnisorientiertes Lernen. Auf der Prozessebene trainiert sie überfachliche Qualifikationen wie Planungs- und Entscheidungsfähigkeit, kooperative Problemlösung, Selbstverantwortung und Selbstständigkeit sowie kommunikative, methodische und soziale Kompetenz. Auf der fachlichen Ebene zielt sie auf einen systematischen Erkenntnisgewinn, wobei sie den Schülern die Chance gibt, ihre fachlichen Lernzuwächse in abschließenden Präsentationen unter Beweis zu stellen. Nicht zuletzt ist Gruppenarbeit ein Schlüssel zur Verwirklichung der verbindlich formulierten Bildungsstandards. Das gilt z. B. für die Standards für den Deutschunterricht, bei denen sowohl der gesamte Kompetenzbereich *Sprechen und Zuhören (zu anderen sprechen, vor anderen sprechen, mit anderen sprechen, verstehend zuhören, szenisch spielen)* als auch weite Teile des Kompetenzbereichs *Texte planen, entwerfen und überarbeiten* die Methode unverzichtbar erscheinen lassen. Es gilt aber auch für den Mathematikunterricht, wenn es z. B. darum geht, *mathematisch zu argumentieren und Probleme mit den Möglichkeiten der Mathematik zu lösen.* In den gesellschaftskundlichen Fächern sind die Vorzüge kooperativer Lernformen offensichtlich.

In den weiteren Abschnitten soll nur von der Kunst der professionellen (und schnellen) Planung von Gruppenarbeitsprozessen die Rede sein. Dabei knüpfe ich an die Schwierigkeiten an, die von Kollegen zum Thema Gruppenarbeit genannt werden. Die folgenden Einwände habe ich wörtlich auf einer Veranstaltung zum Thema Gruppenarbeit notiert:

Ich würde ja gerne häufiger Gruppenarbeit einsetzen, aber …

1. … ich komme dann mit meinem Stoff nicht durch.
2. … der geringe Stundenansatz in meinen Fächern reicht dazu nicht aus.
3. … die Schüler sind nicht reif genug und benehmen sich während Gruppenarbeitsphasen zu undiszipliniert.
4. … ich habe den Eindruck, dass dabei zu wenig gelernt wird.
5. … ich muss doch Noten machen und weiß nicht, wie das bei Gruppenarbeit gehen soll.

Erfolgsstrategien

A Die Vorbereitung

Beginnen Sie in der häuslichen Vorbereitung nicht mit dem Vorsatz: „Ich werde morgen Gruppenarbeit durchführen." Prüfen Sie zunächst, ob der anstehende Inhalt in Verbindung mit Ihren Zielerwartungen zur Methode passt und entscheiden Sie dann über die geeignete Sozialform. Gruppenarbeit ist nur sinnvoll, wenn den Schülern ein gewisses Maß an Freiheit und Mitgestaltung zugebilligt werden kann und wenn Kommunikation und kooperative Problemlösung erwünscht sind. Wenn es darum geht, ein Aufgabenblatt möglichst fehlerfrei auszufüllen, damit am Ende ein absolut eindeutiges Lernergebnis vorliegt, ist die Methode ungeeignet. Gruppenarbeit muss sinnvoll in den Gesamtprozess des Unterrichtes integriert werden. In den meisten Fällen wird es angezeigt sein, der Gruppenarbeit eine Phase der Einzelarbeit vorzuschalten. Wer zum Beispiel ein Gedicht szenisch in Gruppen umsetzen will, sollte den Schülern zunächst Gelegenheit geben, eine Textbearbeitung allein vorzunehmen. Der Arbeitsprozess beginnt produktiver, wenn die Schüler eine individuell erarbeitete Grundlage in den Prozess einbringen können. Überlegen Sie, zu welchem Zeitpunkt und wie Sie Ihre Schüler darüber informieren, dass Gruppenarbeit auf dem Programm steht (zumindest in den mittleren und höheren Jahrgangsklassen). Überlegen Sie auch, ob es in einem Planungsgespräch möglich ist, die Schüler in die Gestaltung der Gruppenarbeitsphase zu integrieren. Guter Unterricht setzt auf Transparenz. Deshalb können Sie schon zu Beginn einer Lerneinheit über den geplanten Ablauf informieren und mitteilen, dass im Verlauf des weiteren Unterrichtes eine Aufteilung der Klasse in Gruppen stattfinden soll.

Planen Sie ausreichend Zeit für die Gruppenarbeit ein. Das ist ein Grundsatz, der sich im 45-Minuten-Rhythmus des Unterrichtes nur schwer verwirklichen lässt. Im Alltag sollte man häufiger vollständige Stunden mit kurzen Einführungen und Abschlüssen für die Methode verwenden. Wer in der Planung von Gruppenarbeit geübt ist, wird sich, wo immer es geht, für Doppelstundenunterricht oder noch längere Einheiten entscheiden. Für die Mindestdauer einer Gruppenarbeit kann man sich an folgender Formel orientieren:

$$Z = T \cdot (T - 1)$$

Die Mindestzeit (Z) ergibt sich aus der Zahl der Teilnehmer (= T) mal die Zahl der Teilnehmer minus Eins. Bei 5 Gruppenmitgliedern beträgt so die Mindestzeit fünf mal vier, also 20 Minuten. Dieser Wert drückt aus, dass jeder Teilnehmer die Möglichkeit hat, eine Minute lang mit jedem anderen Gruppenmitglied zu sprechen.

B Von Ihren Arbeitsanweisungen hängt (fast) alles ab

Wenn man selbst häufiger in Gruppen arbeitet, z.B. im Verlauf einer Lehrerkonferenz, kennt man das Phänomen: „Was ist noch mal unser Arbeitsauftrag?", fragt immer jemand zu Recht, wenn die Gruppe Gefahr läuft, die Zeit aus den Augen zu verlieren. Verwenden Sie daher ausreichende Mühe auf die Formulierung Ihrer Arbeitsaufträge. Achten Sie darauf, dass Sie die Gruppe nicht mit kleinschrittigen Aufträgen überschütten und vermeiden Sie Orientierungslosigkeit durch zu geringe oder unklare Zielerwartungen. Gute Arbeitsanweisungen für Gruppenarbeitsphasen auf der Basis einer Materialgrundlage sollten immer drei Dimensionen abdecken:
1. Was soll in der Gruppe inhaltlich gemacht werden?
2. Wie soll die Gruppe methodisch dabei vorgehen?
3. Welche Leistung wird am Ende des Arbeitsprozesses von der Gruppe erwartet?

Ein Beispiel aus dem Geschichtsunterricht verdeutlicht, was gemeint ist:

1. Sucht in den Texten nach Gründen, warum die Griechen in alter Zeit ihre Heimat verlassen haben.
2. Entscheidet in der Gruppe, welche der vielen Gründe eurer Ansicht nach besonders wichtig gewesen sind. Sprecht auch darüber, ob diese Gründe auch noch heute für das Verlassen der Heimat aktuell sein können.
3. Stellt euren Mitschülern die wichtigsten Gründe für das Verlassen der Heimat vor und demonstriert an der Karte, wohin die Griechen zwischen 750 und 550 v. Chr. ausgewandert sind.

C Die Einteilung der Gruppen

In meinem Band „Methoden für den Unterricht" habe ich auf der Seite 35 zehn Möglichkeiten für Gruppeneinteilungen mit den jeweiligen Vor- und Nachteilen dargestellt und will darum hier nicht weiter darauf eingehen. Zwei Schwierigkeiten bedürfen noch einer pragmatischen Klärung:

- Was tun mit Schülern, die partout nicht mit einer Gruppe zusammenarbeiten wollen?
- Was tun, wenn in Fächern, die nur ein- oder zweistündig unterrichtet werden, die Organisation von Gruppenarbeit zu viel Lernzeit wegnimmt?

Der Wunsch, dass alle Schülerinnen und Schüler einer Klasse in wechselnden Zusammensetzungen produktiv miteinander arbeiten und lernen, lässt sich verwirklichen, wenn sie schon von den jüngeren Jahrgängen an daran gewöhnt werden. In den fünften Klassen kann man die Kinder Karten mit verschiedenen Motiven ziehen lassen und so die Gruppen immer wieder neu bilden. Wo immer das so geschieht, kommen die Schüler gar nicht auf die Idee, bei neuen Gruppenzusammensetzungen zu protestieren. Bei älteren Schülern kann das anders sein. Dabei geht es nicht immer um die Ablehnung von Klassenkameraden. Vielmehr legen die befreundeten Schüler Wert darauf, gemeinsam einer Gruppe zugeteilt zu werden. Ich kann diesen Wunsch gut verstehen.

Der Erfahrung nach empfiehlt sich in den höheren Klassen folgende Vorgehensweise: Man sollte die Frage der flexiblen Gruppenbildung mit den Schülern thematisieren und dabei die Gründe akzentuieren, die es wünschenswert erscheinen lassen, dass möglichst alle miteinander zusammenarbeiten können.

Es macht aber keinen Sinn, Schüler in eine Gruppenzusammensetzung zu zwingen, in der sie partout nicht miteinander arbeiten wollen. Wo das geschieht, handelt man sich Proteste und Konfliktpotenziale ein, welche die Bereitschaft zur Gruppenarbeit auf allen Seiten zerstören können.

Nicht zulassen sollte man, dass Schüler die Methode generell ablehnen. Wer das zulässt, müsste konsequenterweise auch damit einverstanden sein, dass Schüler den Frontalunterricht verweigern und jede andere Methode. In den Fächern, die ein- und zweistündig erteilt werden, hat es sich sehr gut bewährt, feste Gruppen zu installieren, die über einen langen Zeitraum (durchaus bis zu einem Schulhalbjahr) beisammenbleiben. Ich praktiziere das im einstündigen Politikunterricht, spare mir so völlig die Zeit der Gruppenbildung und kann mit Gruppenkonstellationen arbeiten, deren Zusammensetzung ich kenne und die vergleichsweise leistungsfähig und leistungsmotiviert miteinander arbeiten, weil ihre Zusammensetzung weitgehend ihren Wünschen entspricht. Ich ermuntere die Gruppen weiterhin dazu, sich einen Gruppennamen ihrer Wahl zuzulegen (ausgenommen Gewalt verherrlichende, diskriminierende Namen oder Ähnliches). Diese Namengebung schafft ein schönes Zusammengehörigkeitsgefühl und macht den Schülern Freude. Ich lasse Gruppennamen und Zusammensetzungen auf einem Bogen notieren und verwende diesen zur Besprechung und Bewertung.

D Für den Arbeitsprozess muss es eindeutige Qualitätskriterien geben

Eindeutig bedeutet, dass die Kriterien so formuliert sein müssen, dass sich konkrete Handlungsanweisungen daraus ergeben. Es genügt nicht, den Schülern zu sagen, dass sie Rücksicht aufeinander nehmen und fair miteinander umgehen sollen. Hilfreicher ist es, wenn es heißt: „Ihr macht keinen Lärm und stört die anderen Gruppen nicht bei der Arbeit."

Die Qualitätskriterien sollten in Form von Regeln formuliert werden. Für den Lehrer bilden diese die Grundlage für die Bewertung und Benotung des Gruppenarbeitsprozesses.

Auf der rechten Seite sehen Sie, wie Schüler einer achten Klasse mithilfe der Methodenkarte „Gruppengift" selbst Regeln für den Prozess der Gruppenarbeit entwickelt haben. Gegebenenfalls müssen die Formulierungen der Schüler mithilfe des Lehrers überarbeitet werden. Die Regeln werden auf den Übersichtsbogen übertragen, der an alle Gruppenmitglieder verteilt wird. So haben die Schüler die Qualitätskriterien stets vor Augen. Ein Beispiel für einen Übersichtsbogen für die festen Gruppen finden Sie ebenfalls auf der nächsten Seite.

„Gruppengift": Wie Gruppenarbeit auf keinen Fall funktioniert

Hier sind zehn verschiedene Merkmale aufgeführt, mit denen Gruppenarbeit scheitert und in einem Chaos enden muss. Ihr könnt die Negativbeispiele benutzen, um mit deren Hilfe positive Regeln für Gruppenarbeit zu formulieren.

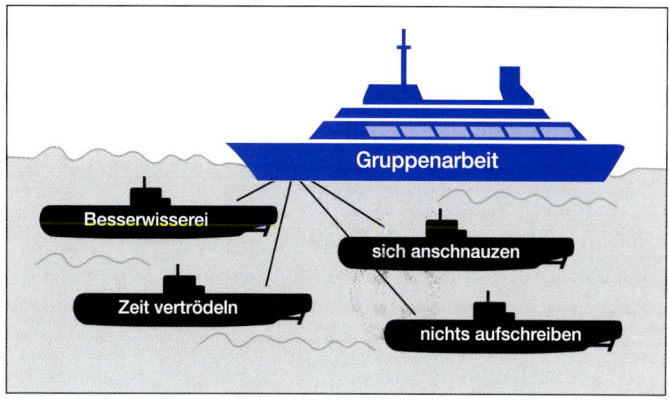

1. Stühle und Tische werden laut über den Boden geschoben. Schulklassen in anderen Räumen werden durch den Lärm belästigt.

2. Die Gruppe hat ihr Material nicht auf dem Tisch und macht keine Anstalten, mit der Arbeit zu beginnen.

3. Weil die Gruppe die Aufgabenstellung nicht richtig beachtet, muss sie später immer wieder nachfragen, was sie eigentlich tun soll. Sie stört so auch die Arbeit der anderen Gruppen.

4. Jede Schülerin und jeder Schüler macht, was sie oder er für richtig hält. Alle reden, wann es ihnen passt, keiner hört dem anderen zu.

5. Ein Gruppenmitglied reißt die Arbeit an sich. Andere werden übergangen oder schauen nur zu.

6. Bei jeder Schwierigkeit ruft die Gruppe nach der Lehrerin oder dem Lehrer.

7. Ein Gruppenmitglied schreibt, die anderen notieren nichts und werden nicht in der Lage sein, die Ergebnisse vorzutragen.

8. Die Gruppe schnauzt sich untereinander an und auch andere Schülerinnen und Schüler, die nicht zur eigenen Gruppe gehören.

9. Die Arbeitsergebnisse werden immer von ein und demselben Schüler vorgetragen. Die übrigen bleiben unbeteiligt.

10. Die Gruppe ist noch mit eigenen Dingen beschäftigt und hört nicht zu, während andere Gruppen ihre Ergebnisse präsentieren.

Arbeits-
grundlage
und ...

Aus der Methodenkarte „Gruppengift" können die Schüler selbstständig Regeln für die Durchführung von Gruppenarbeit ableiten – auch in Form einer Hausaufgabe. Das Beispiel einer Schülerarbeit finden Sie hier abgedruckt.

Regeln für Gruppenarbeit

1. Wir stellen die Tische und Stühle schnell und ohne Lärm um.
2. Wir beginnen sofort mit der Arbeit.
3. Wir legen alle unsere Materialien auf den Tisch.
4. Alle Mitglieder der Gruppe müssen fleißig mitarbeiten.
5. Wir müssen uns auf die Arbeitsanweisungen konzentrieren.
6. Alle machen sich Notizen in ihr Heft.
7. Wir sprechen leise miteinander und hören uns gegenseitig zu.
8. Wenn es Schwierigkeiten gibt, versuchen wir selbst, sie zu lösen.
9. Wir halten uns an die Zeitvorgabe.
10. Wir bemühen uns immer um ein gutes Arbeitsergebnis.

Jennifer Sitzer, 8A

... Arbeitsergebnis

E Prozessbewertung und -benotung sind möglich

Bei der Gruppenarbeit kann sowohl der Prozess der Erarbeitung bewertet werden als auch die Qualität des Ergebnisses. Während die Ergebnisbewertung vergleichsweise unproblematisch ist, stellt die Prozessbewertung die Lehrer vor größere Probleme. Hier muss ein dynamischer Leistungsbegriff zugrunde gelegt werden, der die Leistung der Schüler unter dem Aspekt der für die Teamarbeit erforderlichen Kompetenzentwicklung misst. Wenn eine Gruppe zu Beginn eines Gruppenarbeitsprozesses kaum in der Lage ist, sachorientiert miteinander zu sprechen, und in diesem Bereich Fortschritte erzielt, so kann ihr diese Entwicklung als ein Aspekt ihrer Leistungssteigerung rückgemeldet werden. Orientieren können Sie Ihre Rückmeldungen an den Gütekriterien, die Sie für die Qualität der Arbeitsprozesse verbindlich mit Ihrer Klasse vereinbart haben. Auch kann auf dieser Basis die Qualität der Arbeit benotet und begründet werden. In welchem Fall Sie konkret welche Note erteilen, liegt natürlich im Bereich Ihrer eigenen Einschätzung und pädagogischen Verantwortung.

Man sollte die Benotung allerdings so lange zurückstellen, bis man erwarten kann, dass eine gewisse Routine im Umgang mit der Methode auf der Schülerseite vorhanden ist.

Für die Frage, ob Gruppennoten oder Einzelnoten erteilt werden sollen, gilt folgender Grundsatz: Generell soll eine Gruppe auch als Team bewertet werden. Das bedeutet, dass jedes Gruppenmitglied die gleiche Note erhält.

Man sollte sich aber auch die Möglichkeit zur individuellen Differenzierung offenhalten, z. B. indem man für eine herausragende Einzelleistung in der Gruppe eine bessere Note vergibt oder dem Gruppenmitglied eine mangelhafte Leistung bescheinigt, das sich offensichtlich auf Kosten der anderen nicht genügend am Arbeitsprozess beteiligt hat.

Mehrere Kollegen gehen auch dazu über, den Gruppen ein bestimmtes Punktekonto zur Verfügung zu stellen. Eine Gruppe aus fünf Mitgliedern kann z. B. für jedes Mitglied 20 Punkte, insgesamt also maximal 100 Punkte erreichen. Dies würde der Note Eins entsprechen. Wenn der Lehrer nun einer Gruppe insgesamt 80 Punkte zuspricht, kann die Gruppe selbst entscheiden, ob sie diese Summe in gleicher Weise auf alle Gruppenmitglieder verteilt oder ob sie Unterschiede macht.

E Das Verhalten des Lehrers während der Präsentation der Arbeitsergebnisse

Präsentationen vor der Klasse sind für Schülerinnen und Schüler eine besondere Situation. Von uns Lehrern verlangt diese überaus wichtige Unterrichtsphase ein besonders feinfühliges Agieren, weil wir mit der notwendigen Zurückhaltung und den notwendigen Rahmenbedingungen Selbstvertrauen aufbauen, bei fehlerhaftem Agieren aber auch zerstören können. Die folgenden zehn Tipps wurden im Anschluss an Schülerpräsentationen mit Lehramtsreferendaren erarbeitet.

10 Tipps: Was ich in Zukunft bei Schülerpräsentationen immer beachten werde

1. Ich achte darauf, dass alle Blickkontakt zu den Präsentierenden haben.
2. Ich nehme einen Standort in der Klasse ein, bei dem ich die gesamte Gruppe überblicken kann.
3. Ich höre genau zu, mache mir Notizen.
4. Ich unterbreche die Präsentation nach Möglichkeit nicht.
5. Ich weiß, dass es während einer Präsentation nicht um mich und meine Aktivität, sondern um die Schüler geht.
6. Ich arbeite immer mit Hör- bzw. Beobachtungsaufträgen.
7. Ich lasse in den Feedbackrunden möglichst viele Schüler zu Wort kommen.
8. Fehlerkorrekturen mache ich nach der Präsentation.
9. Ich optimiere die Präsentationskompetenz der Schüler durch häufiges Üben.
10. Ich bin ruhig und konzentriert.

Karten für die Bildung von Zufallsgruppen

Mit solchen Karten, die man ganz schnell mithilfe der Sonderzeichen auch im Textverarbeitungsprogramm herstellen kann, kann man sehr leicht Zufallsgruppen durch Kartenziehen bilden. Da diese Art von Karten beliebig zu vervielfältigen sind, können die Schüler ihr Exemplar in ihr Heft einkleben und wissen so auch in der Folgestunde noch, zu welcher Gruppe sie gehören.

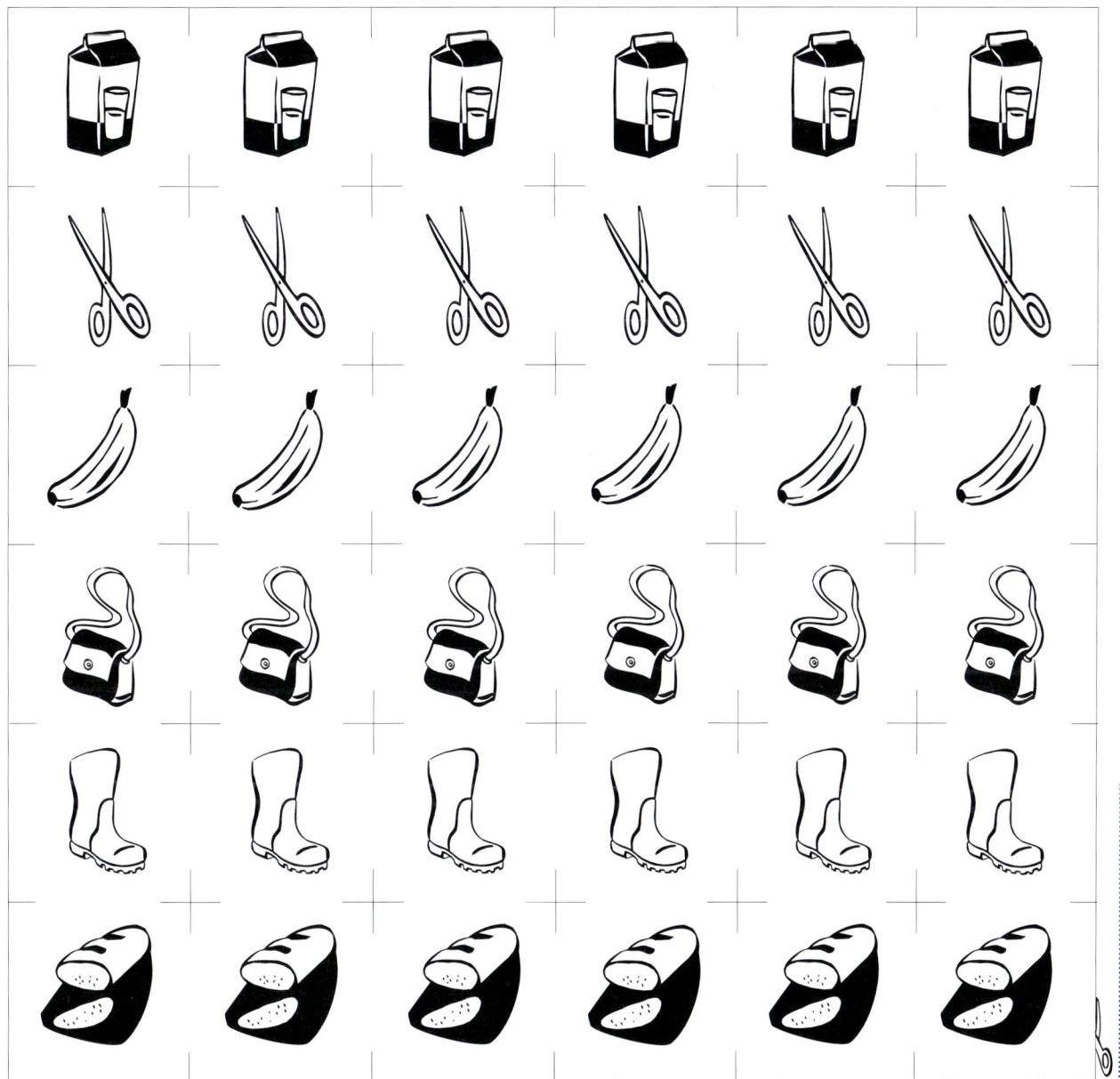

Beispiel für die Begleitung und Bewertung eines Gruppenarbeitsprozesses

Gruppen in der Klasse 8a

Bewertungsmerkmale – Davon hängt eure Benotung ab!

1. Ihr müsst die Möbel schnell und ohne Lärm umstellen.
2. Ihr solltet umgehend mit der Arbeit beginnen.
3. Die Arbeitsmaterialien aller Teilnehmer befinden sich auf dem Tisch.
4. Alle Gruppenmitglieder arbeiten konzentriert mit.
5. Ihr beachtet genau die Arbeitsanweisungen.

Name der Gruppe	Teilnehmerinnen und Teilnehmer	Arbeitsprozess (23.02.05)
Gruppe 1 *„Lords of the week"*	Vincenzo Viktor Nico D. Julian Joshua	*Gruppe arbeitet konzentriert;* *Arbeit wurde aufgeteilt, alle haben Hausaufgaben gemacht. Gruppenklima ist gut;* *alle arbeiten gleich gut mit.*
Gruppe 2 *Offspring*	Frederic Christian Lukas Daniel Dustin	*Frederic hat am meisten gearbeitet;* *Christian fehlt; Lukas und Daniel, na ja.* *Gruppe muss zulegen.*
Gruppe 3 *Die Nussknacker*	Canan Sabrina Natascha Veronika Patrik	*Gruppe arbeitet konzentriert;* *gute Arbeitseinteilung, alle arbeiten mit;* *Veronika hat noch kein Buch.*
Gruppe 4 *Playgirls & Playboys*	Jahida Boris Jessi Christopher Tina	*Boris und Tina arbeiten; ansonsten muss* *die Arbeitshaltung verbessert werden;* *insgesamt muss fleißiger gearbeitet* *werden.*
Gruppe 5 *„Fanta 4"*	Alex Eric Arssen Gerrit Fabian	*Gruppe arbeitet gut und konzentriert;* *gutes Gruppenklima, alle haben auch zu* *Hause gearbeitet* *(am Ende macht die Gruppe Quatsch).*
Gruppe 6 *Orange*	Carina Annabell Natalie Jennifer	*Gruppe arbeitet konzentriert und konfliktfrei; alle arbeiten am Thema.*

6. Alle Gruppenmitglieder notieren die wichtigen Arbeitsergebnisse.
7. Ihr sprecht miteinander und hört euch gegenseitig gut zu.
8. Ihr macht keinen Lärm und geht rücksichtsvoll mit den anderen Gruppen um.
9. Ihr kommt in der vereinbarten Zeit zu einem guten Ergebnis.
10. Man sicht der Qualität eurer Ergebnisse an, wie gut ihr gearbeitet habt.

Arbeitsprozess (02.03.05)	Präsentation (02.03.05)	Präsentation (09.03.05)
Joshua fehlt; Vincenzo schreibt nicht auf; Gruppe arbeitet an der Mindmap und bereitet die Präsentation gut vor.	Die Gruppe präsentiert sehr ordentlich; alle (außer Joshua) leisten einen Beitrag, diese müssten aber ausführlicher sein; alle müssen deutlicher sprechen	
Christian wird von Daniel und Lukas informiert; Frederic treibt die Gruppe an.		Frederic und Christian präsentieren. Die anderen stehen stumm dabei, schwache Präsentation.
Veronika hat immer noch kein Buch; Gruppe arbeitet sehr gut.	Gute Präsentation im Team, Fragen wurden inhaltlich gut bearbeitet; nicht so sehr am Konzept kleben, freier sprechen und Blickkontakt.	
Jahida und Jessi tun gar nichts, wurden ermahnt; es gibt Spannungen; Tina ist sauer, macht alles allein.		Boris, Tina und Christopher gut; Folie wurde zu Hause vorbereitet; Jahida fehlt, Jessi tut nichts.
Keine Zeit zur Beobachtung, Arbeit scheint okay zu sein.		Gute Mindmap, gute Erklärung, alle geben sich Mühe, bisher beste Präsentation; freier sprechen und Hände aus den Taschen!
ebenso		Annabell spricht sehr engagiert, toll! Arbeit wird gut aufgeteilt; Gruppe schreibt an die Tafel! Lauter sprechen!

4. Kapitel

Lesekompetenz fördern in der Arbeit mit Sachtexten

Schnell und routiniert planen mit themenunabhängigen Methodenarrangements

Dieses Kapitel nützt Ihnen besonders, wenn Sie ...

- wichtige Daten der PISA-Studien zur Lesekompetenz als Grundlage für Ihre Arbeit mit Texten nutzen möchten,

- Ihren Unterricht an erprobte Methodenarrangements anbinden wollen, zu denen Sie die Texte Ihrer Wahl und Ihres Faches hinzufügen können,

- Ihr Methodenrepertoire im Umgang mit Sachtexten erweitern möchten,

- Unterricht mit Sachtexten besonders zeitökonomisch planen wollen.

4.1 Lesekompetenz als Voraussetzung zum Wissens- und Kompetenzerwerb in allen Fächern

Sachtexte spielen als Lerngrundlage eine große Rolle in fast allen Schulfächern und in allen Jahrgangsstufen. Egal, ob es um die Herstellung eines Kuchenteiges geht oder um das Leben der Raubkatzen oder um die Machtkämpfe im antiken Rom oder um das zentrale Nervensystem, um die Oxidation von Metallen oder um die Chancen und Gefahren der Globalisierung: Sachtexte sind als Lerngrundlage unverzichtbar. Alle Schulbücher, auch die für Chemie, Physik, Biologie, Erdkunde, Religion usw. bestehen in der Hauptsache aus Textmaterialien. Mathematikbücher sind eine Ausnahme, aber auch hier gibt es ein breites Angebot an Textaufgaben, die zu lösende Problemstellungen enthalten. Versteht ein Schüler die Texte dieser Aufgaben nicht, kann er auch das mathematische Problem nicht lösen.

„Lesen lernt man in der Grundschule" und „Leseförderung ist Sache des Deutschunterrichtes". Diese Ansichten schienen noch vor wenigen Jahren unter Kolleginnen und Kollegen weit verbreitet zu sein.

Ein Verdienst der PISA-Studie besteht sicherlich darin, mit diesen Vorstellungen grundlegend aufgeräumt zu haben. Lesekompetenz wird heute als eine Basiskompetenz verstanden, die fächerübergreifend vermittelt werden muss. Zur Fachkompetenz der Lernenden in den Natur- und Gesellschaftswissenschaften gehört, dass man mit Texten umzugehen lernt, die in einer Fachsprache abgefasst sind. Der Deutschunterricht, der sich ja zu einem großen Teil mit alltagssprachlichen, fiktiven bzw. literarischen Texten beschäftigt, kann dieser Aufgabe nur zu einem geringen Teil gerecht werden.

Wer Unterricht vorbereitet, muss sich mit dem Einsatz von Textmaterialien auseinandersetzen. Erwerb von fachlichem Wissen und fachlicher Kompetenz kommt ohne die Bearbeitung von Texten nicht aus. Dabei spielen vor allem die verschiedenen Formen der informierenden bzw. darstellenden Texte eine grundlegende Rolle. Eine der wichtigsten Konsequenzen aus dem schlechten Abschneiden Deutschlands bei der PISA-Studie lautet, dass der Förderung der Lesekompetenz fächerübergreifend oberste Priorität zukommen muss. Genau an dieser Stelle beginnt eine Vielzahl von Problemen für eine Vielzahl von Kollegen. Fach- und Sachunterricht in einer Klasse durchzuführen, in der die Lesekompetenz wenig ausgeprägt ist, kann zur Qual werden. „Ich bin ja schon froh, wenn meine Schüler sich in einer Unterrichtsstunde durch einen Text von einer halben Seite Länge durchgekämpft haben." Solche Klagen kennt jeder Praktiker. Es gab sie auch schon vor der PISA-Studie. Für Außenstehende mag die Veröffentlichung der ersten PISA-Ergebnisse aus der Untersuchung im Jahr 2000 ein Schock gewesen sein. Für Insider war sie das nicht. Veranstaltungen der Institute der Lehrerfortbildung zum Thema „Umgang mit schwierigen Texten" verzeichneten schon in den Achtziger- und Neunzigerjahren höchste Anmeldezahlen, weil der Problemdruck in allen Schularten als gewaltig empfunden wurde.

Natürlich wird niemand ernsthaft behaupten, nur die Schule sei für die Vermittlung von Lesekompetenz verantwortlich. Der familiäre Hintergrund spielt hierbei wahrscheinlich eine bedeutendere Rolle. Wir sollten aber nicht den Fehler machen, die Schuld für die Misere bei allen anderen suchen, nur nicht bei uns. Wir müssen fragen, was unser Anteil an der Problemlösung sein kann. Wir tun uns selbst und unseren Schülern etwas Gutes, wenn wir die PISA-Ergebnisse als Chance sehen. Die Probleme sind lösbar, wenn es uns gelingt, die richtigen Konsequenzen zu ziehen. Es gibt eine ganze Reihe von positiven Beispielen dafür, wie Lehrerinnen und Lehrer die Lesekompetenz und in der Folge die Fachkompetenz ihrer Schülerinnen und Schüler auf breiter Basis verbessert haben. Sie mussten dazu keinen höheren Aufwand in der Unterrichtsplanung betreiben. Sie haben ihre Vorbereitung und ihre Unterrichtsführung der Erkenntnislage angepasst. Jeder Fortschritt in der Lesekompetenz unserer Schüler optimiert die Unterrichtsqualität und minimiert die übrigen Probleme. Auch aus Gründen höherer beruflicher Zufriedenheit sollten wir der Lesekompetenz unsere volle Aufmerksamkeit schenken.

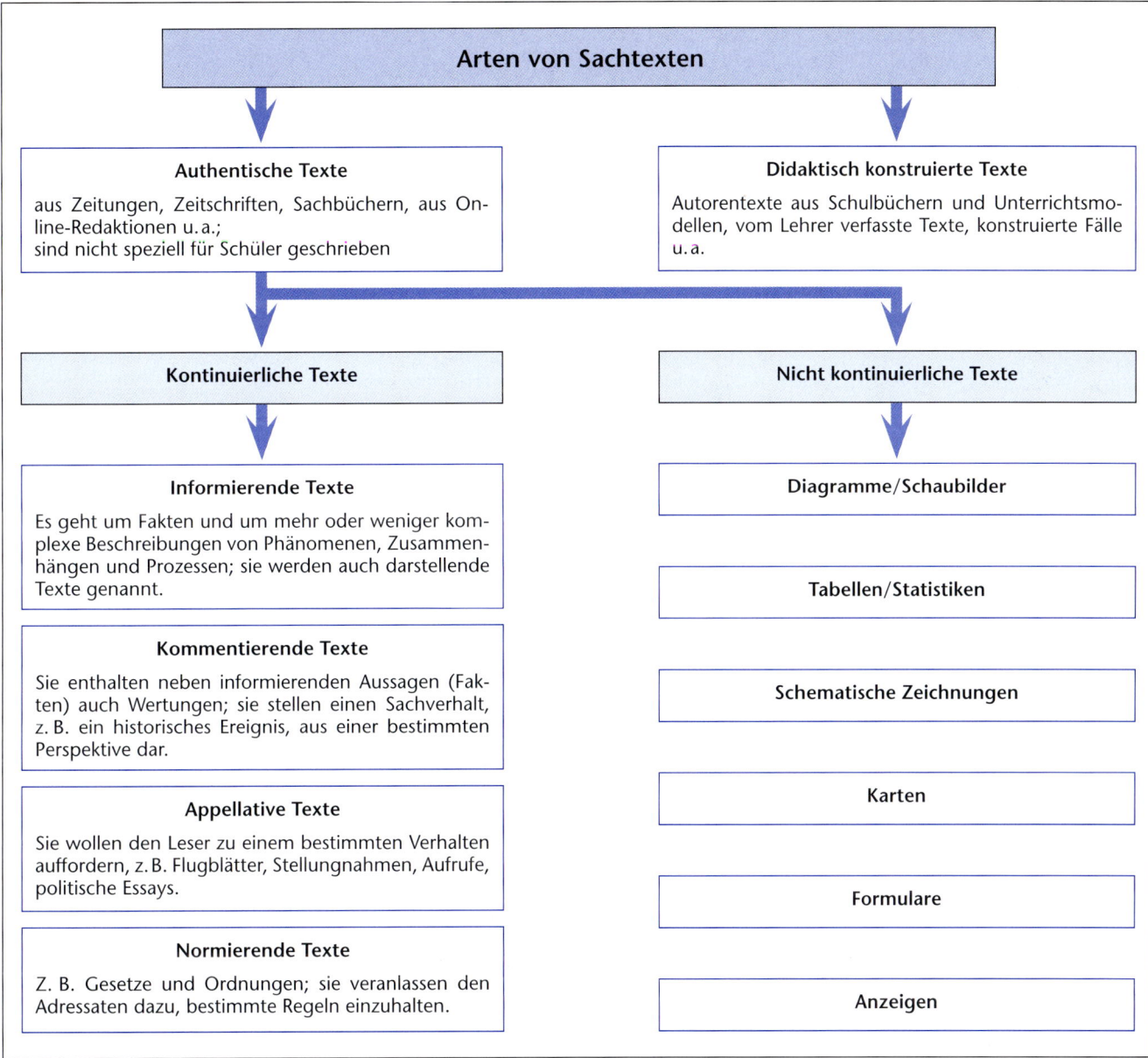

In den PISA-Testaufgaben gab es nur authentische Texte, keine didaktisch konstruierten Texte. 62 Prozent davon waren kontinuierliche und 38 Prozent nicht kontinuierliche Texte. Bei den kontinuierlichen Texten bildeten die Informationstexte wiederum einen Schwerpunkt. Literarische bzw. fiktive Texte in Form von Erzählungen wurden auch vorgelegt. Mit 13 Prozent war ihr Anteil allerdings gering. Hypertexte wurden nicht erfasst. Man versteht darunter Texte, die man sich in den Websites und Homepages des Internet mithilfe von Links selbst zusammenstellt. Da hier die Textsorten nur schwer zu identifizieren sind, stellen sie die höchsten Anforderungen an die Lesekompetenz.

Häufige Planungsfehler in Sachen Lesekompetenz

Großer Zeitaufwand in der Unterrichtsvorbereitung ...

Viele Lehrerinnen und Lehrer geben an, dass sie sehr viel Zeit in der Unterrichtsvorbereitung für die Suche nach dem geeigneten Arbeitsmaterial und dessen didaktische Aufbereitung aufbringen. Dabei nimmt die Suche nach den geeigneten Sachtexten einen besonders breiten Raum ein. Oft werden die vorhandenen Texte in den angeschafften Schulbüchern nicht eingesetzt, weil sie entweder unpassend zu sein scheinen oder weil sie zu leicht oder zu schwer, zu kurz oder zu lang sind. Man begibt sich dann auf die Suche nach Alternativen, blättert in anderen Büchern, fertigt Kopien an, studiert Artikel aus Zeitungen und Zeitschriften, verbringt viel Zeit vor dem Computer, um Textmaterialien im Internet zu suchen, abzuspeichern und zu bearbeiten. Referendare schreiben sogar häufig die Sachtexte für ihre Schüler selbst. Sie können so am ehesten garantieren, dass genau das in diesem Text steht, was ihre Schüler zum Thema lernen sollen und was – und das scheint besonders wichtig zu sein – in das Zeitmaß der Einzelstunde passt. Viel Vorbereitungszeit wird dann noch auf die Formulierung inhaltsbezogener Arbeitsanweisungen verwendet. In guter Absicht wollen die Lehrer durch Formulierung zahlreicher Detailfragen zum Text erreichen, dass ihre Schüler möglichst mühelos und mit eingebauter Erfolgsgarantie zum gewünschten Erarbeitungsergebnis geführt werden. In den von Referendaren verfassten Arbeitsblättern nehmen die Arbeitsanweisungen oft einen größeren Raum auf dem Blatt ein als der Text, der zur Bearbeitung ansteht. Das alles kostet sehr viel Vorbereitungszeit, die einem Lehrer mit vollem Stundendeputat aber gar nicht zur Verfügung steht.

... mit geringen Bildungseffekten in der Praxis

Oft steht diesem erheblichen Arbeitsaufwand in der Vorbereitung ein geringer Erfolg in der Praxis gegenüber. Lehrer, die so planen, werden zu Referenten ihrer Schüler. Diese müssen sich nämlich den Mühen der selbstständigen Textentschlüsselung kaum noch unterziehen. Ihr Referent hat im Vorfeld vieles für sie erledigt, was sie eigentlich selbst leisten müssten, um kompetent mit Texten umgehen zu können. Da sie nicht gefordert werden, strengen sie sich nicht an. So vergessen sie den Informationsgehalt der dargebotenen Texte sehr schnell wieder. Weitere Folgen sind Überforderung des Lehrers bei gleichzeitiger Unterforderung der Schüler. Es kommt zu Stresssymptomen, die durch eine möglicherweise lehrerzentrierte Unterrichtsführung noch gesteigert wird. Bei vielen führt die Enttäuschung im Laufe der Zeit dazu, dass sie ihre eigenen Ansprüche an das fachliche Niveau im Unterricht immer weiter zurückschrauben. „Ich würde ja gerne anspruchsvolle Texte mit meinen Schülern lesen, aber ..." Mangelnde Lesekompetenz kann auch das Ergebnis einer sich selbst erfüllenden Prophezeiung sein.

Weil unsere Schüler weder lesen können, noch wollen, muten wir ihnen keine anspruchsvollen Leseaufgaben zu. Weil wir ihnen keine anspruchsvollen Leseaufgaben zumuten, können und wollen sie nicht lesen.

Natürlich ist eine didaktische Bearbeitung der einzusetzenden Texte in der Unterrichtsvorbereitung wichtig und sinnvoll. Es geht allerdings darum, das rechte Maß zu finden und die Hilfen nicht zu übertreiben. Man findet es, indem man immer fragt, ob die vorbereiteten Hilfen zur Texterschließung den Schülern auf dem Weg zur Selbstständigkeit helfen oder ob sie ihre Selbstständigkeit verhindern. Wer seinen Unterricht so vorbereitet, dass der Stoff möglichst reibungslos in die Gehirne der Schüler wandern soll, bewirkt gerade wegen dieser Leichtigkeit das Gegenteil. Lesekompetenz kann nur als Ergebnis eines Arbeitsprozesses erzielt werden, der vom Lernenden Leistung und Anstrengung verlangt. Wir werden die Lesekompetenz nicht verbessern können, wenn wir den Schülern alle Schwierigkeiten aus dem Weg räumen. Es ist wie in einer Bergsteigerschule: Die Lehrer dort ebnen die Berge nicht ein, damit ihre Schüler beim Klettern keine Probleme haben. Sie lassen sie auch nicht allein losklettern. Vielmehr geben sie ihnen das Rüstzeug mit, das ihnen hilft, immer höhere und schwierigere Berge selbstständig zu besteigen. Wenn dann trotzdem einer abzustürzen droht, spannen sie ein Auffangnetz.

Zehn Praxisfehler, die kontraproduktiv für den Aufbau von Lesekompetenz sind:

1. Weil man als Lehrer von einer unzureichenden Lesekompetenz der Schüler ausgeht, sucht man (oft mit erheblichem Zeitaufwand) möglichst einfache Texte zur Bearbeitung aus, deren Verständnis den Schülern keinerlei Schwierigkeiten bereiten darf. Kompetenzentwicklung kann so nicht stattfinden.

2. Authentische Fachtexte werden inhaltlich und didaktisch so bearbeitet, dass alle Schwierigkeiten daraus eliminiert werden.

3. Es ist ein Fehler, guten Unterricht als einen Prozess anzusehen, in dem alles möglichst reibungslos klappt, weil es dabei weniger auf das Lernen als auf das Funktionieren ankommt. Texte, bei denen mit Verständnisschwierigkeiten gerechnet wird, gelten als hinderlich für diesen Unterrichtsverlauf und werden daher nicht eingesetzt.

4. Ein großer Teil der Zeit für die Unterrichtsvorbereitung wird darauf verwendet, in der Fülle der Textangebote nach dem einen Text zu suchen, der passgenau für die eigene Lerngruppe zu sein scheint.

5. Weil Textarbeit als eher strapaziös und schwierig empfunden wird, werden diese Phasen gerne übergangen oder sehr kurz gehalten. Junge Lehrer gehen besonders gerne schnell zur Anwendung im Rollenspiel oder zur Diskussion in Gruppen über, weil diese Phasen ihnen spektakulärer und spaßbetonter erscheinen.

6. Vielfach gelingt es nicht, Schülerinnen und Schüler zum interessierten Lesen von Sachtexten zu motivieren. Das Lesen theoretischer Texte wird einseitig als schwere und eher schweißtreibende Arbeit gesehen, die man den Kindern und Jugendlichen nicht zumuten will.

7. Manche Lehrer sehen die Vermittlung von Lesekompetenz einseitig als Aufgabe des Deutschunterrichtes. Dabei sind es gerade die in einer Fachsprache verfassten Texte, welche die Schüler vor oft unüberwindbare Entschlüsselungsprobleme stellen.

8. Manche Lehrer glauben immer noch, der fehlenden Kompetenz ihrer Schüler mit einer lehrerzentrierten Vorgehensweise begegnen zu müssen. Sie lassen das Textmaterial eher schlecht als recht vorlesen, stellen dann Fragen dazu und erhöhen so Tag für Tag die Unlust, sich mit Texten beschäftigen zu wollen.

9. Sachtexte werden zu oft nur auf der rein stofflichen Ebene erarbeitet. Das Ziel besteht darin, ein mehr oder weniger isoliertes Wissen zu erwerben, das später in einem Test abgefragt werden kann. Es fehlt an Kompetenzorientierung. Daher bleibt auch der Stoff nicht lange im Gedächtnis. Herkömmliche Textarbeit wird zu einer Belastung für die sich bemühenden Lehrer, wenn sie im Unterrichtsalltag spüren, dass ihr großer Aufwand wenig Wirkung zeigt.

10. Kontraproduktiv für den Aufbau von Lesekompetenz ist der 45-Minuten-Takt des Unterrichtes. Leicht sieht man sich dazu gezwungen, nur kurze Sachtexte zur Bearbeitung auszusuchen, die in einer Einzelstunde zu bewältigen sind.

4.2 PISA-Daten als Grundlage zur Förderung der Lesekompetenz

Auf den folgenden Seiten soll es darum gehen, wie wir aus wichtigen Daten aus der PISA-Studie Hinweise und konzeptionelle Überlegungen für eine Optimierung der Unterrichtsplanung und -durchführung in puncto Lesekompetenz ableiten können.

Der Begriff der „Reading Literacy", welcher der PISA-Untersuchung zugrunde liegt, kann mit „Cleverness im Umgang mit Texten" übersetzt werden. Es geht dabei nur begrenzt um Wissen und um viel mehr als nur um das Lesen. Das Können steht im Vordergrund. Stoffliches Wissen allein genügt nicht. Viel wichtiger ist die Kompetenz, sich über die jeweils aktuellen Wissensbestände immer wieder neu informieren zu können.

Wer über Lesekompetenz verfügt, muss

- Informationen aus unterschiedlichen Texten ermitteln,
- Texte interpretieren,
- Texte reflektieren und bewerten können.

Wer über Lesekompetenz verfügt, kann Texte unterschiedlicher Art verstehen, verarbeiten und zu seinem persönlichen Vorteil nutzen. Lesekompetenz ist als Basiskompetenz eine Voraussetzung für eine gute Fach- und Allgemeinbildung. Sie ist unabhängig von einem bestimmten Inhalt. Wer über sie verfügt, kann einen Text über den Bau der Pyramiden im alten Ägypten ebenso gut bearbeiten und verwerten wie einen Text über Gentechnologie. Kinder und Jugendliche erwerben diese Kompetenz Schritt für Schritt im Laufe ihrer Entwicklungs- und Schulzeit. Es ist nie zu spät, damit anzufangen, und man hört eigentlich nie mit dem Kompetenzerwerb auf. Wie andere Fähigkeiten auch, ist sie eine Kompetenz, die gepflegt und immer weiter vervollkommnet werden muss.

Einzelne Ergebnisse zur Lesekompetenz aus PISA 2000 und 2003

- 9,6 Prozent der 15-jährigen Schüler in Deutschland erreichen nicht die Kompetenzstufe I.
- Weitere 13 Prozent erreichen nur die Kompetenzstufe I.
- Damit kann fast ein Viertel der Jugendlichen nur auf elementarem Niveau lesen. Im Durchschnitt liegt dieser Wert in den untersuchten Staaten bei 18 Prozent.
- Überproportional zur Risikogruppe gehören Jugendliche mit Migrationshintergrund. Diejenigen von ihnen, die bereits in Deutschland geboren und zur Schule gegangen sind, kommen zu schlechteren Ergebnissen als diejenigen, die erst nach ihrer Geburt nach Deutschland kamen.
- Im oberen Leistungsbereich werden in Deutschland durchschnittliche Ergebnisse erzielt.
- Neun Prozent der Schüler sind gute Leser und erreichen die Kompetenzstufe V.
- Zwischen der Untersuchung 2000 und 2003 gibt es in Deutschland in der Gesamtbewertung der untersuchten Leistungen eine leichte Verbesserung. In puncto Lesekompetenz zeigen sich keine signifikanten Veränderungen.

- 42 Prozent der befragten Jugendlichen geben an, nicht gerne zu lesen.
- Gut ein Drittel aller 15-jährigen Schüler vergisst gelesene Sachtexte vollständig.
- Mädchen lesen deutlich lieber und besser als Jungen.
- In der PISA-E-Untersuchung, veröffentlicht 2005 (E für Erweiterung) zeigen sich innerhalb Deutschlands deutliche Unterschiede zwischen den Bundesländern. Bayern (518), Baden-Württemberg (507) und Sachsen (504) liegen über dem OECD-Durchschnitt (494 Punkte 2003).
- Im Unterschied zu PISA zeigt die IGLU-Studie (Internationale Grundschul-Leseuntersuchung), dass die Schüler am Ende der vierten Klasse im internationalen Vergleich mithalten können. Der Abstieg geschieht im Prozess des Durchlaufens der Sekundarstufe 1.

Die Unterschiede im Länder-Ranking national und international und der Unterschied zwischen PISA und IGLU machen deutlich, dass schlechte Lesekompetenz nicht naturgegeben ist.

Die Progression im Unterricht von Kompetenzstufe I bis V

Im Einzelnen unterscheidet PISA bezüglich der Lesekompetenz zwischen fünf aufeinander aufbauenden Kompetenzstufen. Sie umfassen immer die drei Ebenen: Informationen ermitteln, verstehen und bewerten. In ihrem Originalwortlaut sind sie höchst kompliziert formuliert und nur schwer eindeutig voneinander abzugrenzen. Ich habe sie in Form von Handlungsanweisungen für die Unterrichtsplanung umformuliert. So können sie uns in zweierlei Hinsicht als Planungshilfe dienen:

a) für den Prozess der Leseerziehung zwischen Klassenstufe 5 und 10,
b) für eine ansteigende Progression im Laufe eines Schuljahres.

Zum professionellen Umgang mit den Anforderungen der Kompetenzstufen gehört, dass wir uns von Zeit zu Zeit vergewissern, auf welcher Stufe sich unsere Schülerinnen und Schüler aktuell befinden.

Kompetenzstufe I Einfache Texte mit Hilfe verstehen	Wir beginnen mit einfachen Informationstexten und inhaltsbezogenen Fragestellungen (vom Lehrer formuliert und/oder aus dem Lehrwerk übernommen). Die Schüler entnehmen dann einem Informationstext (zum Beispiel einer Gegenstands- oder Vorgangsbeschreibung) mithilfe dieser Arbeitsanweisungen bestimmte Informationen. Sie fassen verschiedene Informationen zusammen und können sagen, welche Rolle diese Kenntnisse im Leben spielen.
Kompetenzstufe II Einfache Texte weitgehend ohne Hilfe verstehen	Weil die Schüler auf Stufe I mehrfach geübt haben, können sie nun ohne größere Hilfe des Lehrers einfache Sachtexte mit ähnlicher Thematik zusammenfassend wiedergeben. Sie entwickeln relativ selbstständig ein grobes Textverständnis und können über die Bedeutung der so gewonnenen Informationen im Unterricht miteinander sprechen. Einen Text von einer oder zwei bedruckten Seiten Länge können sie nun schon in Form einer Hausaufgabe selbstständig bearbeiten.
Kompetenzstufe III Verstehen mittelschwerer Texte	In einem Text mit abstrakterem Inhalt (zum Beispiel in Form eines Kommentars zu einem Ereignis) können die Schüler zwischen Sachaussagen und wertenden Aussagen unterscheiden. Sie entwickeln ein relativ genaues Textverständnis und sind in der Lage, den Text in weitgehend freier Rede mit eigenen Worten wiederzugeben. Zwischen einem Text und einem dazugehörenden Schaubild oder einem anderen nicht kontinuierlichen Text können sie eine sprachliche Verbindung herstellen. Die Lehrerhilfen beziehen sich vor allem auf Hinweise zum erwarteten Umfang und zur Form der schriftlichen Bearbeitung sowie zur Art der Präsentation des Gelesenen.
Kompetenzstufe IV Verstehen komplexer Texte	Die Schüler können einen relativ langen bzw. komplizierten Sachtext weitgehend selbstständig erarbeiten (z. B. eine politische Rede, einen Artikel, einen Essay aus einer Zeitschrift, einen längeren darstellenden Text aus dem Geschichtsbuch). Dabei greifen sie auf die bisher erworbenen Kompetenzen zurück. Die Hilfen des Lehrers beziehen sich nur noch auf die Formulierung der Zielerwartung und die Form der erwarteten Präsentation. Die Schüler sind in der Lage, die Präsentationsaufgaben klug auf ein Team von Präsentierenden zu verteilen.
Kompetenzstufe V Detailliertes Verstehen komplexer Texte	Die Schüler erhalten oder suchen sich einen Text in Form einer Ganzschrift aus. Das kann ein Arbeitsheft der Bundeszentrale für gesundheitliche Aufklärung oder für politische Bildung sein oder eine Fachzeitschrift oder ein viele Seiten umfassendes Kapitel in einem Lehrwerk. Sie wenden Textentschlüsselungs- und Interpretationsstrategien ihrer eigenen Wahl an (Mindmapping, Tabellen, PowerPoint u. a.). Sie bereiten eine Präsentation selbstständig vor und geben darin wichtige Textaussagen nuanciert und detailliert wieder. Sie bewerten den Text kriterienorientiert im Hinblick auf Stil, Form und Inhalt. Die Hilfen des Lehrers beziehen sich weitgehend auf die Organisation des Unterrichtsablaufs sowie auf die des Ratgebers bei unerwartet auftretenden Schwierigkeiten. Das Durchlaufen der Kompetenzstufen I bis V sollte bis zum Ende der Sekundarstufe I zu einem Abschluss geführt werden. In der Oberstufe des Gymnasiums wird Kompetenzstufe V auf ansteigendem Textniveau weiterentwickelt.

Welche Einflussfaktoren für das Lesen sind in der Unterrichtsplanung zu berücksichtigen?

Für den Einsatz von Sachtexten im Unterricht sind für den Lehrer die in den Kommentaren zur PISA-Studie genannten Einflussfaktoren noch bedeutsamer als die statistischen Daten. Aus ihnen lässt sich ein Grundmuster für die Unterrichtsplanung ableiten. Die zehn Einflussfaktoren, die im Folgenden genannt werden, sind allesamt für die Entwicklung von Lesekompetenz bedeutsam, und zwar in der Abfolge, wie sie hier genannt werden. Wie können wir sie uns zunutze machen?

1. Das kognitive Leistungsvermögen

Es wird gerne als eine Lernvoraussetzung angesehen, die wir als Lehrer nicht beeinflussen können. Wir sollten aber nicht verkennen, dass es sich um eine variable Größe handelt. Wir können das Leistungsvermögen steigern, indem wir die Lust auf Leistung wecken und das Gehirn unserer Schüler stimulieren. Wenn wir es schaffen, dem Schüler die Bedeutung des Lesens bzw. des kompetenten Umgangs mit Texten für sein persönliches Leben bewusstzumachen, haben wir bereits eine wichtige Hürde genommen. In den Klassen 5 und 6 kann das spielerisch geschehen, z. B. indem man seine Schüler zu Texterforschern, Wissenschaftlern oder zu Detektiven macht. Texte werden dann als „geheime Dokumente" angesehen, die auf klügste Art und Weise zu enträtseln sind. Kinder finden diese Art von Leistungsstimulation in den meisten Fällen toll und sind bereit, sich anzustrengen.

Ältere Schüler steigern ihre Leistungsbereitschaft, wenn ihnen klar wird, wie bedeutsam das Lesen für ihr eigenes Leben ist. Man kann mit ihnen auch über die PISA-Ergebnisse sprechen, aber nicht, indem man ihnen vorhält, wie dumm sie sind, sondern indem man ihnen Lust macht, gemeinsam mit dem Lehrer auf die vorderen Plätze vorzurücken. Packen Sie Ihre Schüler, wie in einem sportlichen Wettkampf: „Die PISA-Siegertreppe muss unser Ziel sein!" Man steigert sein Leistungsvermögen durch Leistungsbereitschaft. Diese wiederum entsteht, wenn man sich davon Vorteile verspricht.

Erklären Sie Ihren Schülern auch, dass die Verbesserung der Lesekompetenz eines Ihrer wichtigsten Unterrichtsziele ist. Wenn Schüler sich steigern sollen, müssen sie wissen, welche Art von Leistungssteigerung von ihnen erwartet wird.

2. Vorwissen

Die Gehirnforschung lehrt uns, dass neues Wissen nur dann eine Chance hat, nachhaltig gespeichert zu werden, wenn es in die bestehenden Wissensbestände eingeordnet wird. Nahezu jeder Sachtext setzt Vorwissen voraus, weil der Text nicht alles neu klären kann. Ein Text über die Aufgaben des Europäischen Parlaments setzt voraus, dass man etwas über das vereinte Europa weiß, und einen Text über Halogene kann man nur verstehen, wenn man die unterschiedlichen Aggregatzustände von Stoffen kennt. Die Schülerinnen und Schüler müssen die Chance haben, ihr Vorwissen artikulieren bzw. „hervorkramen" zu können. Es existiert bei fast allen Themen, die im Unterricht behandelt werden. Wenn nicht, kann man in der Planung überlegen, wo die Verbindung vom zu behandelnden Text zu den Vorkenntnissen liegen könnte. Aus dem Vorwissen entsteht die Lust, mehr zu wissen. Umgekehrt: Wer gar nichts weiß, will auch nichts Neues erfahren. Ein wichtiger Schlüssel zur Bereitstellung von Vorwissen im Unterricht ist der souveräne Umgang mit der Brainstormingmethode.

3. Interesse

Aus Texten, die man interessenlos liest, kann man nichts lernen. Wir müssen versuchen, jeden neuen Text für die Schüler so spannend wie möglich zu machen. Dieses Interesse kann aus dem Vorwissen heraus entwickelt werden. Nehmen wir an, unsere Schüler konnten sagen, was sie bereits über den Aufbau von Blüten oder über Solarkraftwerke oder über die Ritter im Mittelalter wissen oder glauben zu wissen. Nun kann man fragen: Was möchtest du gerne aus einem Text erfahren, der von diesem Thema handelt? Welche Erwartungen hast du an einen solchen Text? Auf welche Fragen möchtest du Antworten haben? Nie lernt ein Mensch motivierter, als wenn er die Chance erhält, auf seine selbst formulierten Fragen nach Antworten zu suchen.

4. Emotionen

Prinzipiell geht es uns Lehrern im Umgang mit Texten nicht anders als den Schülern: Es macht einen grundlegenden Unterschied, ob man uns sagt: „Lesen Sie bitte diesen Text bis zur nächsten Woche" oder ob es heißt: „Lesen Sie bitte diesen Text bis nächste Woche und stellen Sie ihn den Kolleginnen und Kollegen auf unserer gemeinsamen Dienstbesprechung am Zweiundzwanzigsten vor. Versuchen Sie bitte, das Kollegium von der Bedeutung der Informationen in diesem Text zu überzeugen!"

Nun kommen die Emotionen ins Spiel und wenn das der Fall ist, explodiert das Lernen. Die Chance der emotionalen Beteiligung dürfen wir uns nicht entgehen lassen. Sie ist auch möglich, wenn der Text, um den es geht, scheinbar knochentrocken ist. Immer wieder lässt sich beobachten, dass die Schüler Textarbeit viel engagierter und konzentrierter betreiben, wenn sie z. B. die Aufgabe haben, in der Rolle eines Wissenschaftlers ein Publikum über die Bedeutung ihrer Forschungsergebnisse zu informieren, oder wenn in einem arbeitsteiligen Vorgehen die eine Hälfte der Klasse den Auftrag hat, der anderen Hälfte ihren Text möglichst überzeugend nahezubringen.

Szenariotechnik ist keine Spielerei, sondern eine der wirkungsvollsten Anworten der Lernpsychologie auf die Lesekrise. Man kann die Schüler dazu auffordern, einen Text über die Bedeutung der Rechtsordnung zu lesen und die Ergebnisse vor der Klasse vorzutragen. Wenn Sie sich gemeinsam vorstellen, dass dieser Vortrag in einem Assessmentcenter stattfindet, in dem es um die Besetzung eines Ausbildungsplatzes geht, wird die Lernarbeit ungleich intensiver und leistet gleichzeitig einen wichtigen Beitrag zur Vorbereitung auf die Zukunft.

5. Verstehensstrategien

Zum verstehenden Lesen anspruchsvoller Sachtexte gehört, dass man in der Lage ist, wirksame Entschlüsselungstechniken anzuwenden. Exerzieren, Visualisieren, Mindmapping, Gliederungs- und Texteinsammelmethoden sind nur einige davon. Verstehensstrategien bilden den Kern einer effizienten Leseförderung. Sie sind das Instrumentarium, das unseren Schülern weitgehend fehlt. Sie sind auch unsere Chance, denn man lernt sie nur bei uns in der Schule, nicht im häuslichen Umfeld. In einem routinierten Umgang mit unterschiedlichen Verstehensstrategien liegt der Schlüssel für effizientes Unterrichten und für eine zeitökonomische Unterrichtsplanung. Sie bieten besonders den schwachen Lesern eine Chance und damit all denen, die in einem leseunwilligen Umfeld aufwachsen. Ihre Vermittlung ist an kein Fach gebunden und eigentlich sollte kein Fach, in dem Texte eine Rolle spielen, auf sie verzichten. Sie sind im Übrigen bloßes Handwerk, keine Kunst.

6. Visualisierung

Die Schriftsprache ist ein abstraktes Zeichensystem, das in Bilder übersetzt werden muss, um in das Bewusstsein von Kindern und Jugendlichen zu gelangen. Die Visualisierung von Texten bzw. der Ergebnisse ihrer Bearbeitung wird auch deshalb immer wichtiger, weil unsere Welt eine Bilderwelt geworden ist und weil unsere Schüler allesamt besser lernen, wenn sie den Lernprozess und das Lernergebnis anschaulich vor Augen haben. Wer z. B. in der Lage ist, die Ergebnisse seiner Textbearbeitung in Form einer Mindmap zu visualisieren, wird das Bild dieser Mindmap im Kopf behalten. Wenn er das Gelesene memoriert, wird er vor seinem geistigen Auge sehen, dass die Merkmale, die Ursachen, die Folgen, die Vorteile oder die Probleme seines mithilfe des Textes bearbeiteten Themas entweder oben links oder unten rechts oder sonst irgendwo in der Visualisierung angeordnet sind. Wochen später kann ein kurzer Blick auf eine Mindmap dazu führen, dass ein bis dahin vergessener Text aus den Tiefen des Gehirns wieder ins aktive Wissen zurückbeordert wird. Die Visualisierungen der verschiedensten Art sind wie Chips im Gehirn, auf denen wichtige Informationen abgespeichert werden.

7. Präsentation

Der Begriff der „Reading Literacy" impliziert die Anwendung des Gelesenen in einem möglichst lebensnahen Zusammenhang. Informationsaufnahme muss zu deren Anwendung führen, damit sie eine Chance hat, ins Langzeitgedächtnis eingelagert zu werden. Texterarbeitung sollte immer in eine Phase der Präsentation münden, weil die Schüler vor allem dann lernen, wenn sie kontextbezogen sprechen. Auch die Zuhörer können lernen, wenn sie die Präsentation anderer Schüler mit dem vergleichen, was sie selbst über den Text herausgefunden haben. Schülerpräsentationen über gelesene Texte bilden einen Höhepunkt im Prozess der Kompetenzentwicklung. Wie jeder Lehrer, der auf einer Konferenz das Wort ergreift, sich vor allem seines eigenen Beitrages langfristig erinnern wird, so werden vor allem diejenigen Schüler von der Leseleistung profitieren, welche die Chance erhalten, selbst zu präsentieren. Deshalb sollten stets so viele Schüler wie möglich in die Ergebnispräsentation eingebunden werden. Hier ist auch der Ort, an dem die Schüler einzelne Passagen des bearbeiteten Textes wirkungsvoll vorlesen können, denn Vorlesen ist eher eine Endqualifikation als eine Anfangsübung. Es sollte auf Textverständnis beruhen.

8. Erfolg

Nichts ist motivierender als ein Erfolgserlebnis. Wenn Sie den Präsentierenden rückmelden können, wie sehr Sie mit ihren Leistungen zufrieden sind, wenn Sie ihnen dann noch sagen können, dass Sie stolz auf sie sind, wenn die Schüler sich untereinander in ihren positiven Leistungen bestätigen und bestärken, dann ist der Erfolg in puncto Lesekompetenz sehr nahe gerückt. Gemeint ist nicht das stereotype: „Das habt ihr gut gemacht. Die Nächsten bitte!", sondern die individuelle differenzierende Verstärkung. Sie erzeugt Selbstvertrauen und baut Lust auf weiteres Lernen auf. Sie kann durchaus auch Verbesserungsvorschläge enthalten. Gelobte Schüler werden den nächsten Sachtext mit hoher Wahrscheinlichkeit Gewinn bringender lesen. Sie haben erlebt, wie ihre Mühe zum Erfolg geführt hat, und sie genießen das Gefühl, etwas zu können, was sie sich vielleicht selbst gar nicht zugetraut haben.

9. Anschlusskommunikation

Elementar wichtig ist, dass die Schülerinnen und Schüler die Gelegenheit haben, sich mit anderen über das Gelesene auszutauschen. Hier hat man die Möglichkeit, seine persönliche Deutung des Gelesenen in das Unterrichtsgespräch einzubringen. Mit individuellen Beiträgen können bestimmte Informationen als besonders bedeutsam oder weniger bedeutsam herausgestellt werden. Je nach Text werden Übereinstimmungen akzentuiert oder kontroverse Ansichten diskutiert. In einer gelungenen Anschlusskommunikation stellen die Schüler die Verbindung zwischen ihrer eigenen Sicht auf die Wirklichkeit und den dazu neu erworbenen Informationen her. Sie ist eine Fähigkeit, die trainiert werden muss und für die der Lehrende Moderationskompetenzen benötigt.

10. Überprüfung

Wenn das Textverständnis immer nur kurz nach erfolgtem Lesen überprüft wird, wird der Schüler darauf trainiert, sich die Dinge so lange zu merken, bis die Prüfung vorbei ist. Das scheint leider vielfach im Unterricht der Normalfall zu sein. Wichtig wäre es aber, dass im Unterricht behandelte Fragestellungen auch nach längeren Zeiträumen wieder aufgegriffen werden. Hier muss nicht mehr Wert darauf gelegt werden, dass alle Details der gelesenen Texte noch vorhanden sind. Kein Gehirn kann und darf alles speichern, was wir in Texten erfahren. In dem, was langfristig bleibt, steckt die Relevanz für die Bildung. Es gilt, diese Essenz des Gelernten nach langen Abständen erneut ins Bewusstsein zu rücken. Wichtig ist, dass wir frühzeitig Termine einplanen, an denen wir wichtige Unterrichtsinhalte viel später im Schuljahr wieder aufgreifen werden. Das Prinzip der langfristigen Überprüfung macht die Bildungsstandards und die möglichen Abschlussprüfungen pädagogisch besonders sinnvoll.

Eine Lernschleife zur Lesekompetenz

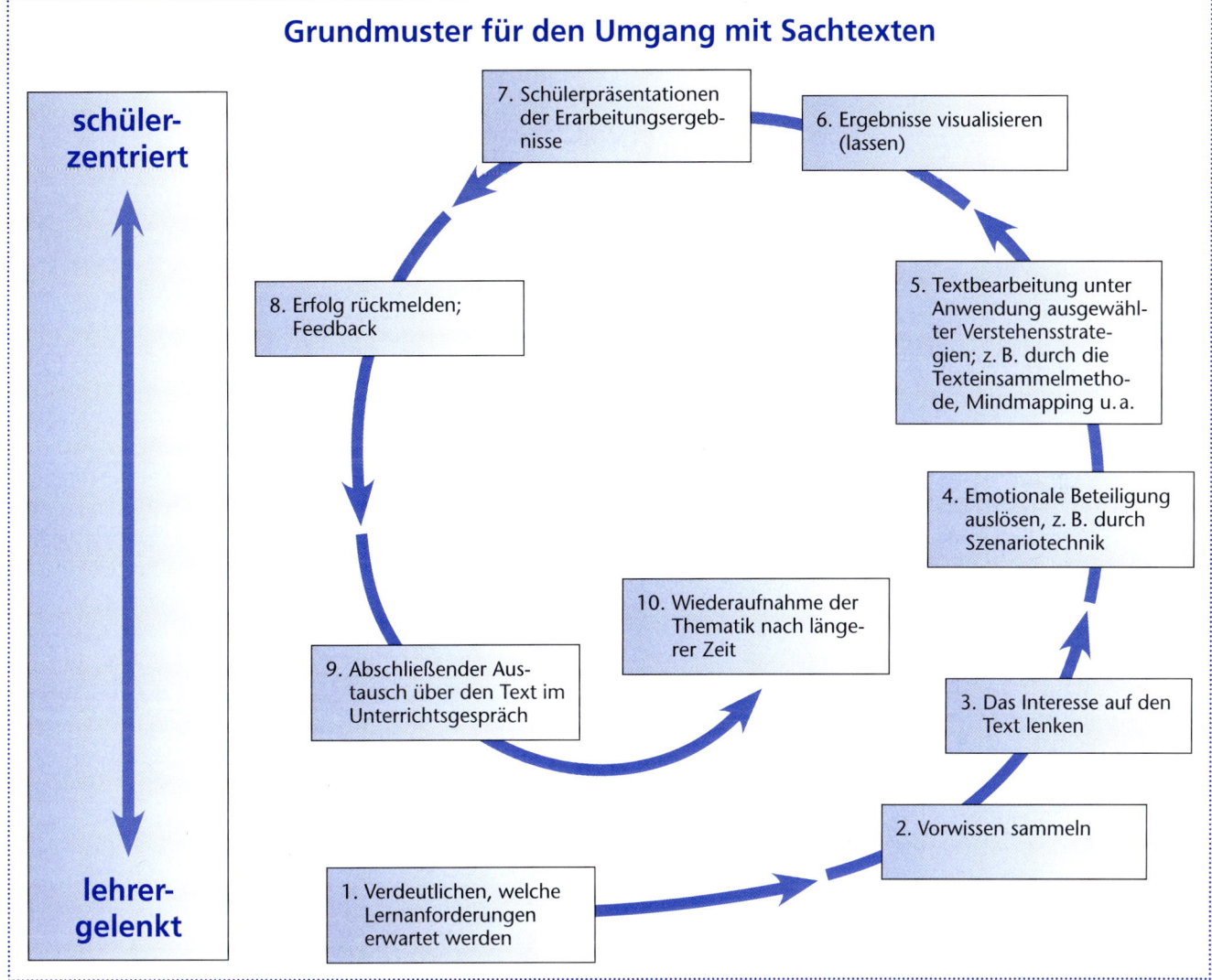

Grundmuster für den Umgang mit Sachtexten

schüler-zentriert

lehrer-gelenkt

7. Schülerpräsentationen der Erarbeitungsergebnisse

6. Ergebnisse visualisieren (lassen)

8. Erfolg rückmelden; Feedback

5. Textbearbeitung unter Anwendung ausgewählter Verstehensstrategien; z. B. durch die Texteinsammelmethode, Mindmapping u. a.

4. Emotionale Beteiligung auslösen, z. B. durch Szenariotechnik

10. Wiederaufnahme der Thematik nach längerer Zeit

9. Abschließender Austausch über den Text im Unterrichtsgespräch

3. Das Interesse auf den Text lenken

2. Vorwissen sammeln

1. Verdeutlichen, welche Lernanforderungen erwartet werden

Aus den dargestellten Einflussfaktoren zur Förderung der Lesekompetenz lässt sich ein Grundmuster für den Unterricht in Form eine Lernschleife ableiten. Die Schleife bewegt sich zwischen Phasen, die stärker vom Lehrer gesteuert werden, und Phasen, in denen die Schüler weitgehend eigenverantwortlich an den Texten arbeiten. Sie können diese Lernschleife auf die Behandlung nahezu aller Sachtexte anwenden. Für Texte in Alltagssprache, die jedes normale Kind und jeder Jugendliche problemlos versteht, ist sie nicht geeignet, ebenso wenig für literarische Textformen im Deutschunterricht.

Wenn Sie Ihre Unterrichtsplanung an diesem Modell orientieren, sparen Sie viel Zeit und Aufwand bezüglich der grundsätzlichen Überlegungen zum Texteinsatz. Dabei kann die Lernschleife auch dazu anregen, immer wieder einmal von dem hier vorgegebenen Weg abzuweichen.

Kompetenz- statt Stofforientierung ist wichtig

Kompetenzorientierung ist der Schlüsselbegriff für eine zukunftsorientierte Leseförderung. Informationen ermitteln, interpretieren, reflektieren und bewerten ist etwas, was man können muss. Nur mit diesem „Kompetenzmix" sind unsere Schüler in der Lage, einen fremden Text selbstständig und für sich selbst Gewinn bringend zu bearbeiten. Das ist genau das, was die PISA-Testsituation von den 15-Jährigen verlangt hat. Es wurden ihnen Texte vorgelegt, deren Themenpalette von der Körpersprache der Nashörner bis zu Fragen der Weltraumforschung reichte. Ihr bisher erworbenes Wissen aus den bis dahin bearbeiteten Texten im Unterricht konnte ihnen dabei wenig hilfreich sein. Vielmehr ging es darum, elementare Verstehensstrategien anzuwenden, um sich mit deren Hilfe eigenverantwortlich neues Wissen zu erarbeiten.

Mit der Beziehung zwischen Wissen und Können verhält es sich so wie mit dem Lesen von Kochrezepten und der Fähigkeit zu kochen. Das Wissen über die Rezepte ist wichtig, aber es reicht nicht aus. Man muss kochen können. Wissen ist unverzichtbar, aber es ist nur eine Vorstufe zum Können. Im Alltag ist es schön, Menschen zu begegnen, die viel wissen. Noch schöner ist es, wenn die Menschen aktuell gut informiert sind, weil sie gelernt haben, sich immer wieder neu zu informieren. Aber auch das reicht nicht aus. Bei der Besetzung von Ausbildungsplätzen wird getestet, was unsere Schülerinnen und Schüler können. So wird es auch später noch oft im Leben sein und so gesehen, sind die PISA-Testsituationen äußerst lebensnah.

Wenn unsere Schüler in der Schule im übertragenen Sinne „kochen lernen", sind sie zu ansprechenden Leistungen befähigt. Dazu nur eines von unzähligen Beispielen.

Lehrer, die gelernt haben, die Lesekompetenz nach einem Grundmodell effizient zu fördern, brauchen im Alltag keine lange Vorbereitungszeit, um einen Text wirksam einzusetzen. Sie müssen nicht nach dem einen idealen Text suchen, sondern sie fördern die Kompetenz ihrer Schüler mithilfe der Texte, die ihnen zur Verfügung stehen. Routiniert muss dabei nicht oberflächlich bedeuten, vielmehr gekonnt, geübt und professionell.

Ericson, Piaget und Kohlberg im Original: Zehntklässler präsentieren Leseergebnisse vor Eltern

Positives Beispiel 1

Überaus eindrucksvoll haben Schülerinnen und Schüler einer zehnten Klasse im Wahlpflichtfach Sozialpädagogik an einem Tag der offenen Tür in der Trierer Ludwig-Simon-Realschule Eltern ihre Arbeitsergebnisse zum Thema Entwicklungspsychologie präsentiert. Sie hatten im Unterricht Texte von Piaget, Kohlberg und Ericson im Original gelesen und die Ergebnisse auf Wandzeitungen übertragen. Das ist für 16-Jährige wahrhaftig eine anspruchsvolle Aufgabe. Sehr aufgeregt waren sie bei der Präsentation und sehr stolz auf ihre Leistung und den Applaus, den sie bekamen. Ich war einer der Zuschauer und gleichermaßen begeistert und erstaunt. In meiner Befragung des Lehrers wurde deutlich, wie dieser solch gute Leistungen gefördert hatte: „Ich habe ihnen gesagt: Ihr schafft das! Ich traue euch das zu! Ich bin sicher, dass ich nach der Präsentation stolz auf euch sein werde. Ihr müsst nicht jedes Detail dieser wissenschaftlichen Texte verstehen. Aber ihr werdet mit Sicherheit das Wichtige begreifen, wenn ihr euch anstrengt und nach Plan vorgeht."

Motivation, Vertrauen und Kompetenzförderung waren seine Türöffner für diesen Erfolg.

Ich bin davon überzeugt, dass wir innerhalb eines einzigen Schuljahres auf einen der vorderen Plätze in der internationalen Ranking-Tabelle der PISA-Studie hochrücken können. Die Voraussetzung ist, dass wir umgehend mit der Arbeit beginnen und dass wir unsere Rolle im Lernprozess überdenken.

Positives Beispiel 2

Ein Kollege wird in meinem Beisein gebeten, eine Vertretungsstunde in einer siebten Klasse einer Realschule im Fach Erdkunde zu übernehmen. Er ist selbst Deutsch- und Geschichtslehrer, hätte also fachfremden oder gar keinen Unterricht oder irgendetwas anderes machen können. Einige Wochen zuvor hatte sich die Tsunamikatastrophe in Asien ereignet. In nur wenigen Minuten hat der Kollege einen Text in der Länge einer DIN-A4-Seite über Tsunamis aus dem Internet heruntergeladen. Als geübter Leser braucht er den Text nur kurz zu überfliegen, um festzustellen, dass er sich für den Unterricht mit 13- und 14-Jährigen eignet. Die Textquelle verrät ihm, dass der Text mit hoher Wahrscheinlichkeit seriösen Ansprüchen genügt. Im Überblickslesen stellt er fest, dass der erste Textteil die Ursachen der Entstehung von Tsunamis behandelt und der zweite Teil von den Folgen berichtet, die der Tsunami an Weihnachten 2004 angerichtet hat. Das bringt ihn auf die Idee, den Text in der Mitte zu zerschneiden, um arbeitsteilig vorgehen zu können.

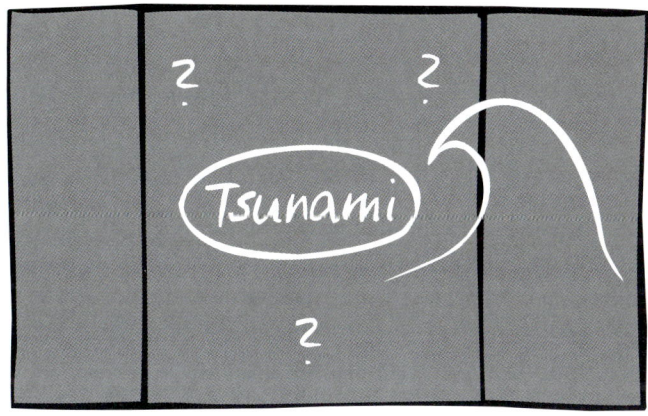

Er beginnt den Unterricht mit einigen persönlichen Sätzen und teilt dann mit, dass er sich gerne mit der Klasse einem überaus aktuellen und wichtigen Thema zuwenden möchte. Dann schreibt er das Wort „Tsunami" groß an die Tafel und zeichnet mit Kreide eine große Welle dazu. Er lädt die Schüler zu einem Brainstorming ein. In den nächsten fünf Minuten sollen sie sich melden und möglichst alles sagen, was sie über dieses Thema wissen. Drei Schüler kommen zur Tafel, um die Antworten kurz zu notieren. Auch der Lehrer macht sich Notizen. Später wird er berichten, welche erstaunlichen Kenntnisse einige aus der Klasse über Tsunamis hatten.

In einem zweiten Schritt fragt er, was die Schüler gerne aus einem Text erfahren möchten, der die Überschrift „Tsunami" trägt. Die Schüler formulieren mehrere Fragen, die der Lehrer ebenfalls notiert. Er teilt nun die Klasse in zwei Hälften ein, wobei jeweils die gleiche Zahl der Schüler Textteil A und B zu lesen hat. Er sagt den Schülern, dass sie ihren Textteil so gründlich lesen sollen, dass sie nach einer Bearbeitungszeit von zehn Minuten

in der Lage sind, ihren Text einem Partner wiederzugeben. Das Gleiche würde dann der Partner mit ihnen machen. Jeweils 14 Schüler fassen nach einer Stillarbeit ihren Teil des Textes mithilfe von notierten Stichwörtern ihrem Partner gegenüber zusammen. Alle Schüler werden über Tsunamis sprechen in dieser einen Unterrichtsstunde. Am Ende tragen noch zwei Schüler in der Rolle von Experten für Tsunamis ihre Zusammenfassung gemeinsam vor. Dann ist die Stunde zu Ende. Sie hätte gerne noch länger dauern dürfen.

Ich behaupte nicht, dass diese Unterrichtsstunde perfekt vorbereitet war, aber sie hat meinem Kollegen Freude gemacht und den Schülern offensichtlich auch. Sie war sinnvoll, weil die Schüler konzentriert an einem Text gearbeitet haben und weil sie die neu gewonnenen Informationen kommunikativ anwenden konnten. Sie war atmosphärisch angenehm, wenn man sie mit so manchen anderen stressigen Vertretungsstunden vergleicht. Den gesamten Vorgang hätte dieser Lehrer auch durchführen können, wenn das Thema die Funktionsweise einer Windkraftanlage gewesen wäre oder die Gefahren, die vom Borkenkäfer für den Wald ausgehen. Warum? Weil er über ein vom jeweiligen Text unabhängiges Lehr- und Lernarrangement verfügt.

Das ist Routine und die gilt es zu trainieren.

Keine Angst vor unbekannten Texten und Themen

Die Vorgehensweise eines Lehrers, der sich mit dem Thema Tsunami spontan in eine andere Fachdisziplin als die seine begeben hat, ohne Experte für Tsunamis zu sein, wird wahrscheinlich bei einigen Kollegen Skepsis auslösen. „Ich kann doch keine Texte bearbeiten, in deren Thematik ich mich selbst nicht zu Hause fühle. Als Lehrer muss ich meinen Schülern immer viele Schritte voraus sein. Wo kommen wir denn hin, wenn die Fachkompetenz des Lehrers keine Rolle mehr spielt?"

Wir sollten für den zukunftsweisenden Unterricht die Vorstellung aufgeben, dass wir Lehrer nur die Inhalte im Unterricht durchnehmen, die wir irgendwann einmal selbst gelernt haben, in denen wir uns absolut sicher fühlen und die die Grenzen unserer studierten Fächer nicht sprengen. Diese Auffassung ist wahrscheinlich einer der Gründe dafür, dass die Schule sich so schwer tut, neue Themen und neue Texte in den Unterricht zu integrieren. Wo der Lehrer sich als die oberste Instanz der Informationsvermittlung definiert, wird er Angst haben müssen, bei Nichtwissen ertappt zu werden. Also wird Neuland nicht betreten. Das wiederum vergrößert die Kluft zwischen den Ansprüchen der Lehrer und den Interessen der Schüler. Sie können mit den Inhalten, die ehemalige Schülergenerationen vielleicht noch spannend fanden, nichts mehr anfangen und sie zeigen uns das, indem sie sich dem Lesen und dem Lernen verweigern.

Ein Schlüssel zur Förderung der Lesekompetenz wird darin liegen, dass wir Texte auswählen, die neu, aktuell und spannend sind und die das Leben der Kinder und Jugendlichen direkt berühren.

Schicksale bedrohter Tiere sind spannend, neue Forschungsergebnisse zum Umweltschutz, Texte, die von Krieg und Frieden handeln, von Freundschaft und Liebe, von Armut und Reichtum, von Fundamentalismus, Terrorismus, Rassenhass, von Fragen gerechter Politik, von der Zukunft der Energieversorgung, vom Weltklima, von Globalisierung, Genfood, Gentechnologie. Bei diesen Themen können wir unsere Schüler packen. Zahlreiche Beispiele belegen es.

Allerdings können wir ihnen nicht mehr in allen stofflichen Details meilenweit voraus sein. Kompetentes Fachwissen bleibt zwar ein wichtiges Qualitätsmerkmal. Es kann aber nur die grundlegenden Kerninhalte der eigenen Fächer umfassen.

Wer Neues thematisiert, ist seinen Schülern oft nur ein wenig voraus. Darin steckt aber kein Defizit, sondern vielmehr eine Chance. Wir werden immer öfter auch zum Mitlerner und dass wir uns sehr wohlfühlen können in dieser Rolle, haben die schnellen Fortschritte im Bereich der Medienerziehung gezeigt. Viele Kolleginnen und Kollegen finden die Arbeit in den Computerräumen auch deshalb so interessant und entlastend, weil es immer wieder Schüler gibt, die in den inhaltlichen Anforderungen geübter sind. Die Kollegen leiden überhaupt nicht darunter, nicht mehr das alleinige Kompetenzmonopol zu haben. Im Gegenteil: Sie genießen es. Auch die Schüler mögen das gemeinsame Lernen und Arbeiten. Endlich einmal einen Lehrer zu haben, der nicht alles besser weiß, der auch einmal staunen kann, weil Schüler einen Wissensvorsprung haben, für den auch einmal eine Frage offenbleibt, das ist aus der Sicht vieler Schüler ein sehr angenehmes Erlebnis.

Als kompetenzorientiert arbeitende Lehrer können wir uns viel stärker als früher auf unsere didaktischen und methodischen Aufgaben konzentrieren. Wir strukturieren und organisieren die Lernprozesse, wir lösen Lernprozesse aus und begleiten sie, wir helfen individuell und wir sind da, wenn Schwierigkeiten auftreten. Bezüglich der Lesekompetenz führen wir die geeigneten Entschlüsselungsstrategien für die Textarbeit ein. Wer so arbeitet, kann seine Schüler gleichzeitig in arbeitsteiliger Vorgehensweise Texte über Tsunamis, über Wirbelstürme und über das Abschmelzen der Pole lesen lassen.

Man schafft es umso besser, je routinierter und professioneller man die passenden Methoden einsetzt und je besser man die unterschiedlichen Methoden zur Förderung der Lesekompetenz miteinander kombiniert. Wenn wir uns die themenunabhängigen Verstehensstrategien für das Lesen besser als bisher zunutze machen, haben wir die Chance, zwei Vorteile einzufangen: Wir können so Unterricht zeitökonomischer vorbereiten und den Unterricht erfolgreicher gestalten.

4.3 Methodenarrangements zur Erarbeitung von Sachtexten

Im Unterricht geht es nie nur um Lesen und um Lesekompetenz „an sich". Das Lesen muss in ein didaktisches und methodisches Gesamtkonzept eingefügt werden, in dem es immer auch um die Bearbeitung konkreter Inhalte geht.

Der Lehrer wählt die jeweils zur Texterarbeitung passende Methode aus und muss dann überlegen, wie er dieses Verfahren mit den übrigen methodischen Schritten zu einem sinnvollen Ganzen zusammenfügen kann.

Dabei spielt auch eine Rolle, wie Phasenübergänge gestaltet werden können.

Ein weiteres Problem ist zu lösen: Lesekompetenz ist nur die eine Ebene der Zielerwartung. In erster Linie geht es im Fachunterricht in der Regel um die inhaltliche Ebene. In einer Chemiestunde über die Eigenschaften der Salze interessiert zunächst einmal diese inhaltliche Frage. In zweiter Linie wird sich der Chemielehrer fragen, wie er seinen Schülern den recht abstrakt und kompliziert formulierten Text im eingeführten Lehrwerk dazu begreifbar machen kann.

Der Planungsprozess erfordert in der Regel einen hohen Aufwand. Er kann erheblich abgekürzt und damit alltagstauglich gemacht werden, wenn Sie sich an vorgegebenen Methodenarrangements orientieren. Mehrere solcher themenunabhängiger Methodenarrangements werden im folgenden Teil vorgestellt.

Die Arrangements beruhen auf Erfahrungen. Sie wurden alle mehrfach und von mehreren Kolleginnen und Kollegen im Unterricht umgesetzt und haben erfolgreichen Unterricht hervorgebracht.

Sie erheben nicht den Anspruch, dass man mit ihnen die außergewöhnlichen kreativen Glanzpunkte setzen kann. Aber sie können Grundlage sein für einen soliden, effizienten und lernintensiven Unterricht in der Alltagssituation, der besonders die Förderung der Lesekompetenz zum Ziel hat.

Alle Methodenarrangements entfalten ihre Bildungswirksamkeit erst, wenn sie mehrfach durchgeführt werden. Entscheiden Sie sich daher in den Einübungsphasen jeweils für eine Textentschlüsselungsstrategie, die Sie dann mehrfach durchführen und so optimieren.

Die Methoden selbst werden in diesem Band nicht ausführlich behandelt. Vgl. hierzu auch: Wolfgang Mattes, Methoden für den Unterricht, Schöningh Verlag, Paderborn 2002.

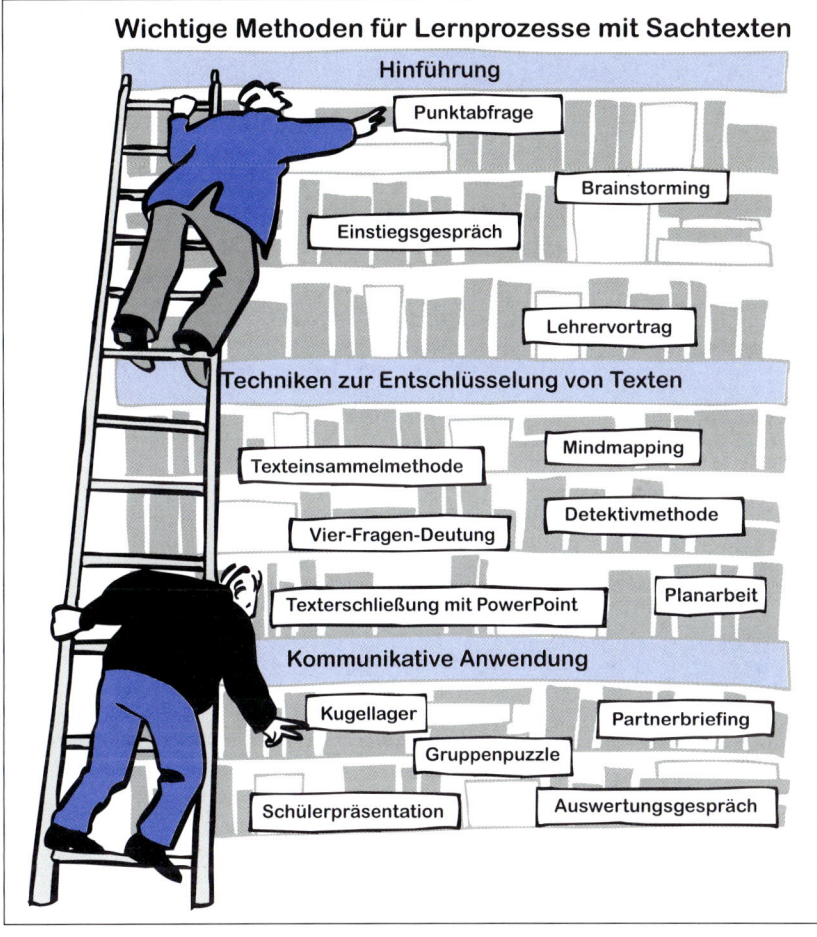

Wichtige Methoden für Lernprozesse mit Sachtexten

Hinführung
- Punktabfrage
- Brainstorming
- Einstiegsgespräch
- Lehrervortrag

Techniken zur Entschlüsselung von Texten
- Texteinsammelmethode
- Mindmapping
- Vier-Fragen-Deutung
- Detektivmethode
- Texterschließung mit PowerPoint
- Planarbeit

Kommunikative Anwendung
- Kugellager
- Partnerbriefing
- Gruppenpuzzle
- Schülerpräsentation
- Auswertungsgespräch

Methodenarrangement 1: Detektivmethode

Kompetenzstufen I bis II – Klassenstufen 4 bis 6

Zur Unterrichtsplanung benötigen Sie:
- ein optisches Material als Einstiegsimpuls (Folie, Foto, Filmausschnitt, Zeitungsschlagzeile u. a.),
- die Methodenkarte „Detektivmethode" (vgl. S. 121),
- einen relativ leicht zu gliedernden Sachtext, der in thematischer Verbindung zum Einstiegsmaterial steht.

Das erste Einüben der Detektivmethode sollte – bezogen auf eine konkrete Thematik – Schritt für Schritt unter Anleitung des Lehrers geschehen. Das wird eine Unterrichtsstunde in Anspruch nehmen. In einer Hausaufgabe können die Schüler die Methodenkarte so zusammenfassen, dass die wichtigsten Merkposten daraus auf ein Lernplakat passen. Der zu behandelnde Text sollte eine überschaubare Anzahl von zu klärenden Begriffen enthalten, damit die Schüler in angemessener Weise gefordert sind.

Hinführung zum Thema

Das Einstiegsgespräch beginnt offen und wird in der Folge mit wenigen Impulsen und Fragen gesteuert. Geht es zum Beispiel um Tiere, Pflanzen, Naturerscheinungen etc., so erzählen die Schüler, was sie darüber wissen und über welche Erfahrungen sie verfügen. In einem zweiten Schritt sollte man die Neugier darauf lenken, was sie noch nicht wissen, aber gerne wissen möchten bzw. wissen sollten: „Was würdet ihr gerne noch über das Leben der Wale, die Farben des Regenbogens etc. erfahren?" Am Ende des Gesprächs wird ein Stundenthema an der Tafel notiert.
Wenn Aufmerksamkeit hergestellt, Aktivität vieler ausgelöst, Vorwissen integriert und die Neugierde auf neues Lernen geweckt ist, hat die Phase ihre Funktion erfüllt.

Tipp:
Wenn man zu Beginn des Einstiegsgesprächs eine Zeitdauer vereinbart, hat man kein Problem, zur nächsten Phase überzuleiten.

Hinführung zur Methode

Im Anschluss an die Formulierung des Unterrichtsthemas kann man den Schülern mitteilen, dass man zur Bearbeitung einen interessanten, aber etwas schwierigen Text ausgewählt hat, der vieles klarmachen wird, was im Einstiegsgespräch nicht geklärt werden konnte.
Es folgt der Hinweis, dass die Schüler nun eine Methode kennen lernen werden, die sie zu Experten für wichtige Texte macht. Der Name „Detektivmethode" wird an der Tafel notiert (evtl. mit einer Handzeichnung des Detektivs und seiner Lupe).

Der Text wird gezeigt, aber noch nicht gelesen. Der Lehrer versetzt die Schüler in die Rolle von Textdetektiven: „Ich bin sicher, ihr werdet wie Detektive auch jede kleinste Einzelheit herausfinden."

Angeregt durch die Überschrift des Textes (z. B. *Leben im Wattenmeer* oder *Was passiert mit dem Müll?*) formulieren die Schüler in Einzel- oder Partnerarbeit ihre persönlichen Fragen, die sie aus dem Text beantwortet haben möchten. („Mindestens drei Fragen sollte jeder von euch finden!")
Diese Phase ist besonders bedeutsam, da es keine höhere Motivation gibt, als auf selbst formulierte Fragen mit Aussicht auf Erfolg nach Antworten suchen zu können.
Die Fragen werden anschließend von zwei bis drei Schülern auf Zuruf an der Tafel notiert.

Das Lesen von Texten und die Entnahme von Informationen ist immer ein individueller Vorgang und sollte individuell geübt werden. Für die folgenden Schritte der Detektivmethode wird daher eine Einzel- bzw. Stillarbeitsphase empfohlen.
Zuvor werden die Schritte 2 bis 5 in Kurzform als Arbeitsanweisungen an der Tafel notiert. Nun benötigen die Schüler ausreichend Zeit zur Bearbeitung. Sie können sich in dieser Phase gezielt einzelnen Schülern zuwenden und z. B. den Schwachen individuelle Hilfe anbieten.
Die Klärung zu Schritt 5 der Methode sollte im Plenum erfolgen. Zur Einübung der Benutzung von Fremdwörterbüchern sollte ein gesonderter Unterricht eingeplant werden (bevorzugt im Deutschunterricht).

Mit ihren schriftlich bearbeiteten Texten können sich die Schüler nun in Partnerarbeit oder in Kleingruppen von drei bis fünf Schülern zusammensetzen und eine mündliche Präsentation ihrer Bearbeitungsergebnisse vorbereiten.

Ein Ergebnisvortrag zu zweit oder in einer Gruppe fällt jüngeren Schülern wesentlich leichter als ein Vortrag allein. Mithilfe der fünf Schritte der Detektivmethode können die nun folgenden Schülerpräsentationen gegliedert werden. Bei Zeitknappheit erfolgen weitere Präsentationen in der Folgestunde.
Bei Schülerpräsentation in den jungen Jahrgangsklassen sollte man Wert darauf legen, dass möglichst viele die Chance zur Präsentation erhalten. Hier können die Präsentierenden auch per Los ausgewählt werden. So kommen nach und nach alle dran. In den Feedbacks zu den einzelnen Präsentationen sollte das Positive besonders herausgestellt werden. Mögliche Feedbackaufträge können sein:
- Was war gut an dieser Präsentation?
- Was kann beim nächsten Mal noch verbessert werden?

Das abschließende Unterrichtsgespräch nimmt wieder Bezug auf die vor der Erarbeitung formulierten Fragen. Dabei wird geklärt, was zum Thema neu gelernt wurde und welche Fragen noch offengeblieben sind. Wichtige Informationen aus dem Text sollten in einem Tafelbild gesichert werden. In einem zweiten Schritt wird die Methode besprochen unter den Aspekten: Was hat schon gut funktioniert? Was muss noch verstärkt geübt werden?

Die Hausaufgabe kann z. B. darin bestehen, eine passende Zeichnung zum Text anzufertigen oder einige Quizfragen zum Text zu entwerfen.
Die fünf Schritte der Detektivmethode können auf einem Lernplakat visualisiert werden.

Erarbeitung

Detektivmethode, Schritt 1: Einzel- oder Partnerarbeit

Detektivmethode, Schritte 2 bis 5:

Einzelarbeit

Kommunikative Anwendung

Partner- oder Gruppenarbeit

Schülerpräsentationen plus Feedback

Auswertung

Ergebnissicherung

Erfahrungen mit der Detektivmethode

1. Was sind die Besonderheiten?

Diese Methode ermöglicht jüngeren Schülerinnen und Schülern einen kindgemäßen Zugang zu Sachtexten. Sie kommt dann zum Einsatz, wenn ein inhaltlich formuliertes Thema eine sachliche Vertiefung mithilfe eines darstellenden oder beschreibenden Textes erfordert. Die Schüler können sich mithilfe der fünf Schritte nach und nach in einen Text hineinarbeiten. Diese Methode sollte ihren festen Platz im Deutschunterricht haben und darüber hinaus in den Sachfächern eingesetzt werden.

Sachtexte werden hier als Fälle oder geheime Dokumente behandelt, welche die Schüler in der Rolle von Detektiven zu lösen haben.

Sie können den Detektiv auch durch die Rolle eines Wissenschaftlers ersetzen oder durch stärker fachbezogene Rollen, wie Geschichtsforscher, Meeresforscher etc. – je nach Thema bzw. Fach.

Besonders wichtig ist der Schritt 2, in dem die Schüler Fragen an einen Text stellen. Am Ende der Bearbeitung sollen die Schüler ihre selbst gestellten Fragen mithilfe der neuen Information selbstständig beantworten können. Dabei wird auch festgehalten, welche Fragen offengeblieben sind.

Die Methode ist in besonderer Weise dazu geeignet, das Interesse am Lesen und Verstehen anspruchsvoller Texte zu fördern.

2. Worauf sollten Sie achten?

Verschaffen Sie den Schülern Erfolgserlebnisse durch die Anwendung dieser Methode. Das ist ein entscheidender Schlüssel dazu, langfristig das Interesse am Lesen zu fördern.

Kümmern Sie sich in ausgedehnten Einzelarbeitsphasen gezielt helfend um die eher schwachen Leser. Ermuntern Sie die zurückhaltenden Schüler zum Ergebnisvortrag.

Achten Sie darauf, dass in den Feedbacks zu den Schülerpräsentationen vor allem die positiven Leistungen verstärkt hervorgehoben werden („Was war gut an dieser Präsentation?"). Das macht Mut und schafft langfristige Motivation zu weiterem Lernen.

Achten Sie darauf, dass auch die guten Leser sich an die Abfolge der fünf Schritte halten. Diese gehen sonst gerne zu oberflächlich darüber hinweg.

Üben Sie diese Methode auf jeden Fall mehrfach ein (mindestens dreimal innerhalb einer Unterrichtsreihe) und nehmen Sie sich Zeit für die Besprechung. So entsteht Routine im Umgang damit.

Wenn die Methode mehrfach geübt wurde, können Sie auch zu arbeitsteiliger Textbearbeitung übergehen. Schüler, die verschiedene Texte bearbeitet haben, können sich dann zu einem Gruppenpuzzle zusammensetzen.

Es ist nicht zwingend notwendig, dass immer alle fünf Schritte durchlaufen werden. Als Hausaufgabe können Sie z. B. Schritt 1 bis 3 an einem Text durchführen lassen, um dann die Schritte 4 und 5 im Unterricht zu besprechen.

In einer Freiarbeitsstunde kann sich eine Textbearbeitung auch über die gesamte Unterrichtszeit erstrecken. Die Schüler lesen einzeln, beantworten dann Fragen zu zweit und fassen den Text gemeinsam zusammen. Hierbei steigert es die Motivation, wenn die Schüler aus verschiedenen Textangeboten (z. B. aus dem eingeführten Schulbuch) eine eigene Auswahl treffen können.

METHODENKARTE

Detektivmethode

Detektivmethode: Was ist das?

Wer Texte verstehen will, die auf den ersten Blick schwer verständlich erscheinen, kann das tun, indem er die Rolle eines Detektivs einnimmt. Der Text ist der Fall, der Schritt für Schritt aufgeklärt wird. Die klugen Schülerinnen und Schüler sind die Detektive, die den Fall lösen.

Wie macht man das?

Erster Schritt: Du findest heraus, wovon der Text handelt.
Der Detektiv verschafft sich einen ersten Eindruck. Er versucht herauszufinden, wovon der Text handelt.
Lies dazu die Überschrift und unterstreiche darin das Wort, das du für das wichtigste hältst. Überfliege dann den Text und suche nach fett oder kursiv gedruckten Begriffen, suche nach Zwischenüberschriften und Aufzählungen. Formuliere folgenden Satz zu Ende: „Der Text handelt von ..." Jetzt weißt du schon einigermaßen genau, worum es in diesem Text geht.

Zweiter Schritt: Du überlegst dir, was du über das Thema wissen willst, und formulierst Fragen.
Der Detektiv macht sich nun ein Bild von dem, wonach er suchen muss und was ihn an diesem Thema besonders interessiert.
Überlege, was du schon über das Thema weißt.
Notiere dir alle Fragen, auf die du von dem Text eine Antwort erhalten möchtest. Es gibt keine unsinnigen Fragen!

Dritter Schritt: Du verschaffst dir einen Überblick und teilst den Text in Abschnitte ein.
Ein Detektiv muss Ordnung schaffen, sonst kann ihm der Durchblick nicht gelingen.
Das geht so: Zähle die Abschnitte des Textes und lese sie der Reihe nach. Unterstreiche dabei die Schlüsselwörter.

Das sind Wörter, die dir besonders wichtig erscheinen. Fasse den Inhalt der einzelnen Abschnitte in kurzen Sätzen zusammen. Hast du Antworten auf deine Fragen gefunden, dann notiere sie. Stellen sich jetzt neue Fragen, dann schreibe sie ebenfalls auf.

Vierter Schritt: Die findest die Besonderheiten des Textes heraus.
Ein guter Detektiv kann seinen Fall aber nur dann erfolgreich lösen, wenn er den Dingen auf den Grund geht. Jetzt nimmt der Detektiv seine Lupe heraus und schaut ganz genau hin.
Lies den Text erneut, Abschnitt für Abschnitt, und unterstreiche, was über die Schlüsselbegriffe ausgesagt wird. Notiere das Wichtigste in kurzen Sätzen unter deinen Überschriften. Achtung: Unterstreiche sparsam!

Fünfter Schritt: Du klärst auf, was dir noch rätselhaft geblieben ist.
Sollte sich jetzt herausstellen, dass du wichtige Begriffe noch nicht verstanden hast, dann musst du recherchieren. Das tust du, indem du im Lexikon die Bedeutung unbekannter Wörter nachschlägst. Du kannst aber auch jemanden um Rat fragen. Wenn du die unbekannten Begriffe auch noch geklärt hast, ist der Fall so gut wie gelöst.

Jetzt kannst du zusammenfassen, was du mithilfe dieses Textes herausgefunden hast.

Methodenarrangement 2: Texteinsammelmethode

Kompetenzstufen I bis III – Klassenstufen 7 bis 10

Sie benötigen die Methodenkarte „Texteinsammelmethode" auf der Seite 125 (Kopien plus Folie), ein Thema und einen authentischen Sachtext, der die zur Themenbearbeitung notwendigen Informationen enthält. Der Text muss inhaltlich und sprachlich so anspruchsvoll sein, dass Sie davon ausgehen können, dass zumindest ein Teil Ihrer Schüler Schwierigkeiten haben wird, ihn beim ersten Lesen zu verstehen.

Hinführung zum Thema

Brainstorming

Der Unterricht kann mit der Brainstormingmethode beginnen. Dazu wählt man aus dem Text einen Schlüsselbegriff aus, der an die Tafel geschrieben wird. Bei einem historischen Thema kann das z.B. der Begriff „Macht" sein, bei einem erdkundlichen Thema der Name eines Landes, z.B. „China", bei einem naturwissenschaftlichen Thema ein Werkstoff oder eine Produktionsstätte, z.B. „Stahlerzeugung", oder auch in Frageform: „Worin siehst du die Bedeutung von Salz für die Menschheit?"
Man gibt eine bestimmte Zeit vor (z.B. fünf Minuten), fordert die Schüler auf, sich zu melden und alles zu sagen, was ihnen zu diesem Begriff einfällt bzw. was sie bereits darüber wissen. Der Lehrer macht sich Notizen und/oder lässt die Beiträge von Schülern an der Tafel notieren.

Regeln zum Brainstorming:
- *klare Zeitvorgabe*
- *alle Äußerungen werden gesammelt*
- *keine wird kommentiert oder bewertet*

Zur Auswertung der Sammlung sollte man sich einen Impuls überlegen:
- Welche der gesammelten Beiträge haltet ihr für besonders wichtig?
- Versucht, mehrere Beiträge zu einer Aussage zu verbinden. u.a.

Mit dem Brainstorming haben die Schüler ihr Vorwissen eingebracht. Sie können nun das Unterrichtsthema formulieren (lassen). Der Text hat jetzt die Chance, an Bekanntes anknüpfen zu können.

Hinführung zur Methode

Sie können die Überschrift des Textes vorlesen und die Schüler fragen, was sie von einem Text mit dieser Thematik erwarten. Sie können ihn spannend machen, indem Sie z.B. erzählen, warum Sie ausgerechnet diesen Text ausgesucht haben, dass Sie sehr darauf gespannt sind, was die Schüler aus diesem Text herausfinden werden, etc.
Parallel zu den Hinweisen auf den zu bearbeitenden Text sollte auch die neue Methode eingeführt werden. Den Schülern wird mitgeteilt, dass sie mit der Texteinsammelmethode ein Instrumentarium erhalten werden, das ihnen in Zukunft den Zugang zu schwierigen Sachtexten aller Art erleichtern wird. Durch Aufdecken der Methodenkarte auf dem Tageslichtprojektor wird die Methode definiert und der erste Schritt vorbereitet.

Erarbeitung

Texteinsammelmethode, Schritt 1: Einzelarbeit

Mit dem Auftrag „Schreibt in einem oder zwei Sätzen auf, wovon dieser Text insgesamt handelt" geben Sie eine Zeit für das Überblickslesen vor.
Die nun folgende kurze Einzelarbeitsphase bietet Ihnen die Chance herumzugehen und einzelne Schüler zu ermutigen, ihren Satz später vorzulesen.
Es folgt eine kurze Zwischenbesprechung, in der mehrere Beiträge vorgelesen und die inhaltlich treffendsten und sprachlich klarsten Sätze ermittelt werden.

Für die Bearbeitung ist eine längere Einzelarbeitsphase erforderlich. Vor Beginn werden die Schüler darüber informiert, dass im Anschluss daran alles Unverstandene (rot anzustreichen, Schritt 4) im Plenum geklärt wird. Es ist sinnvoll, wenn zur Bearbeitung des vierten Schrittes ein Fremdwörterbuch zur Verfügung steht. Man sollte vereinbaren, dass nur zu Beginn Fragen gestellt werden dürfen, weil dann in Ruhe konzentriert gearbeitet werden kann. Unterbrechen Sie die Stille während dieser Phase möglichst nicht.

Texteinsammelmethode, Schritt 2 bis 4:

Einzelarbeit

Eine Kugellagerübung im Anschluss an die Textbearbeitung ist der ideale Weg, alle Schülerinnen und Schüler den bearbeiteten Text mündlich vortragen zu lassen. Dazu werden Partnerschaften gebildet und es folgen die Schritte: Mündlicher Bericht durch Partner A, Zusammenfassung durch Partner B, Wechsel der Partner, Bericht des Partners B, Zusammenfassung des Partners A.
Bei dieser Methode können Sie sicher sein, dass alle Schüler an der kommunikativen Anwendungsübung teilgenommen haben.
Je nach Umfang und Schwierigkeit des Textes kann es sein, dass für die Kugellagerübung in einer Einzelstunde keine Zeit bleibt. Dann sollte man einzelne Schüler auffordern, die Zusammenfassung des Textes mithilfe ihrer Notizen vorzutragen. Möglich ist auch, dass jeweils zwei Schüler sich kurz besprechen und dann ihre Textbearbeitung gemeinsam vortragen.
Wenn die Zusammenfassung des Textes Hausaufgabe sein soll, können Sie die Kugellagerübung in der Folgestunde durchführen. Optimal für die Gestaltung des Lernprozesses wird es sein, wenn eine Doppelstunde zur Verfügung steht.

Kommunikative Anwendung

Schritt 5: Kugellager

Im Anschluss an die kommunikativen Anwendungsübungen können die wichtigen Textaussagen in einem Tafelbild visualisiert werden.

Ergebnissicherung

Plenum

Das Thema der Stunde wird erneut aufgegriffen und es findet ein Unterrichtsgespräch statt, das die Verbindung herstellt zwischen dem, was aus dem Text neu gelernt wurde und der Lebenswirklichkeit der Schüler, z. B. unter dem Aspekt: Was bedeutet das Gelernte für uns? Was nehmt ihr aus dieser Thematik und diesem Text mit? Was prägen wir uns langfristig ein? etc. Wenn die Textgrundlage kontroverse Positionen zu einer Thematik enthielt, kann das Gespräch in eine Abschlussdiskussion münden. Darin sollte sich der Lehrer auf die Rolle des Moderators beschränken.
Auch die Texteinsammelmethode sollte Gegenstand des Auswertungsgespräches sein, z. B. unter den Aspekten:
- Was hat schon gut funktioniert?
- Wo gibt es noch Schwierigkeiten?
- Was machen wir beim nächsten Mal besser?

Auswertung

Unterrichtsgespräch über Inhalt und Methode

Erfahrungen mit der Texteinsammelmethode

1. Was sind die Besonderheiten?

Die Texteinsammelmethode ist die Fortsetzung der Detektivmethode für die höheren Jahrgangsklassen auf einem höheren Niveau. Wo sie systematisch angewendet wird, stellt sich mit hoher Wahrscheinlichkeit eine deutliche Verbesserung der Lesekompetenz ein.

Ihr Vorteil besteht darin, dass sie sich vom Bekannten zum Unbekannten bewegt und nicht umgekehrt. Sie setzt bei dem an, was beim ersten Lesen eines Textes verstanden wurde. Selbst schwächste Leser können nach der Anwendung des ersten Schrittes erfahrungsgemäß sagen oder notieren, wovon der ihnen vorliegende Text handelt. So ermöglicht die Methode Erfolgserlebnisse, die mit der Anwendung jedes weiteren Schrittes gesteigert werden können.

Schüler, die dieses Verfahren systematisch eingeübt haben, verfügen über ein Instrumentarium, das es ihnen in jeder Situation ermöglicht, einen fremden und schwierigen Text selbstständig zu bearbeiten. Weil die Methode den Anwendern eine klare und einfach anzuwendende Struktur an die Hand gibt, hilft sie auch dabei, in Prüfungssituationen einen kühlen Kopf zu bewahren.

Wegen eben dieser Klarheit in der Abfolge der Schritte lässt sich Unterricht mit der Texteinsammelmethode gut planen.

2. Worauf sollten Sie achten?

Auch mit dieser Methode wird den Schülern die Lesekompetenz nicht einfach so in den Schoß fallen. Ohne Anstrengungs- und Leistungsbereitschaft geht es auch hier nicht. Da diese Faktoren von der jeweiligen Motivation abhängen, sollten Sie immer versuchen, das Interesse auf den Inhalt der Texte zu lenken.

Wichtig für den Erfolg ist, dass die Methode innerhalb eines inhaltlich interessanten Kontextes zur Anwendung kommt, denn wir können die Schüler nicht mit der Texteinsammelmethode „an sich" begeistern. Je besser die Schüler begreifen, dass sie sich mit dieser Methode bedeutsame Inhalte erarbeiten können, umso eher werden sie sich die Methode zu eigen machen.

Oft sind es gerade die schwachen Leser in einer Klasse, die am schnellsten den persönlichen Nutzen entdecken. Widerstände gibt es eher bei den guten Lesern. Sie empfinden die Methode gelegentlich als unnötige Reglementierung. Machen Sie deutlich, dass der lernende Leser immer von Struktur und Systematik profitieren kann.

Unter- und Überforderung können Sie vermeiden, wenn Sie nach einer Zeit des Einübens Texte unterschiedlicher Länge, Kompliziertheit und Thematik in arbeitsteiliger Unterrichtsorganisation anbieten.

Die Methode sollte im Deutschunterricht im Kontext der Bildungsstandards zum Verständnis und zur Nutzung von Sach- und Gebrauchstexten zwischen Klasse 7 und 10 eingeübt und immer wieder aufgegriffen werden. Gut eignet sich hier der Kontext der Berufswahlorientierung. Unter dem Rahmenthema „Texte aus der Arbeitswelt" lassen sich aktuelle und anspruchsvolle Zeitungsartikel, Fachaufsätze, längere Informationstexte aus Broschüren usw. für den Umgang mit der Methode verwenden. Andere Themen wie Umweltschutz, Europa, Weltreligionen, Globalisierung u. a. sind ebenfalls gut geeignet. Im Politik-, Gemeinschafts- oder Sozialkundeunterricht kann die Methode im Kontext der Medienerziehung besonders gut verortet werden. Da sie völlig themenunabhängig einsetzbar ist, wird sie zur Textbearbeitung in allen anderen Fächern ihren Dienst leisten können. Am besten sorgen Sie für einen koordinierten Einsatz der Methode durch Absprache mit den Kollegen und durch die Entwicklung eines fächerübergreifenden Konzepts in Dienstbesprechungen und Konferenzen.

METHODENKARTE

Schwierige Texte verstehen durch die Texteinsammelmethode

Texteinsammelmethode: Was ist das?

Viele Menschen haben große Schwierigkeiten, einen theoretischen Text so zu lesen, dass sie ihn verstehen und sich die wichtigsten Aussagen einprägen können. Das Problem dabei ist, dass die Fähigkeit, schwierige Texte zu verstehen, eine Schlüsselqualifikation ist, die in fast allen Berufen dringend gebraucht wird.

Die *Texteinsammelmethode* ist ein Verfahren, das dir beim Verständnis schwieriger Texte helfen wird. Diese Methode geht davon aus, dass man nicht jedes einzelne Wort in einem Text auf Anhieb verstehen muss, um die wichtigen Aussagen zu erfassen. Man arbeitet sich in fünf Schritten durch die Texte durch und „sammelt nach und nach Bekanntes ein". Wenn du diese Methode mehrfach anwendest, kannst du zum Spezialisten für das Verstehen schwieriger Texte werden.

Wie macht man das?

Erster Schritt: Du ermittelst, wovon der Text insgesamt handelt.
Beginne nicht sofort mit dem Lesen, sondern wandere mit den Augen über den gesamten Text. Deine Augen werden bestimmte Wörter und Satzanfänge erfassen und am Ende kannst du sagen und aufschreiben, wovon dieser Text insgesamt handelt. Mit der Aussage „Der Text handelt von ..." kannst du dir die Gesamtaussage einprägen.

Zweiter Schritt: Du erfasst den Inhalt Abschnitt für Abschnitt.
Beginne nun mit dem Lesen des Textes. Konzentriere dich auf jeden einzelnen Satz. Lege nach jedem Satzende eine kurze Denkpause ein. Fasse nach einem erkennbaren Abschnitt den Inhalt in einer Aussage zusammen. Gehe so den gesamten Text durch. Am Ende liest du die Zusammenfassungen aufmerksam durch und verbesserst sie, wenn es nötig ist. Mit diesem Vorgehen hat man in der Regel über die Hälfte des Textes verstanden.

Dritter Schritt: Du markierst die wichtigsten Textaussagen.
Wandere noch einmal mit den Augen über den Text und suche nach Aussagen und Begriffen, die dir besonders bedeutsam erscheinen. So genannte Schlüsselbegriffe und besonders wichtige Textaussagen solltest du markieren oder herausschreiben. Achte darauf, dass du höchstens 10 bis 20 Prozent des Textes markierst. Die markierten Aussagen liest du noch einmal durch. Nun hast du alle Textaussagen eingesammelt, die du verstehen konntest. Erst jetzt solltest du dich dem unverstandenen Rest zuwenden.

Vierter Schritt: Du klärst jetzt, was dir noch unverständlich ist.
Je nachdem, wie schwierig ein Text ist, wird es ganze Sätze oder einzelne Begriffe geben, die unverständlich geblieben sind. Markiere diese – am besten mit einem Rotstift. Nun wirst du ein Wörterbuch zur Hand nehmen müssen oder jemanden um Rat fragen.

Fünfter Schritt: Du fasst zusammen, was du dir merken möchtest.
Es nützt nicht viel, wenn man einen Text nur bearbeitet, ohne darüber zu sprechen. Fasse am Ende den Text zusammen, am besten laut gegenüber deinen Mitschülern. Wenn du dabei feststellst, dass dir noch einiges unklar geblieben ist, kannst du noch einmal nachschauen.
Dann kannst du eine schriftliche Inhaltsangabe verfassen und/oder aufschreiben, was du dir aus diesem Text unbedingt einprägen möchtest.

Unterrichtsbeispiel für ein Partnerbriefing zur kommunikativen Anwendung

Partnerbriefing bedeutet, dass sich zwei Partner jeweils über den Text zu einem gemeinsamen Rahmenthema in Kenntnis setzen, den sie getrennt bearbeitet haben. Nach der Phase der gegenseitigen Information wird dann gemeinsam eine Präsentation vorbereitet. Dazu gibt es zwei Möglichkeiten:

A leicht: Jeder Partner fasst seinen eigenen Text zusammen.

B schwer: Jeder Partner fasst den Text des anderen zusammen.

Text A

EU über Schadstoff-Handel einig
Firmen können nun „CO_2-Verschmutzungsrechte" verkaufen

Von Michael Bergius

Für Unternehmen in der Europäischen Union (EU) soll es vom Jahr 2005 an ein Handelssystem mit Kohlendioxid-„Verschmutzungsrechten" geben. Darauf einigten sich die EU-Umweltminister. Sonderwünsche der deutschen Industrie wurden nur teilweise berücksichtigt.

Brüssel, 9. Dezember. Mit der Richtlinie zum Emissionshandel bekommt die Union ein neues Instrument, um den CO_2-Ausstoß zu senken. Das Kyoto-Protokoll verpflichtet die EU, die Emissionen bis zum Jahr 2012 bezogen auf 1990 um acht Prozent zu reduzieren. Die am Montag beschlossenen Regeln sollen zunächst für knapp 5000 Unternehmen aus den Branchen Energie, Stahl, Papier, Keramik und Chemie gelten. Etwa die Hälfte von ihnen hat ihren Sitz in Deutschland. Ziel des Projektes ist es, die Industrie zu einer umweltschonenden und Energie sparenden Produktion zu animieren. Betriebe, die weniger CO_2 ausstoßen als von der EU genehmigt, können demnächst mit den nicht in Anspruch genommenen Kohlendioxid-„Lizenzen" Gewinn bringend handeln. Bei einer Überschreitung des CO_2-Ausstoßes müssen die Unternehmen dagegen entweder in schadstoffmindernde Technologien investieren, Emissions-Lizenzen bei der Konkurrenz kaufen oder Geldbußen zahlen.

Monatelange Versuche aus dem Bundeskanzleramt und dem Wirtschaftsministerium, Sonderregelungen für die heimischen Betriebe auszuhandeln, wurden von den EU-Partnern teilweise abgeblockt. Berlin hatte stets darauf gepocht, Deutschland habe im Rahmen der freiwilligen Selbstverpflichtung der hiesigen Industrie bereits erhebliche Vorleistungen beim Klimaschutz erbracht, die von der EU-Regelung ausgehebelt zu werden drohten.

Als Zugeständnis an die Bundesregierung wurde am Montag vereinbart, dass deutsche Branchen zumindest in einer ersten Phase bis 2007 von der verbindlichen Teilnahme am Emissionshandel ausgenommen werden können. Voraussetzung dafür sei, dass die betroffenen Sektoren „vergleichbare Rückführungen" ihres CO_2-Ausstoßes nachweisen könnten, sagte Bundesumweltminister Jürgen Trittin (Grüne).

Keine Mehrheit fand sich dagegen erwartungsgemäß für eine Forderung, die Wirtschaftsminister Wolfgang Clement (SPD) erhoben hatte: Er wollte, dass sich deutsche Unternehmen in einem „Zwangs-Pool" am Emissionshandel beteiligen. Diese Option werde es künftig nur auf „freiwilliger Basis" geben, berichtete Trittin. Er verwies darauf, dass es „auch in Deutschland Unternehmen gibt, die (individuell mit Emissionsrechten) handeln wollen".

Offen blieb zunächst, ob auch weitere Felder in den Emissionshandel eingegliedert werden sollen. Mehrere Regierungen plädierten vor allem für die Aufnahme des CO_2-intensiven Verkehrssektors. Strittig war überdies das Ausmaß von Sanktionen: Schließlich wurde beschlossen, dass Unternehmen ab 2005 für jede Tonne „ungenehmigt" ausgestoßenen Kohlendioxids eine Geldbuße von 40 Euro zahlen müssen. Nach dem Jahr 2008 soll sich dieses Strafmaß auf 100 Euro erhöhen.

(Aus: Frankfurter Rundschau vom 10. Dezember 2002)

Ablauf des Partnerbriefings:

Partner 1 berichtet über Text A.
Partner 2 hört zu und macht sich Notizen.
Partner 2 fasst Bericht von 1 zusammen.
Partner 2 berichtet über Text B.
Partner 1 hört zu und macht sich Notizen.
Partner 1 fasst Bericht von 2 zusammen.
Partner 1 und 2 ermitteln die Gemeinsamkeiten beider Texte und bereiten eine Kurzpräsentation vor.

Text B

Meilenstein mit Schlupflöchern
Abkommen von Marrakesch ebnet Klimaschutz-Abkommen von Kyoto den Weg

Von EDGAR BAUER

MARRAKESCH. (dpa) Mit dem Abkommen von Marrakesch kann nach einem Jahrzehnt mühsamer Verhandlungen der globale Klimaschutz beginnen. Die Verständigung der Staatengemeinschaft auf ein verbindliches Regelwerk zum Umgang mit klimaschädlichen Treibhausgasen hat das Kyoto-Protokoll von 1997 gerettet.

Die bislang wichtigste und auch wirtschaftlich folgenreichste internationale Umweltvereinbarung – das Kyoto-Protokoll – kann nun, auch ohne die USA, in Kraft treten. Erst nach zuletzt dramatischem Pokern und einem nächtlichen Verhandlungsmarathon war der Deal auf dem Weltklimagipfel am Samstag bei Morgengrauen perfekt.
Japan, Russland und Kanada gaben sich zunächst störrisch und stellten Nachforderungen zu einer Gesamtlösung. Als Gegenspieler musste die EU, auf deren Seite alle anderen Ländergruppen mitzogen, Zugeständnisse machen. Andernfalls drohte ein Desaster. Und dies wäre nach den jahrelangen Verhandlungen verheerend gewesen, hatten auch Umweltverbände gewarnt. Von einem „historischen Meilenstein" sprach dann im Kongresspalast erleichtert der belgische EU-Delegationsleiter Olivier Deleuze. Jetzt dürfe, so pflichteten alle Seiten bei, einer zügigen Ratifizierung des Kyoto-Protokolls nichts mehr im Wege stehen. Die EU-Länder sind dazu bereit. Die Bundesregierung will noch in diesem Jahr das Gesetzgebungsverfahren einleiten, wie Bundesumweltminister Jürgen Trittin (Grüne) ankündigte. Ihre Teilnahme ist nach dem Ausscheren der USA erforderlich. Die USA sind zwar weltweit mit Abstand der größte Verursacher des wichtigsten Treibhausgases Kohlendioxid (CO_2), lehnen das Kyoto-Protokoll aber ab, ohne bisher eine Alternative vorgelegt zu haben. Russen und

Japaner hatten aufgrund ihrer Schlüsselrolle auch gute Karten in Marrakesch, was sie bis zur letzten Minute ausspielten.

Unbegrenzter Handel mit Emissionsrechten
Im Kern laufen die ihnen noch zugestandenen Kompromisse darauf hinaus, dass die zwingende Verpflichtung von Industriestaaten zur direkten CO_2-Verminderung weiter gelockert und verringert wurde. Mit dem Abkommen von Marrakesch – und zuvor bereits den Beschlüssen des Bonner Gipfels vom Juli – wurde das Kyoto-Protokoll durch die Verankerung von „Schlupflöchern" in seinen Verpflichtungen aufgeweicht. Erlaubt sind ein unbegrenzter Handel mit Emissionsrechten und die Anrechnung von Wäldern und Böden sowie Projekten in Entwicklungsländern. Wer seinen Verpflichtungen nicht nachkommt, muss zwar mit Konsequenzen und Sanktionen rechnen. Inwieweit solche Sanktionen tatsächlich völkerrechtlich bindend sein werden, soll aber erst später geklärt werden.
Um die fortschreitende Erderwärmung und ihre verheerenden Folgen wie Dürren, Überschwemmungen, Stürme und Verbreitung von Krankheiten wirklich zu bremsen, seien in den nächsten Jahren weitere Schritte erforderlich, mahnen Wissenschaftler. Das Kyoto-Protokoll fordert von den Industriestaaten, ihre Treibhausgase um durchschnittlich 5,2 Prozent bis 2012 (im Vergleich zu 1990) zu mindern. Nach Bonn blieb laut Berechnung von Wissenschaftlern bereits nur noch eine direkte Verminderung von etwa 2,5 Prozent. Durch die Abkehr der USA – sie sollten um sieben Prozent reduzieren – verringert sich der Durchschnittswert von 5,2 Prozent ungeachtet der „Schlupflöcher" schon insgesamt nach unten.
Angesichts des immer noch in vielen Ländern steigenden CO_2-Ausstoßes gibt es jetzt aber einen globalen Rechtsrahmen für eine Trendwende zur sparsameren Nutzung fossiler Energieträger wie Öl und Kohle und dem Einsatz alternativer Techniken mit sauberer und regenerativer Energie. Dies ist ein riesiger Markt. Die EU werde hier bald eine Pionierrolle einnehmen und den Amerikanern das Nachsehen geben, meinte EU-Umweltkommissarin Margot Wallström in Marrakesch.
(Aus: Trierischer Volksfreund vom 12. November 2001, S. 3)

Paul T., Schüler einer neunten Realschulklasse, nach der Bitte, seine Erfahrungen mit der Texteinsammelmethode und dem Partnerbriefing zu notieren.

Als ich den Text über den Schadstoff-Handel zum ersten Mal gelesen habe, habe ich so gut wie überhaupt nichts verstanden, sogar beim zweiten Mal noch nicht. Die Texteinsammelmethode kann einem gut helfen. Im vierten Schritt musste ich ziemlich viele Fremdwörter klären, zum Beispiel Handelssystem, Emissionen, Richtlinien, Branchen. Dann habe ich nach und nach immer besser kapiert, worum es geht. Es kam mir vor, wie wenn ein zugeklossener Vorhang langsam aufgezogen wird. So eine Zusammenfassung zu geben, ist ziemlich schwierig. Aber die Partnerarbeit finde ich trotzdem gut. Die anderen Paare dürfen nicht zu nahe bei einem sitzen. Für die Präsentation haben wir die schwierige Form gewählt. Das hat gut geklappt.

Fortsetzung und Vertiefung des Methodenarrangements 2 mit der Drei-Fragen-Bewertung von Sachtexten

Wenn Sie die Texteinsammelmethode mehrfach geübt haben, können Sie die Arbeit mit der Drei-Fragen-Bewertung fortsetzen. Sie eröffnen ihren Schülerinnen und Schülern damit die Chance, über die Ermittlung von Informationen und über die Textinterpretation zur dritten Ebene der differenzierenden Reflexion und Bewertung vorzudringen.

Die drei Fragen ermöglichen den Schülern in einer strukturierten Vorgehensweise eine Reflexion über
(A) die individuelle Einschätzung,
(B) die Autor- bzw. Wirkungsabsicht,
(C) die Bewertung und Würdigung von Form und Inhalt.

Als Lehrer haben Sie mit dieser Drei-Fragen-Bewertung ein Instrumentarium in der Hand, mit dem Sie Unterrichtsgespräche in Form einer Anschlusskommunikation nach den gelesenen und bearbeiteten Texten gut strukturieren können.

METHODENKARTE

Die Drei-Fragen-Bewertung für Sachtexte

Was ist das?

Wenn wir Texte lesen, um daraus etwas zu lernen, geben wir uns nicht damit zufrieden, Informationen herauszusuchen und den Text zusammenzufassen. Wir entwickeln auch eine persönliche Meinung dazu. Im Berufs- und im Privatleben wird es von großem Vorteil sein, wenn man diese Meinung gut formulieren und begründen kann.

Um diese Fähigkeit einzuüben, hilft dir die Drei-Fragen-Bewertung. Du kannst sie auf jede Art von veröffentlichten Texten anwenden.

Eine besondere Hilfe wird dir diese Methode sein, wenn du dich mit anderen unterhältst, die den Text ebenfalls gelesen haben, und wenn du – zum Beispiel später im Beruf – gebeten wirst, deine Meinung zu einem Text zu äußern.

Wie macht man das?

Verwende die drei Fragen im Anschluss an die Texteinsammelmethode. Behandle sie der Reihe nach und formuliere deine Bewertung schriftlich. Tausche dich über deine Bewertung mit anderen Schülern auf faire Art und Weise aus.

1. Welche Aussagen in diesem Text hältst du für so wichtig, dass du dir sie langfristig merken willst?

2. Welche Wirkung will der Verfasser dieses Textes deiner Ansicht nach bei den Lesern erreichen?

3. Wie bewertest du den Text insgesamt bezüglich (a) seiner Darstellung des Inhalts und (b) bezüglich seines sprachlichen Stils?

Beispiel für die Bewertung einer Klassenarbeit zur Texteinsammelmethode

Die Texteinsammelmethode und die drei Fragen zur Textbewertung können Gegenstand einer Klassenarbeit im Fach Deutsch sein. Im dargestellten Beispiel erhielten die Schülerinnen und Schüler den folgenden Bewertungsbogen, den sie in ihr Klassenarbeitsheft einlegten. Wenn man solche Bewertungsbögen im PC gespeichert hat, kann man sie als Beurteilungsgrundlage für jede weitere Klassenarbeit schnell überarbeiten.

Der Bogen vermittelt Schülern und Eltern Klarheit über die Bewertungsmaßstäbe und erleichtert die Korrektur. Auch kann man sich so lange und Zeit raubende handschriftliche Notenbegründungen sparen.

Klassenarbeit Deutsch 9a:
Zusammenfassung und Bewertung eines Sachtextes mithilfe der Texteinsammelmethode

Dein Auftrag:
- Der Originaltext (über die weltweite FCKW-Belastung in der Erdatmosphäre) ist auf etwa ein Drittel zusammenzufassen und so zu formulieren, dass ein gleichaltriger Schüler ihn gut verstehen kann. Zur Bearbeitung des Textes sollst du die **fünf Schritte der Texteinsammelmethode** anwenden.
- Im Schlussteil der Inhaltsangabe nimmst du eine persönliche Bewertung des Textes vor, in der du die **drei Bewertungsfragen** anwendest.

Bewertungsschlüssel

A Inhalt und Textaufbau	maximal	erreicht
1. Wird in der Einleitung gut erklärt, wovon der Text handelt?	2	
2. Werden die wichtigsten Inhalte der einzelnen Textabschnitte richtig wiedergegeben?	5	
3. Erfasst die Inhaltsangabe auch Besonderheiten des Textes, wie zum Beispiel wichtige Fachbegriffe?	2	
4. Werden die wichtigsten Informationen aus diesem Text, die man sich nachhaltig merken möchte, in einem Schlussteil zusammengefasst?	2	
5. Ist der Schlussteil zur Textbewertung überzeugend und ausführlich genug formuliert?	2	

B Sprachlicher Ausdruck		
6. Sind die einzelnen Sätze klar, verständlich und korrekt formuliert?	4	
7. Bleibt die Zahl der Grammatik-, Satzbau- und Ausdrucksfehler gering?	3	
8. Wirkt der Text insgesamt zusammenhängend und gut verständlich geschrieben?	3	
9. Wie korrekt sind Rechtschreibung und Zeichensetzung?	4	

C Form		
10. Ist die Inhaltsangabe richtig und klar erkennbar untergliedert?	1	
11. Ist die äußere Form klar, ansprechend und ordentlich?	2	

30 – 27 = 1	26 – 23 = 2	22 – 18 = 3	17 – 13 = 4	12 – 8 = 5	7 – 0 = 6

Erreichte Punktzahl von maximal 30: _____   Note: _____

Dieses Blatt sollst du in dein Klassenarbeitsheft einlegen und deinen Eltern zeigen. Viel Erfolg! W. Mattes

Methodenarrangement 3: Mindmapping

Kompetenzstufen I bis IV – Klassenstufen 5 bis Oberstufe

Das folgende Methodenarrangement geht davon aus, dass eine Klasse zum ersten Mal mit der Methode des Mindmappings als eine Textverstehensstrategie in Berührung kommt. Dazu benötigt man ein anschauliches Beispiel einer gelungenen Mindmap (möglichst eine Schülerarbeit), die Methodenkarte „Mindmap" (S. 132) und einen Sachtext, der sich gut in verschiedene thematische Abschnitte untergliedern lässt (z.B. über das Leben, das Werk, die Bedeutung und die Erfolge einer berühmten Person, über eine besondere Tierart, ihren natürlichen Lebensraum, Ernährung, Fortbewegung, Fortpflanzung, Feinde etc. oder über den Verlauf eines historischen Prozesses, über die grundlegenden Merkmale der Demokratie etc.). Für die Einführung und die ersten Übungen sollte man etwa zwei Unterrichtsstunden einplanen. Wegen der grundlegenden Bedeutung dieser Methode für das Lernen im Allgemeinen und für die Lesekompetenz im Besonderen sollte die Methode (angebunden an einen Fachinhalt) selbst zum Thema des Unterrichts werden. Die Einführungsstunde wird notwendigerweise relativ lehrergelenkt ausfallen. Mit jedem weiteren Übungsschritt kann das eigenverantwortliche Lernen der Schüler zunehmen.

Hinführung

Der Unterricht kann mit der Präsentation eines anschaulichen Beispiels einer Mindmap beginnen (z. B. mit der Mindmap über die Alpen auf S. 135). Dazu lässt sich ein Einstiegsgespräch unter drei Aspekten durchführen:
- Was können die Gründe für die Herstellung dieser Visualisierung gewesen sein?
- Was kann man als Betrachter daraus erfahren?
- Welchen Nutzen können die produzierenden Schüler von dieser Art der Textbearbeitung haben?

Aus den Anworten zu diesen Fragen lässt sich ableiten, dass diese Art des Umgangs mit Texten ein Weg ist, um (a) Arbeitsergebnisse anschaulich zu visualisieren, (b) wichtige Informationen darzustellen und (c) sich die Ergebnisse der Textarbeit gut einzuprägen.

Themen-formulierung

Die Begriffe *Mindmap* und *Mindmapping* sollten vom Lehrer eingeführt werden (falls sie nicht bereits bekannt sind). Man sollte den Schülern auch einige Hintergrundinformationen dazu vermitteln (siehe Anmoderation zur Methodenkarte). Anschließend wird das Unterrichtsthema an der Tafel notiert.
Zur Textbearbeitung kann übergeleitet werden, indem man den Schülern mitteilt, man habe zur Einübung des Mindmappings einen interessanten Text ausgewählt. Das Thema des Textes wird als Ausgangspunkt für eine Mindmap in der Mitte der Tafel notiert. Der erste Hauptstrang wird angedeutet. Der erste Textabschnitt kann vom Lehrer selbst vorgelesen werden. Man sollte auch zeigen, wie man daraus den Kernbegriff des Abschnittes isoliert und ihn als ersten Hauptstrang in die Mindmap an der Tafel einfügt.

Erarbeitung

Der Unterricht bleibt zunächst in der Frontalsituation. Weitere Textabschnitte werden von den Schülern gelesen (erst leise, dann laut). Die Schüler finden jeweils die Kernbegriffe heraus. Diese werden als Hauptstränge in das Tafelbild übernommen.
Jedem Hauptstrang der Mindmap an der Tafel werden nun Nebenstränge angehängt. Hier werden die wichtigen Teilinformationen den Hauptsträngen zugeordnet (wie in der Methodenkarte).

Für den ersten Hauptstrang sollte der Lehrer die Vorgehensweise demonstrieren. Ab der Zuordnung der Nebenstränge zum zweiten Hauptstrang können die Schüler die Arbeit übernehmen.
Nach dieser ersten Demonstrationsphase kann der zweite Teil des Textes zur Bearbeitung an die Schüler übergeben werden, verbunden mit dem Auftrag, die Mindmap fertigzustellen. Das sollte in Partnerarbeit geschehen, weil es Beratungsbedarf gibt und weil Arbeitsteilung sinnvoll ist.

Mehrere Partner stellen ihre Übungsergebnisse vor und erklären die neu entwickelten Haupt- und Nebenstränge. Das kann vom Platz aus geschehen, weil es noch zu wenig Übung und damit auch zu wenig Sicherheit für eine Präsentation vor der Klasse gibt.
Mit dem Austeilen der Methodenkarte kann eine Hausaufgabe gestellt werden:
Möglichkeit 1: Methodenkarte lesen und die in der Schule erarbeitete Mindmap überarbeiten,
Möglichkeit 2: Methodenkarte lesen und eine neue Mindmap zu einem neuem Text entwerfen.
Die Einstiegsstunde kann mit der Sammlung von Qualitätsmerkmalen für eine Mindmap enden.

Kommunikative Anwendung

Die Folgestunde können Sie mit dem optischen Impuls einer wenig gelungenen (fremden) Mindmap und einer Fehleranalyse beginnen. Mithilfe eines Negativbeispiels können Qualitätsmerkmale wiederholt bzw. neu formuliert werden. Auch die einzelnen Schritte aus der Methodenkarte sollten rekapituliert werden.

Die Besprechung der Hausaufgaben kann zunächst in Gruppenarbeit erfolgen. Drei bis fünf Schüler stellen sich gegenseitig ihre zu Hause erarbeiteten Mindmaps vor. Alle Gruppen wählen eine Arbeit zur Demonstration vor der Klasse aus. Mehrere Versionen werden vorgestellt und bezüglich der erarbeiteten Merkmale besprochen.

Nun kann zu einem neuen fachlichen Thema übergegangen werden, zu dem wiederum ein Text bearbeitet werden soll. Den Schülern wird das Thema des Textes mitgeteilt und sie werden gefragt, was sie inhaltlich von einem Text mit der vorgestellten Thematik erwarten. Die Fragen sollten gesammelt werden.

Dieser Arbeitsschritt ist besonders wichtig, da es ungeübten Schülern bei den ersten Versuchen schwerfällt, die Hauptstränge für eine Mindmap zu entwickeln. Aus den Fragen zum Thema können in der Textbearbeitung die Hauptstränge entwickelt werden.
Die Schüler bearbeiten nun (a) einen neuen Text oder (b) arbeitsteilig zwei verschiedene Texte mit dem Auftrag, daraus eine Mindmap zu entwickeln. Das sollte wiederum in Partnerarbeit geschehen.

Mehrere Schülerdemonstrationen und Feedbacks unter Anwendung der erarbeiteten Qualitätsmerkmale schließen diese erste Übungsphase ab.
In den Folgestunden sollte das Mindmapping immer wieder wie selbstverständlich angewendet werden, natürlich am wirkungsvollsten fächerübergreifend.

Folgestunde

Anbindung, Einstieg

Qualitätsmerkmale von Mindmaps:
– Thema zentral in der Mitte
– klar bezeichnete Hauptstränge
– nur ausgewählte Informationen in den Nebensträngen
– übersichtliche Gestaltung

Erarbeitung

Anwendung

Kopiervorlage

METHODENKARTE

Mindmap

Was ist eine Mindmap?

Eine Mindmap ist eine Darstellung von Arbeitsergebnissen, bei der man das Thema auf die Mitte eines Blattes setzt und dann die weiteren Ergebnisse drumherum platziert. Man entwickelt sozusagen eine Landkarte (= Map) aus Gedanken oder Arbeitsergebnissen (= Mind). Eine Mindmap besteht immer aus einem zentralen Begriff in einem Zentrum, aus mehreren Hauptsträngen und aus Nebensträngen, die an die Hauptstränge angefügt werden. Neben schriftlichen Informationen kann sie auch kleine Zeichnungen enthalten. Mindmapping ist eine Vorgehensweise, die sich sehr gut zur Bearbeitung schwieriger Texte eignet. Ihr besonderer Vorteil besteht darin, dass man am Ende des Arbeitsprozesses ein anschauliches Produkt in Händen hält. Mit dieser Hilfe kann man sich wichtige Informationen und Gliederungspunkte hervorragend einprägen. Auch längere Texte kann man mit ihrer Hilfe nach und nach visualisieren. Mindmaps kann man allein, zu zweit und in einer Gruppe herstellen.

Erfunden hat diese Methode der Engländer Tony Buzan. 1976 wurde sie in einem Buch mit dem Titel *Use your Head* zum ersten Mal vorgestellt. Das Erlernen dieser Methode erfordert ein wenig Übung. Wenn man es beherrscht, fällt einem das Lesen und das Lernen wesentlich leichter.

Wie macht man das?

Erster Schritt: Thema im Zentrum platzieren

Bei der Gestaltung einer Mindmap geht man immer von einem Zentrum aus. Im Zentrum steht das Thema. Bei der Textbearbeitung ist es der Schlüsselbegriff aus dem Thema des Textes. Man benötigt den Text, Rotstift und Textmarker, ein leeres Blatt und ein Schreibgerät. Hilfreich sind mehrfarbige Stifte.

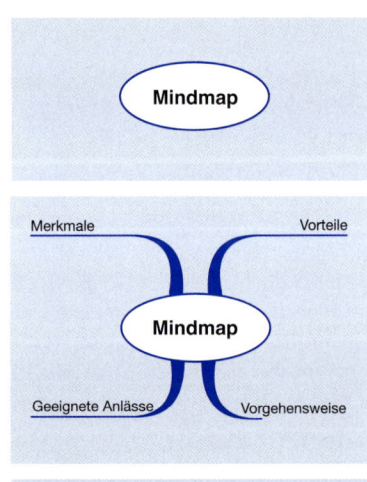

Zweiter Schritt: Hauptstränge anlegen

Der wichtigste Schritt bei der Herstellung einer Mindmap ist die Suche nach den Hauptsträngen. Dazu müssen wir fragen, wie sich der Text in verschiedene Teilbereiche untergliedern lässt. Bei einem Text über eine bestimmte Tierart lassen sich z.B. Hauptstränge anlegen zu den Gliederungspunkten Lebensraum, Ernährung, Fortbewegung, Fortpflanzung etc. Bei einem anderen Thema aus dem Unterricht können z.B. Ursachen, Folgen, Vorteile, Nachteile, besondere Merkmale die Gliederungspunkte für das Anlegen der Hauptstränge sein. Gut einprägsame Mindmaps enthalten nicht mehr als sechs Hauptstränge.

Dritter Schritt: Nebenstränge anlegen

Jetzt beginnt der vorteilhafteste Teil des Mindmappings.

Die Mindmap wird nach und nach vervollständigt. Die wichtigen Informationen in den verschiedenen Textabschnitten werden als Nebenstränge an die Hauptstränge angefügt. Dabei ist man nicht an eine Reihenfolge gebunden, sondern kann die Informationen immer dann an den passenden Hauptstrang anbinden, wenn man sie findet. In den Nebensträngen dürfen nur die wichtigsten Informationen aus einem Text notiert werden. Enthält eine Mindmap zu viel Text, wird sie unübersichtlich und eignet sich nicht mehr als Merkhilfe.

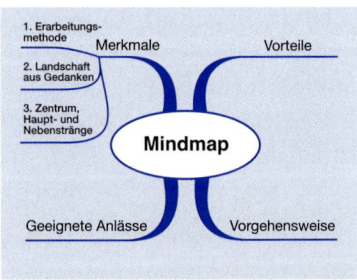

Vierter Schritt: Mindmap abschließend gestalten

Am Ende sollte die Mindmap überarbeitet werden. Sind zum Beispiel Haupt- und Nebenstränge richtig zugeordnet? Sollte noch ein weiterer Strang hinzugefügt werden? Gibt es Verbindungslinien zwischen Haupt- und Nebensträngen? Besonders anschaulich werden Mindmaps, wenn sie mit grafischen und zeichnerischen Elementen versehen werden.

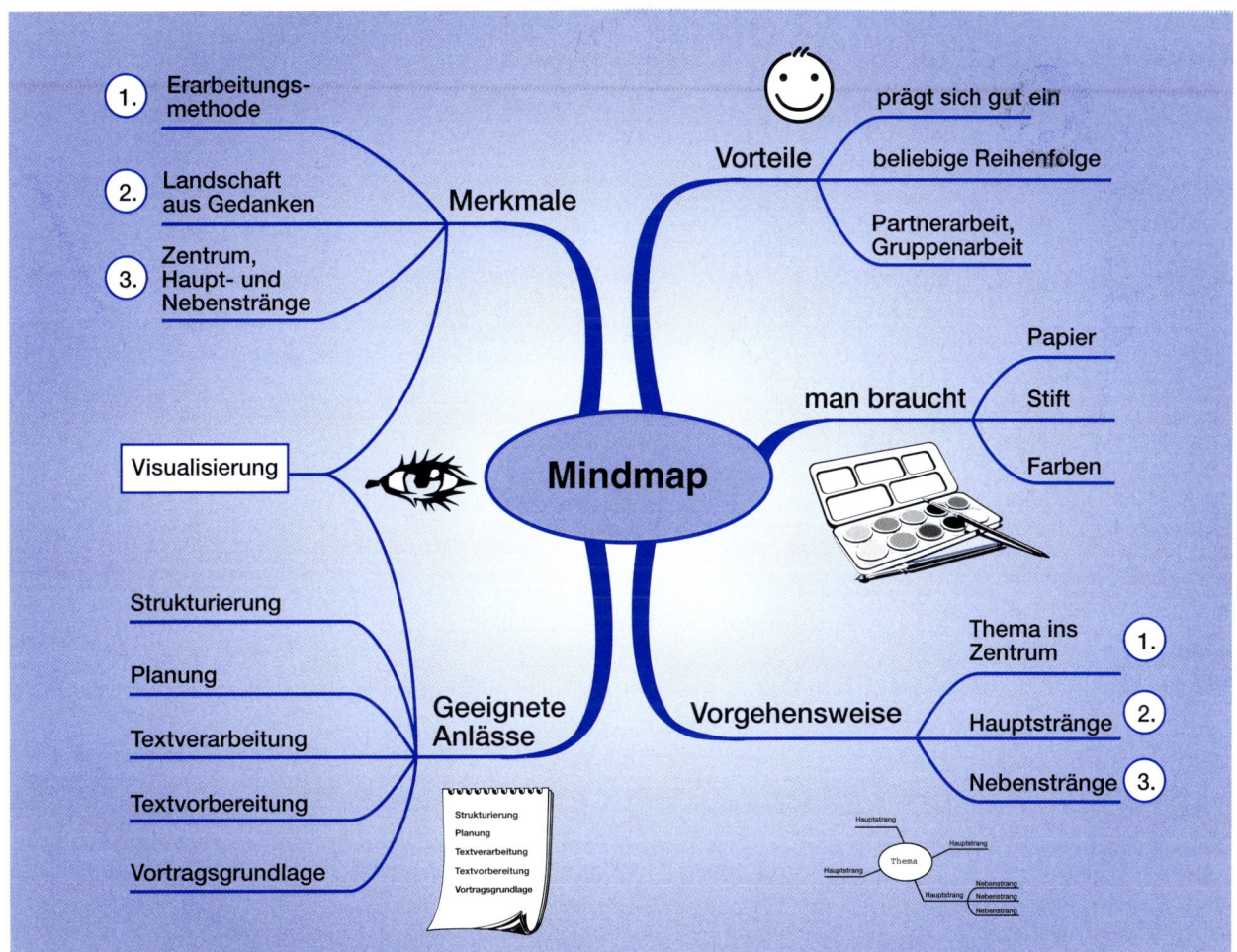

Fünfter Schritt: Mindmap benutzen

Die fertige Mindmap kann als Grundlage für eine Ergebnispräsentation genutzt werden, als Tafelbild, als Plakat, das andere Betrachter informiert, als langfristige Merkhilfe. Sie kann bei einer Diskussion oder einer anderen Themenbesprechung Gliederungshilfe und Merkzettel zugleich sein. Wenn ihr das Mindmapping immer wieder übt, werdet ihr über eine Methode verfügen, die das Speichern von Informationen sehr erleichtern kann.

Erfahrungen mit Mindmapping

1. Was sind die Besonderheiten?

Mindmapping ist wahrscheinlich eine der effizientesten Entschlüsselungsstragien für den Umgang mit Texten, obwohl die Methode nicht ausschließlich für die Bearbeitung von Texten gedacht ist. Ihr besonderer Wert besteht darin, dass sie dem Lernenden hilft, das abstrakte Zeichensystem der geschriebenen Sprache in ein konkret anschauliches Bild zu verwandeln, das dennoch den Inhalt und die Struktur des Textes enthält. Das Bild einer Mindmap scheint in besonderer Weise der Struktur unseres Gehirns zu entsprechen. Mindmapping aktiviert die linke und die rechte Gehirnhälfte. Während ein Text normalerweise wieder sehr schnell aus dem Gedächtnis der Schüler verschwindet, schwebt die Mindmap sozusagen als konkretes Bild für lange Zeit vor dem geistigen Auge desjenigen, der sie hergestellt hat. Nach Wochen, Monaten, sogar nach dem Ende eines Schuljahres genügt ein kurzer Blick auf eine zum Text erstellte Mindmap, um sich des Textes wieder detailliert erinnern zu können.

Wenn man Schülern, die mit den verschiedenen Textentschlüsselungsmethoden vertraut sind, die Auswahl überlässt, entscheiden sie sich mehrheitlich für das Mindmapping. Mindmaps können am Computer entworfen werden, was erfahrungsgemäß den Jungen besondere Freude macht. Wenn sie in Partner- oder in Gruppenarbeit auf großen Papierbögen zu entwerfen sind, stellt sich regelmäßig in der Klasse eine Konzentration ein, die man bei anderen Verfahren nur schwer erreicht.

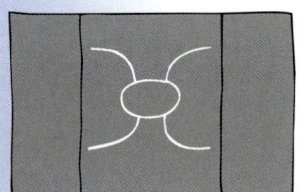

Die Struktur von Mindmaps eignet sich in besonderer Weise zur Strukturierung von Tafelbildern, die als Merkhilfe dienen sollen. Der Lehrer kann die Grundstruktur einer Mindmap mit dem Thema im Zentrum und einigen Hauptsträngen entwerfen. Schüler können diese Art von Tafelbildern vervollständigen.

Mindmaps eignen sich auch zur Bearbeitung literarischer Texte im Deutsch- und Fremdsprachenunterricht. Die Haupt- und Nebenfiguren eines Romans, einer Novelle, einer Kurzgeschichte (auch eines Spielfilms) bieten sich geradezu an, in Form von Mindmaps visualisiert zu werden.

Überarbeitungen von Mindmaps, die im Unterricht entworfen wurden, oder die Erstellung von neuen Mindmaps zählen zu den wenigen Hausaufgaben, die gerne angefertigt werden.

Tipp für Referendare: Mindmapping führt zu besseren Prüfungsergebnissen.

Studenten, Referendare bzw. Lehramtsanwärter, die zur Vorbereitung von mündlichen Prüfungen Fachbücher und Aufsätze in Form von Mindmaps bearbeiten, erzielen bessere Prüfungsergebnisse, weil ihnen die gelesenen Texte in der Prüfungssituation noch präsent sind. Sie brauchen die Mindmap gar nicht in der Hand zu halten, um wichtige Aspekte und Inhalte eines gelesenen Aufsatzes wiedergeben zu können. Sie sehen sie vor sich, so wie man die Bilder aus einem Film oder aus einem persönlichen Erlebnis wieder sieht, wenn man darüber spricht. Sie können auch verschiedene Fachaufsätze getrennt voneinander darstellen, weil sie jedem gelesenen Aufsatz eine Mindmap zuordnen können.

Mit einer Mindmap lassen sich Texte auch mit den Hauptsträngen Form, Inhalt, Stil, symmetrische Aussagen, komplementäre Aussagen u.a. visualisieren. Im Zusammenhang mit einer Versprachlichung kann der Benutzer so in puncto Lesekompetenz die Kompetenzstufe 5 erreichen.

Für die Schülerinnen und Schüler stellt das Auffinden der Hauptstränge zunächst das größte Problem dar. Aus diesem Grund ist es besonders wichtig, dass in der Vorbereitungsphase zum Lesen Fragen an den Text formuliert werden. Aus diesen Fragen können in der Regel die Hauptstränge entwickelt werden.

2. Worauf sollten Sie achten?

Ein Beispiel: Eine Deutschlehrerin behandelte in einer fünften Klasse Sachtexte mit dem Rahmenthema „Seltene Tierarten". Zur Unterrichtsstunde über die Buckelwale zeigte sie Fotos dieser Tiere und forderte die Schüler auf, Fragen zu stellen. Diese wollten wissen, wo Buckelwale leben, was sie fressen, wo sie schlafen, wie sie sich fortbewegen und fortpflanzen. In der Folge hatten die Kinder kaum erkennbare Probleme, aus einem zweiseitigen Text zum Thema die Haupt- und Nebenstränge für ihre Mindmaps zu entwickeln. Dieses „Buckelwalprinzip" lässt sich auf Texte über Windkraftwerke, Wahlverfahren bis hin zur Bearbeitung philosophischer Themen übertragen und erfordert kaum Planungsaufwand.

Kollegen neigen dazu, eine ihnen selbst ungewohnte Methode abzulehnen, wenn sie beim ersten Versuch nicht klappt. Lassen Sie sich von den ersten eher enttäuschenden Versuchen nicht entmutigen. Das Beispiel der Schülerin Sabrina auf der folgenden Doppelseite zeigt, wie sich diese Kompetenz von Versuch zu Versuch weiterentwickeln kann.

Das größte Hindernis auf dem Weg zu einem routinierten Umgang mit Mindmaps sind wir Lehrer. Das schreibe ich aus persönlicher Erfahrung. Wir haben diese Methode nicht gelernt und gehen weniger vorbehaltlos daran als unsere Schüler. Seitdem ich die zahlreichen Publikationen, die ich für meine berufliche Tätigkeit lese, in Mindmaps visualisiere, bleiben mir die Inhalte viel besser präsent und es genügt meist ein kurzer Blick auf die betreffende Mindmap, um wieder zu wissen, was ich gelesen habe.

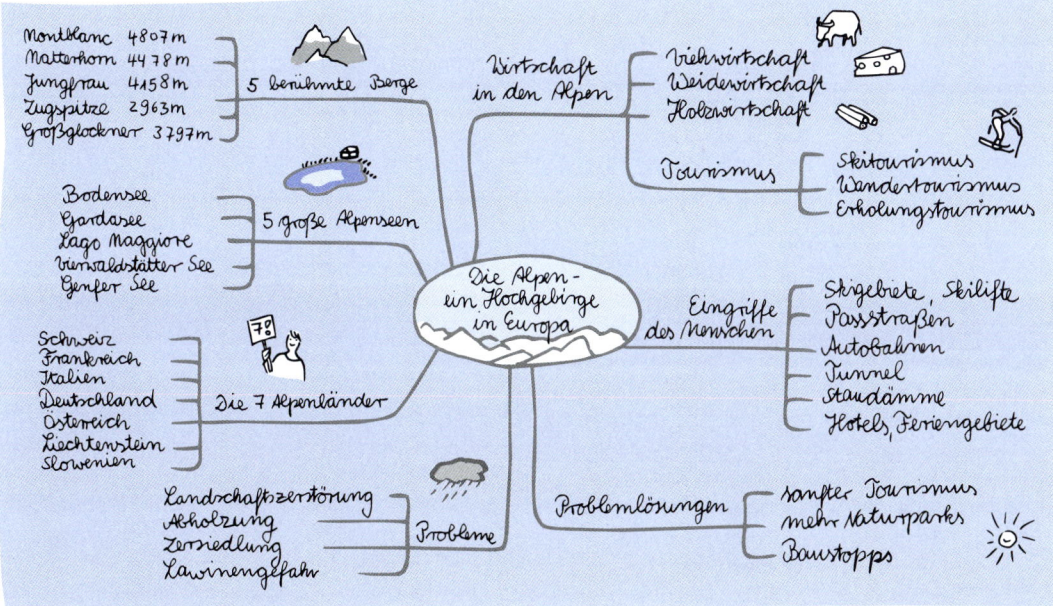

Das Beispiel stammt aus dem Erdkundeunterricht in einer fünften Klasse. Es fasst die Arbeitsergebnisse einer gesamten Unterrichtsreihe zusammen und integriert die Informationen über die Alpen, welche die Schüler aus mehreren Texten in ihrem Schulbuch entnommen haben.

Unterrichtsbeispiel für die Entwicklung von Lesekompetenz durch Mindmapping

Das auf dieser Doppelseite dokumentierte Beispiel aus meinem Unterricht zeigt, wie sich die Textverstehenskompetenz einer Schülerin durch Mehrfachanwendung der Mindmapping-Methode allmählich entwickelt. Thema der Unterrichtsreihe im einstündigen Politikunterricht dieser achten Klasse waren die Aufgaben und Bedeutung kommunaler Politik.

Die drei Fassungen stammen aus dem Arbeitsheft einer 13-jährigen Schülerin, die eher zu den schwachen Lesern zu zählen ist. Der Fortschritt in der Kompetenzentwicklung ist so offensichtlich, dass er nicht kommentiert werden muss, wenn auch der dritte Versuch noch nicht brillant oder fehlerfrei ist.

Man sieht, wie wichtig es ist, dass die Methode mehrfach geübt wird und dass die Besprechung der ersten Versuche die Funktion haben muss, zu besseren Ergebnissen beim zweiten Versuch zu führen.

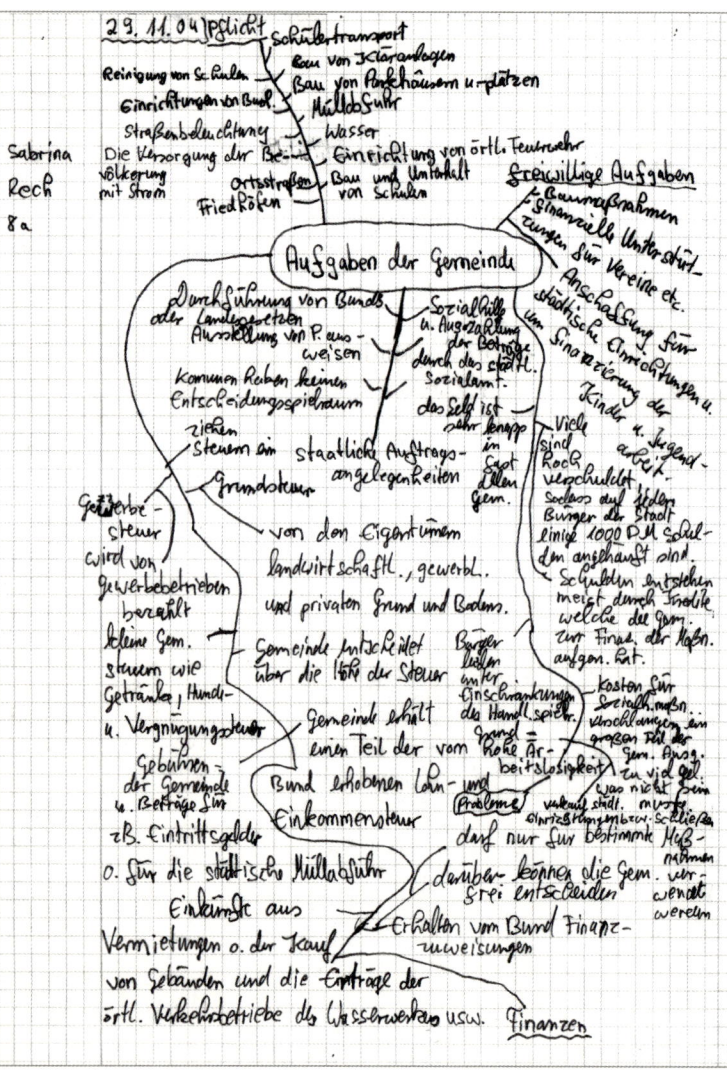

Versuch Nummer 1

Es ging um die Umwandlung eines Sachtextes über die Aufgaben der Gemeinden in eine Mindmap.
Der Versuch zeigt, dass die Schülerin viele Informationen aus dem Text ermittelt hat.
Die Mindmap hat allerdings nur eine in Ansätzen erkennbare Struktur. Sie ist so als Visualisierung ungeeignet und kann noch nicht als Lernhilfe dienen.

Versuch Nummer 2

Sabrina hat ihre Mindmap über die Aufgaben der Gemeinde überarbeitet. Der Text wurde klarer in Abschnitte gegliedert und diese wurden als Hauptstränge in die Mindmap übertragen: Pflichtaufgaben, freiwillige Aufgaben, Finanzen, Einnahmen, Schulden. Die Informationsmenge wurde reduziert.

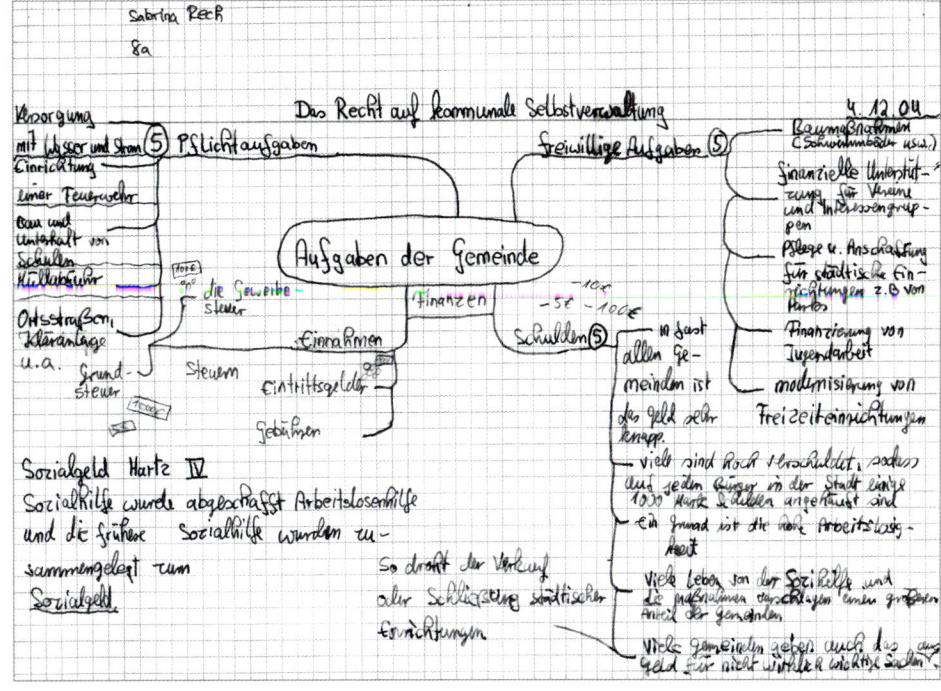

Versuch Nummer 3

Das Ergebnis kann sich sehen lassen. Sabrina konnte mit dieser Mindmap die Rolle eines Bürgermeisters mündlich strukturiert wiedergeben. Gleichzeitig verfügt sie über eine individuelle Merkhilfe. Die Mindmap ist noch nicht perfekt, aber die Schülerin wird im Laufe der weiteren Schulzeit noch viele Gelegenheiten haben, diese Verstehensstrategie anzuwenden.

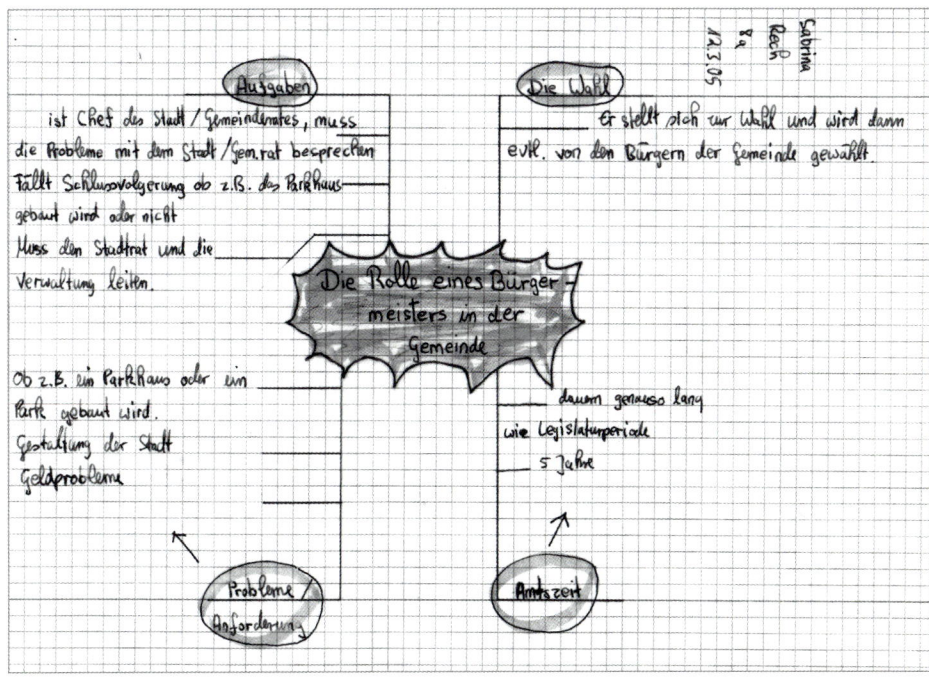

Weitere Vorgehensweisen mit Mindmaps

Texterschließung durch Standardfragen

Nachrichten und Berichte aus der Presse und den übrigen Massenmedien lassen sich gut mit den Standard-W-Fragen bearbeiten. Besonders geeignet sind Texte aus den Bereichen Politik, Wirtschaft, Umwelt, Kultur, Religion, Rückblicke auf historische Ereignisse u. Ä., bei denen es um Ereignisse, Gesetzesvorhaben, nationale oder internationale Abkommen, Naturkatastrophen, Erfindungen, Personen etc. geht. Man kann mit den W-Fragen Tabellen ausfüllen. Man kann aber auch Mindmaps damit anlegen, weil diese sich mit hoher Wahrscheinlichkeit nachhaltiger einprägen werden. Eine Mindmap mit W-Fragen lässt sich auch an der Tafel vorstrukturieren. Das im Zentrum platzierte Thema liefert den Impuls für ein Einstiegsgespräch. In der Phase der Texterarbeitung in Einzel- oder Partnerarbeit gestalten die Schüler die Mindmap fertig.

Wer?	Wann?	Wo?	Was?	Wie?	Warum?

Brüssel will Ausbreitung der Vogelgrippe verhindern

Brüssel – Die Europäische Union will in dieser Woche ein Importverbot für Geflügel aus Russland und Kasachstan verhängen, um eine weitere Ausbreitung der Vogelgrippe zu verhindern. Bei diesem Schritt handele es sich um eine reine Vorsichtsmaßnahme, sagte ein EU-Kommissionssprecher am Wochenende. Alle EU-Staaten seien aufgefordert worden, dem Verbot bis Freitag zuzustimmen. Danach werde es in Kraft treten. Mehrere deutsche Bundesländer hatten bereits Ende vergangener Woche den Import von Vögeln und Federn aus der betroffenen Region gestoppt.

Die russische Veterinärbehörde hatte zuletzt davor gewarnt, dass die in Sibirien aufgetretene Vogelgrippe nach Europa übergreifen könnte.
Bislang können sich Menschen ausschließlich durch Kontakt mit infiziertem Geflügel anstecken. Die Weltgesundheitsorganisation (WHO) befürchtete jedoch, dass sich aus dem Vogelgrippe-Virus ein neuer, möglicherweise aggressiver Grippe-Virus entwickeln könnte, der dann nicht nur Menschen infizieren, sondern auch von Mensch zu Mensch weitergegeben werden kann. *DW*

(Aus: Die Welt vom 8. August 2005, S. 1)

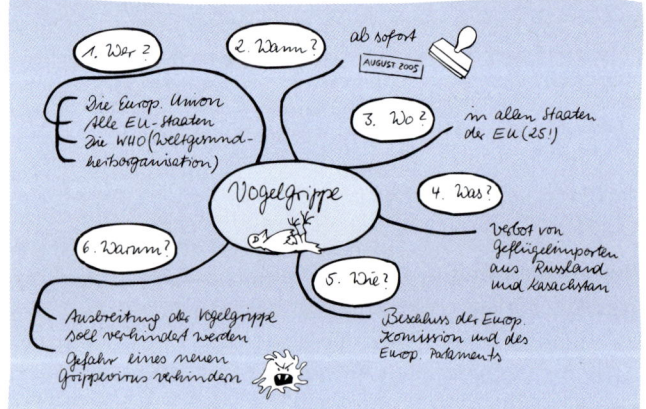

- Zum besseren Verständnis experimenteller Prozesse in Biologie, Chemie und Physik bieten sich zum Zentrum „Reaktion von ..." die Hauptstränge Ausgangssituation, Reaktionsauslöser, Reaktionsart und -zeit, Ablauf, Ergebnis, Erkenntnis, Rückgriff auf die Ausgangssituation an.
- Bei der Bearbeitung von Konflikten helfen die Hauptstränge Ursachen, Beteiligte, Machtverteilung, Folgen, Lösungen, Chancen und Gefahren.

Je mehr Routine unsere Schüler im Anlegen von Mindmaps gewinnen werden, desto geringer können im Laufe der Zeit die Hilfen ausfallen.

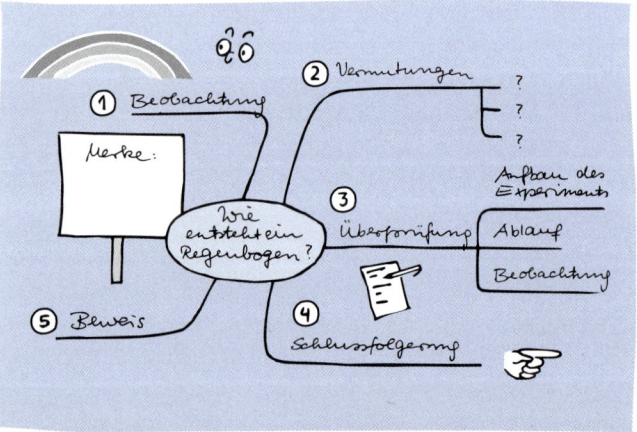

Im experimentellen naturwissenschaftlichen Unterricht können die Hauptstränge der Mindmap immer ähnlich ausfallen.

Mindmaps zur Visualisierung von Arbeitsergebnissen

Mit der folgenden Mindmap hat der 15-jährige Rainer (Klasse 9) die Regeln für die Durchführung der Partnerarbeit in Form einer Kugellagerübung visualisiert. Besonders gelungen ist dabei, dass er jeder Phase im Ablauf der Übung jeweils drei Regeln zugeordnet hat. Diese Mindmap wurde als Merkhilfe im Klassenraum aufgehängt. Vor jeder erneuten Durchführung der Übung lassen sich so die Regeln für einen störungsfreien Ablauf kurz rekapitulieren. Nach der Übung helfen Mindmaps in dieser Art bei einer Durchführungskritik bezüglich der Methode.

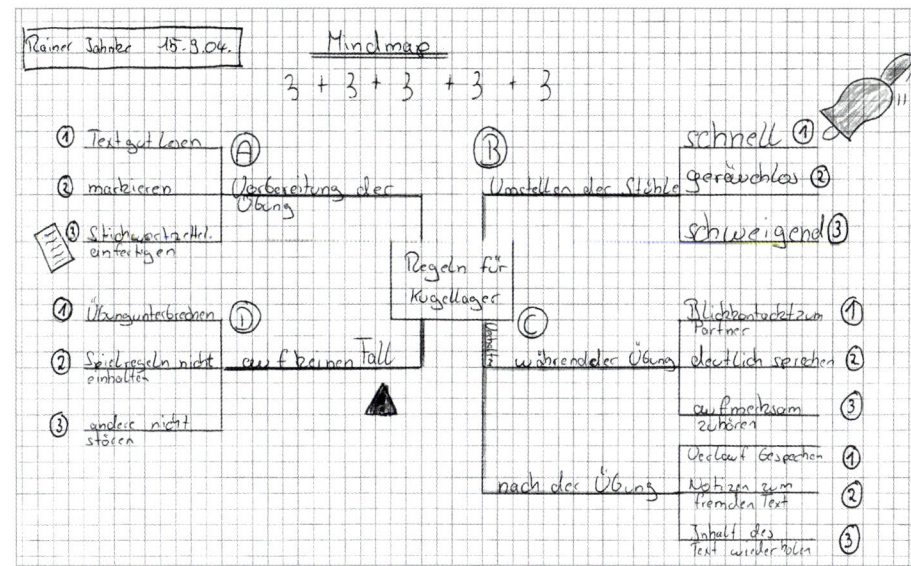

Feedback zum Unterricht mit dem Schwerpunkt Mindmap

Ergebnis einer Schülerbefragung zur Frage „Was hältst du von Mindmaps?" (Klasse mit 28 Schülern)	+2 stimmt	+1	−1	−2 stimmt gar nicht
1. Ich finde, dass Mindmaps eine prima Sache sind.	12	12	3	1
2. Mit Mindmaps kann man sehr gut lernen.	17	8	2	1
3. Es ist sehr schwierig, eine gute Mindmap zu machen.	1	10	11	6
4. Mir fällt es jetzt schon viel leichter, eine Mindmap zu erstellen.	14	11	2	1
5. Mindmaps herzustellen sollte man in vielen Fächern üben.	16	8	2	2

Schriftliche Feedback-Befragungen zum Umgang mit Methoden bieten die Chance, die Methode zum Thema eines Klassengespräches zu machen. Daraus wiederum entsteht die Chance, die Methodenkompetenz bei den nächsten Anwendungen weiterzuentwickeln. Das hier abgedruckte Befragungsergebnis stammt aus einer achten Realschulklasse nach der Durchführung einer Unterrichtsreihe zum Thema „Aufgaben der Gemeinden" im Fach Sozialkunde mit dem Schwerpunkt Mindmapping. Das hohe Maß an Zustimmung zum Verfahren ist sehr typisch, wenngleich das Ergebnis auch deutlich macht, dass die Bewertungen immer individuell variieren. Gerade darin zeigt sich die Notwendigkeit, über Methoden miteinander zu sprechen.
Übrigens: Sie müssen solche Befragungen nicht selbst auswerten. Schüler übernehmen das gerne, besonders, wenn die Auswertung am PC erfolgen kann.

Methodenarrangement 4: Lernen mit Schaubildern

Kompetenzstufen III bis IV – Klassenstufen 6 bis Oberstufe

Schaubilder, Statistiken, Diagramme, historische Karten u.a. werden in der PISA-Studie als nicht kontinuierliche Texte bezeichnet. Unseren Schülern fällt es sehr schwer, diese Textformen richtig zu lesen, zu verstehen und zu bewerten. Das hat u.a. mit der Komprimiertheit der Sprache, der Fülle der unkommentierten Zahlen und der Abstraktheit der Zeichen zu tun. Andererseits spielen diese Textformen eine große Rolle im Alltag der Medienberichterstattung und auch im Arbeitsleben. In den Schulbüchern verschiedener Fächer werden ebenfalls viele Inhalte über nicht kontinuierliche Textsorten vermittelt.

Mit dem folgenden Methodenarrangement werden Schaubilder und Statistiken exemplarisch in das Zentrum einer kompetenzorientierten unterrichtlichen Bearbeitung gerückt. Sie benötigen dazu mehrere Schaubilder, die einem gemeinsamen Rahmenthema zugeordnet werden können wie z.B. Völkerwanderungen früher, Migration heute, Wirtschaftsdaten, Umweltschutz, Entwicklung, Globalisierung, Klima, politische Prozesse und Systeme, Weltreligionen, Europa u.v.a.m., und zusätzlich die Methodenkarte auf der Seite 145.

Hinführung
Plenum

Der Unterricht beginnt mit der Projektion eines Schaubildes und den Leitfragen: „Was sieht man hier? Was erfährt man?" Nach den spontanen Äußerungen weist man die Schüler darauf hin, dass sie eine Methode kennen lernen werden, die ihnen in der Zukunft das Lesen von Schaubildern sehr erleichtern wird. Man kann hierfür auch ein aktuelles Schaubild aus einer Tageszeitung verwenden und damit zusätzlich deutlich machen, dass Schaubilder und Statistiken täglich in den Medien zu finden sind.

Themen-formulierung

> **Thema: Schaubilder besser verstehen mit der „Vier-Fragen-Deutung"**
>
> 1. Das Schaubild handelt von ...
> 2. Die Zahlenangaben bedeuten ...
> 3. Es ist gemacht worden, weil ...
> 4. Merken möchte ich mir Folgendes: ...

Die Methodenkarte wird verteilt und bis einschließlich zur Deutungsfrage 1 vorgelesen. Exemplarisch werden am projizierten Schaubild die Fragen 1 bis 4 behandelt und in Form von Satzanfängen an der Tafel notiert. Die Erläuterungen in der Methodenkarte werden jeweils dazu gelesen.

Erarbeitung
Gruppenarbeit

Es folgt eine Gruppenarbeit, die der Vorbereitung einer Schaubildrunde dient. Jeweils drei, maximal vier Schüler erhalten ein Schaubild und dazu die folgenden Aufträge:
1. Wendet die „Vier-Fragen-Deutung" auf euer Schaubild an.
2. Notiert die Ergebnisse.
3. Stellt das Ergebnis allen anderen Schülern vor. Zeigt dabei euer Schaubild.
4. Formuliert in einem kurzen Satz, der notiert werden kann, was sich jeder in der Klasse aus diesem Schaubild unbedingt merken sollte.

Man benötigt von jedem Schaubild nur eine Kopie, wobei das Bild so groß wie möglich kopiert werden sollte. Legen Sie zu Beginn eine Zeit für die Gruppenarbeit fest (z.B. 10 Minuten).

In der Schaubildrunde stellen die Schüler von den Plätzen aus ihre Schaubilder vor, wobei jede(r) aus der Gruppe eine oder zwei der vier Fragen übernimmt. Am Ende formulieren sie nach dem Motto: „Unbedingt merken solltet ihr euch Folgendes: ...“ einen kurzen Merksatz. Diese werden notiert, am besten von zwei Schülern auf zwei Plakaten; so können sie zum Einstieg in die Folgestunde benutzt werden. Für diese Runde ist es erforderlich, dass die Schüler Blickkontakt zueinander haben können.

Kommuni-
kative
Anwendung
Gesprächsrunde/
Sitzkreis

Überschrift?
Merksätze:
1.
2.
3.
4.
5.
6.
7.
8.

Als Hausaufgabe eignet sich die Anwendung der „Vier-Fragen-Deutung“ auf ein neues Schaubild.

Der Einstieg in die Folgestunde kann mit den in der letzten Stunde gestalteten Lernplakaten erfolgen. Mithilfe der Merksätze fassen die Schüler zusammen, was sie aus den unterschiedlichen Schaubildern insgesamt zu ihrem Rahmenthema erfahren haben. Anspruchsvoll, aber lernintensiv ist der Auftrag, die Merksätze auf den Plakaten mit einer alles zusammenfassenden Überschrift zu versehen. Man hört dazu verschiedene Versionen an und wählt die beste aus.

Die Hausaufgaben können sich die Schüler in den Gruppen aus der vergangenen Stunde gegenseitig vorstellen und daraus eine zur Vorstellung im Plenum auswählen.

Folgestunde
Anbindung,
Einstieg

Es empfiehlt sich nun, mit weiteren Texten zu arbeiten, die aus einer Kombination von kontinuierlichem und nicht kontinuierlichem Material bestehen. Der fortlaufende Sachtext daraus wird von den Schülern in Einzelarbeit mit einem der bekannten Texterschließungsverfahren bearbeitet (z.B. mit der Texteinsammelmethode).

Es folgt eine Gruppenarbeitsphase, in der die Schüler die Ergebnisse der Einzelarbeit besprechen und dann das dazugehörige Schaubild gemeinsam interpretieren (auch mehrere).

Vertiefung
Einzel- plus
Gruppenarbeit

Die Gruppen präsentieren ihre Ergebnisse und legen dazu die Schaubilder als Folien auf den Tageslichtprojektor auf. Im Feedback dazu sollte es um die Frage gehen, wie gut es den Schülern gelungen ist, Text und Schaubild als Einheit zu interpretieren. Feedbackaufträge können sein:
- Wie gut wurde der Sachtext dargestellt?
- Wurde die „Vier-Fragen-Deutung“ auf das Schaubild richtig angewendet?
- Haben die Präsentierenden die Verbindung zwischen Text und Schaubild logisch und gut nachvollziehbar aufgezeigt?

Kommuni-
kative An-
wendung und
Feedback
Plenum

Was man mit Schaubildern zu einem Rahmenthema im Unterricht tun kann ...

①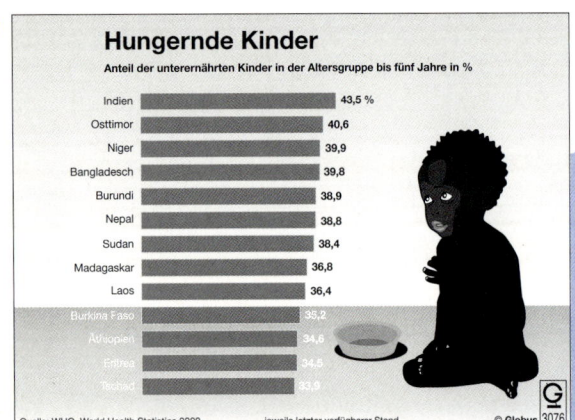

②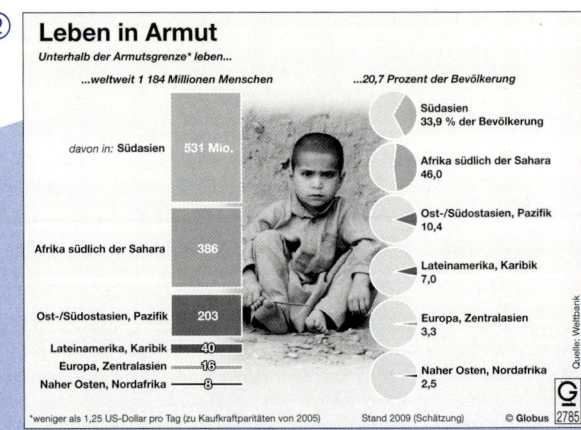

⑨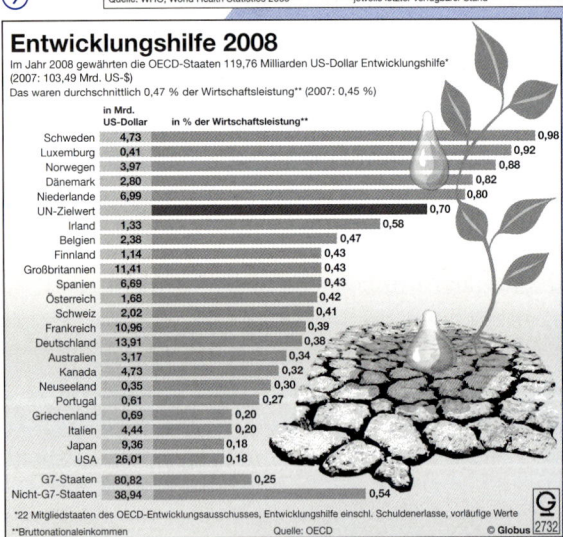

Man kann ...

a) ein Schaubild exemplarisch mithilfe der „Vier-Fragen-Deutung" im Plenum bearbeiten.

b) Schaubilder und Statistiken in Partner- und Gruppenarbeit interpretieren und in einer Schaubildrunde präsentieren lassen.

c) Schaubildrallyes durchführen. Dazu werden fünf bis sechs Exemplare zu einem Themenbereich im Klassenraum aufgehängt. In Gruppen wandern die Schüler von Bild zu Bild und wenden die „Vier-Fragen-Deutung" an. Je ein Schüler übernimmt dabei das Notieren und die Präsentation eines Schaubilds.

⑧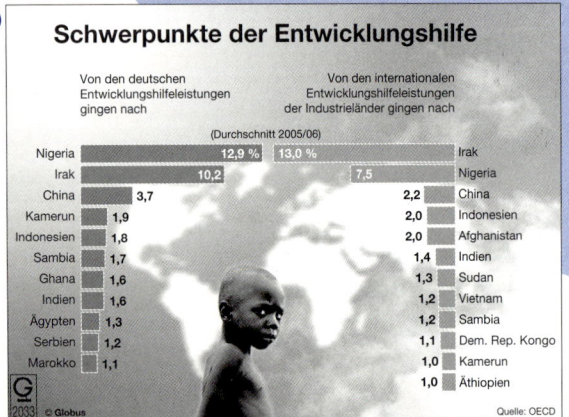

Das Plakat enthält die in der Runde formulierten Merksätze aus den einzelnen Gruppen sowie eine zusammenfassende Überschrift, die als die beste aus mehreren ausgewählt wurde.

1. In zahlreichen Staaten Asiens und Afrikas ist jedes dritte Kind unterernährt.
2. Fast der Hälfte der Kinder im südlichen Afrika lebt in Armut (46 Prozent).
3. In mehreren Staaten im südlichen Afrika war der Kampf gegen den Hunger erfolglos.
4. 2006 starben weltweit 9,7 Millionen Kinder unter fünf Jahren – davon 4,8 Millionen in Afrika.
5. In Burundi, in der demokratischen Republik Kongo und in Eritrea sind über 40 Prozent der Kinder unterernährt.
6. Insgesamt sind in diesen drei afrikanischen Staaten über 60 Prozent der Bevölkerung unterernährt.
7. 158 Millionen Kinder arbeiten weltweit, davon 69 Millionen in Afrika.
8. Schwerpunktländer deutscher Entwicklungshilfe sind Nigeria, Irak und China.
9. Schweden und Luxemburg zahlen im Verhältnis zur Wirtschaftsleistung am meisten, Japan und die USA am wenigsten für Entwicklungshilfe.

Beispiel einer Schaubildrunde zum Themenbereich Unterentwicklung in Klasse 10, 27 Schüler (neun mal drei)

③
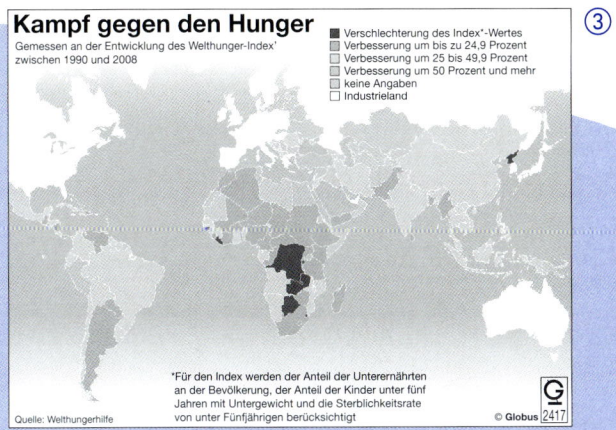

④
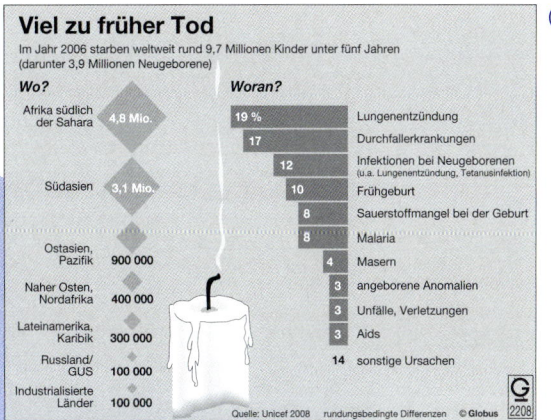

⑤

d) Vortragstechniken einüben. Die Schüler bearbeiten Schaubilder mit dazu passenden Sachtexten. Ohne Sachtext, nur mithilfe des projizierten Schaubilds, üben sie das freie Vortragen.

e) im Mathematikunterricht Rechenaufgaben zu Schaubildern und Statistiken entwickeln und von den Schülern entwickeln lassen.

f) mithilfe von Computerprogrammen Schaubilder, Statistiken und Diagramme selbst erstellen, z.B. durch Umwandlung kontinuierlicher Texte in nicht kontinuierliche oder durch Auswertungen von Befragungen, Projekten etc.

g) zur kritischen Bewertung anleiten (Vergleiche durchführen, Hersteller ermitteln, Zielgruppen, manipulative Darstellungsformen, Verwendung falscher Zahlen).

⑦
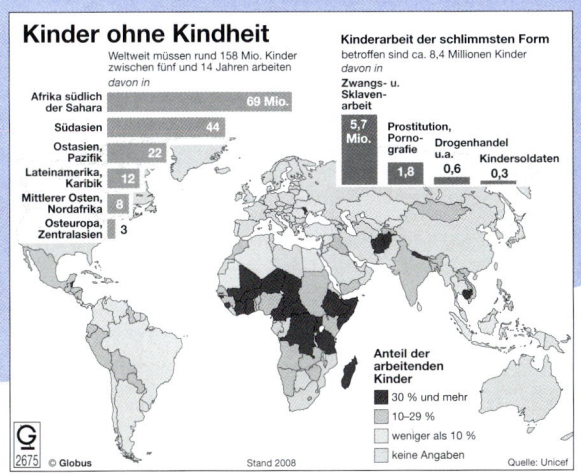

⑥
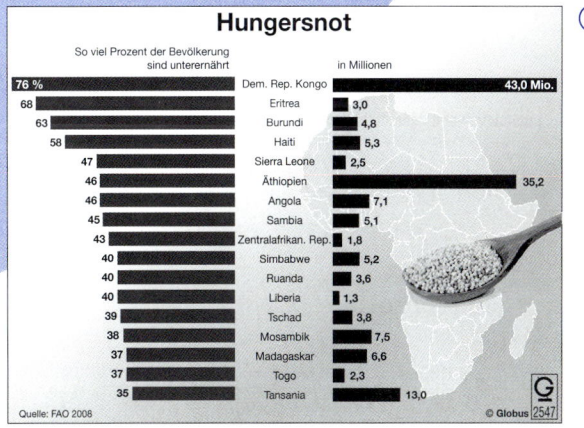

Erfahrungen zur Arbeit mit Schaubildern und Statistiken

1. Was sind die Besonderheiten?

Schaubilder, Statistiken, Diagramme oder andere nicht kontinuierliche Texte bestehen aus einer Ansammlung von visualisierten Daten, die in großer Menge bildhaft angeordnet sind, ohne dass es nähere Erklärungen dazu gibt. Für den geübten Betrachter sind sie eine sehr effiziente Informationsquelle. Sie lassen sich schnell lesen, liefern Faktenwissen und prägen sich wegen ihrer Bildhaftigkeit gut im Gedächtnis ein. Damit sind sie eine unerlässliche Hilfe für jeden, der seine Ansichten mit Daten und Argumenten untermauern will.

Dieser Nutzeffekt stellt sich allerdings nur ein, wenn man Schaubilder richtig lesen kann. Das bereitet unseren Schülern größte Schwierigkeiten, wie jeder unschwer feststellen wird, der in einer achten, neunten oder zehnten Klasse ungeübten Schülern Schaubilder zur Interpretation vorlegt. Zahlen werden willkürlich herausgepickt, selten im Bezug zu den anderen Zahlen gesehen, oft auch nicht verstanden. Ganz schwierig wird es, wenn eine Gesamtaussage formuliert werden soll, und gänzlich unmöglich ist es dem ungeübten Betrachter, Statistiken und Schaubilder einer kritischen Würdigung zu unterziehen, etwa im Hinblick auf Manipulationstendenzen durch Dramatisierung der Grafik (siehe dazu das Krokodil in der Original-Globus-Grafik und meine Bearbeitung mit abgeflachter Kurve und Friedenstaube).

An der Erfahrung dieser Unstrukturiertheit setzt die „Vier-Fragen-Deutung" an. Sie gibt dem Lernenden eine grundlegende Systematik an die Hand, mit der er sich in Zukunft jedem Schaubild wird nähern können. Sie ist leicht anzuwenden und kann problemlos auf neue Schaubilder mit neuen Inhalten und Themen übertragen werden.

2. Worauf sollten Sie achten?

Schaubilder und Statistiken schaut man sich normalerweise an, wenn man damit ein bestimmtes Interesse verfolgt. Man liest z.B. einen aktuellen Zeitungsartikel über die Probleme des Sozialstaates und betrachtet daraufhin interessiert das Zahlenmaterial in der dazu platzierten Grafik. So sollte es auch im Unterricht sein. Die Kompetenz muss inhaltsbezogen eingeübt werden.

Stärker als bisher sollten wir unsere Schüler dazu anleiten, Verbindungen zwischen kontinuierlichen und nicht kontinuierlichen Texten herzustellen. Man kann z.B. zuerst einen Text im Schulbuch lesen und erschließen und in einem zweiten Schritt gezielt die Daten aus der dazugehörigen Grafik ermitteln und zuordnen lassen.

Schaubilder, Statistiken und Diagramme unterscheiden sich natürlich sehr in ihrer Komplexität und in ihrem Schwierigkeitsgrad. Darin steckt die Chance zur inneren Differenzierung. Stehen mehrere Grafiken zur Bearbeitung an, können Sie in der Verteilung steuern. Sie können so die Arbeit individualisieren, ohne dass es als diskriminierend empfunden wird. Fordern Sie die Schüler bei Erklärungen zu möglichst konkreten Aussagen auf. Schüler neigen z.B. dazu, zu sagen: „Diese Statistik zeigt, wie viele Kinder auf der Welt arbeiten müssen." Besser ist: „Sie zeigt, dass mit 127 Millionen von insgesamt 211 Millionen die Kinderarbeit in Asien am höchsten ist."

Es ist keineswegs so, dass Unterricht mit Schaubildern und Statistiken trocken und langweilig sein muss. Mit einer Schaubildrunde oder mit einer Schaubildrallye, bei der sich die Schüler in Gruppen durch den Klassenraum bewegen, kann sogar in einer sechsten Stunde eine hohe Lernbereitschaft entstehen.

METHODENKARTE

Schaubilder und Statistiken lesen und verstehen mit der „Vier-Fragen-Deutung"

Welche Bedeutung hat das Lesen von Schaubildern und Statistiken?

In einer Statistik werden komplizierte Sachverhalte, bei denen Zahlenangaben eine Rolle spielen, übersichtlich dargestellt. Beim Schaubild kommen zu den statistischen Angaben noch bildhafte Elemente hinzu, damit man sich die Aussagen besser einprägen kann. Statistiken und Schaubilder sind in einer eigenen Sprache abgefasst. Nur so gelingt es, sehr komplizierte Sachverhalte auf kleinstem Raum darzustellen. Wer eine Statistik richtig lesen will, muss genau hinschauen und die Einzelheiten genau beachten. Schaubilder und Statistiken begegnen uns überall in Schulbüchern, Zeitungen, Zeitschriften, auch im Fernsehen und im Internet. Wer sie richtig lesen kann, kann sich schnell über wichtige aktuelle Erscheinungen informieren und sich eine Meinung bilden, die sich auf konkrete Zahlen stützen kann.

Wie macht man das?

Mit den folgenden Fragen lassen sich Schaubilder Schritt für Schritt lesen, verstehen und in eigenen Worten wiedergeben:

1. Wovon handelt das Schaubild?

Betrachte es und finde heraus, welche Thematik es behandelt. Eventuell müssen unbekannte Begriffe mit einem Lexikon geklärt werden.

Beispiel: Das Schaubild rechts behandelt den weltweiten Ausstoß von Kohlendioxid in der Zeitspanne zwischen 1970 und 2010. Kohlendioxid ist ein Gas, das bei der Verbrennung entsteht und den Treibhauseffekt mitverursacht.

2. Welche Bedeutung haben die Zahlen?

Achte genau darauf, ob es sich bei den Zahlen um Prozentangaben, absolute Zahlen oder um Mengen- oder Größenangaben handelt.

Angegeben ist der weltweite jährliche Ausstoß von CO_2 in Milliarden Tonnen. Demnach wird der CO_2-Ausstoß von 16,2 Milliarden Tonnen im Jahr 1970 bis 2010 auf 31,9 Milliarden Tonnen steigen.

3. Warum ist das Schaubild gemacht worden?

Versuche herauszufinden, warum das Schaubild gemacht wurde. Will es informieren, will es uns zu Veränderungen im Verhalten aufrufen, will es unsere Meinung in eine bestimmte Richtung lenken? Schaubilder erwecken leicht den Anschein, als ob sie die objektive Wahrheit wiedergeben würden. Das muss aber nicht immer der Fall sein. Zum Beispiel kann bei einer Zukunftsprognose niemand nachprüfen, ob die Prognose wirklich so eintrifft. Benutze Statistiken und Schaubilder als Informationsquelle. Schaue aber auch kritisch auf die Zahlen.

Das Schaubild will zeigen, wie ungeheuer groß die Zunahme an CO_2-Emissionen seit 1970 war und wie groß sie in der Zukunft noch sein wird, wenn nichts geschieht. Es will den Staat, die Wirtschaft und uns alle dazu aufrufen, darüber nachzudenken, wie man den Ausstoß von Kohlendioxid senken kann.

4. Welche Informationen daraus will ich mir langfristig merken?

Entnimm dem Schaubild eine oder zwei Informationen, die du dir langfristig einprägen wirst.

Die wichtigste Information in diesem Schaubild ist, dass sich der CO_2-Ausstoß von 1970 bis 2010 nahezu verdoppeln wird.

Methodenarrangement 5: Texterschließung mit PowerPoint

Kompetenzstufen I bis V – Klassenstufen 9 bis Oberstufe

PowerPoint wird mit der Produktidee vertrieben, Präsentationen professionell planen und durchführen zu können. Das Programm ist als Bestandteil des Office-Pakets der Firma Microsoft wahrscheinlich in jedem PC installiert, der in der Schule zur Verfügung steht.

Aus didaktischer Sicht eignet sich dieses Programm (oder ein vergleichbares eines anderen Herstellers) hervorragend zur Förderung der Lesekompetenz. Es kann die Schüler zu einer intensiven Auseinandersetzung mit den Texten anleiten, weil diese zur Herstellung der Folien extrem verkürzt, gegliedert und neu strukturiert werden müssen.

Weil Unterricht zur Förderung der Lesekompetenz mit PowerPoint nur als Gesamtprozess planbar ist, umfasst das hier empfohlene Methodenarrangement eine ganze Reihe von Einzelstunden. Für die Arbeit am PC sollten auf jeden Fall zwei Sitzungen eingeplant werden – möglichst in Doppelstunden.

Hinführung zum Inhalt
Plenum

Am Beginn des Unterrichtsprozesses steht eine didaktische Leit- oder Forschungsfrage, zu deren Beantwortung relativ umfangreiches Textmaterial vorliegt. Dabei kann es sich um eine Abhandlung über das Leben und Werk großer Dichter handeln, über den Ablauf historischer Prozesse oder politischer Entscheidungen, über exemplarische Darstellungen ausgewählter Länder oder Wirtschaftsräume, über Produktionsabläufe wie z.B. die Stromerzeugung oder die Herstellung von Stahl, über Modellentwicklungen u.v.a.m. Günstig wird es sein, wenn man ein umfangreiches Kapitel im eingeführten Schulbuch als Grundlage verwenden kann. Besonders bietet sich eine arbeitsteilige Vorgehensweise an, weil dadurch unter anderem die Präsentationsphase wesentlich interessanter ausfallen dürfte.

Beispiele: Wir stellen berühmte Dichter vor, ausgewählte Entwicklungsländer, Wege zur Stromerzeugung, Funktionen von Organen etc. Die Präsentation kann auch fremdsprachlich gestaltet werden.

Hinführung zur Methode
Zielvorgaben plus Einteilung in Partnerschaften oder Gruppen

Falls die Möglichkeit besteht, empfiehlt sich die Hinführung zur Methode mithilfe einer Muster-Präsentation, an deren Gestaltung sich die Schüler später orientieren können. Stehen z.B. Leben und Werk berühmter Dichter auf dem Programm, kann exemplarisch ein Vertreter vorgestellt werden. Auch die Methodenkarte eignet sich zur Veranschaulichung des Verfahrens.

Zur Technik bedarf es erfahrungsgemäß nur sehr weniger Hinweise. Fragen Sie, wer sich bereits mit dem Verfahren auskennt und bilden Sie – wenn möglich – Partnerschaften aus Schülern mit und ohne Vorkenntnisse. Wichtig ist die Regel, dass diejenigen ohne Vorkenntnisse Gelegenheit haben sollen, die Tastatur zu bedienen. Am PC kann man allenfalls zu dritt arbeiten. Besser ist es, wenn für jeweils zwei Schüler ein PC zur Bearbeitung ansteht. Deswegen ist Partnerarbeit für die Erstellung einer Präsentation das geeignete Verfahren.

Erarbeitung
vorbereitende Hausaufgabe

Wenn die erste Stunde nach der Vergabe der Themen, der Vorstellung der Methode und der Einteilung der Partnerschaften endet, kann die Lesephase in die Hausaufgabe verlegt werden. Dabei können bereits bekannte Texterschließungsverfahren zur Anwendung kommen.

Wenn die inhaltlichen Zielvorgaben und die Regeln für die Arbeit im Computerraum klar sind, können Sie die Schüler ungestört für die Dauer einer Doppelstunde an den PCs arbeiten lassen (siehe zu den Regeln zum Verhalten im Computerraum auch: „Methoden für den Unterricht", Schöningh Verlag, Paderborn 2002, S. 97). Wichtig ist, dass die Textmaterialien bereitliegen und dass darauf immer Bezug genommen wird. Vereinbaren Sie, dass nur Tätigkeiten am PC geduldet werden, die der Erfüllung des Auftrags dienen.

Erarbeitung
am PC in Partnerarbeit

Wird eine PowerPoint-Präsentation zum ersten Mal erstellt, ist eine Sichtung der Zwischenergebnisse notwendig (möglichst mit Beamer). Lassen Sie – aus Gründen der Zeitersparnis – alle Produkte einmal unkommentiert durchlaufen und führen Sie ein Gesamtfeedback durch. Zum Einprägen der verschiedenen Vorführungen notieren die Schüler:

Zwischen-feedback
Plenum

Präsentierende:	Inhalt	Design	Struktur	Bewertung
Nr. 1				a) ☺ b) ☺ ☺ c) ☺ ☺ ☺

Bei den ersten Versuchen neigen die Schüler erfahrungsgemäß dazu, alle technischen Möglichkeiten auszutesten. Die Präsentationen sind dann völlig überladen mit Animationen, Überblendungen, Sounds, Cliparts etc. Man sollte die Schüler diese Erfahrung machen lassen. Gerade, wenn man sich mehrere Präsentationen ansieht, spürt man, wie diese Spielereien vom Inhalt ablenken.
Auch sind die ersten Präsentationen oft noch zu unstrukturiert und mit zu vielen Informationen (in schlecht lesbaren Schriften) überfrachtet. Aus dem Zwischenfeedback lassen sich Regeln für eine qualitativ wirkungsvolle Präsentation erarbeiten (siehe dazu die Schülerarbeit auf der Seite 149). Mit den Überarbeitungsaufträgen gehen die Partner dann in eine Überarbeitungsphase.

Die gleichen Schülerpaare überarbeiten bzw. stellen ihre Präsentationen am PC fertig und beachten dabei die Regeln aus dem Zwischenfeedback.

Über-arbeitung
am PC

Zur Vorbereitung der endgültigen Präsentation können sich Schülerpaare, die am gleichen Inhalt gearbeitet haben, in Gruppen zusammensetzen und gemeinsam ihren mündlichen Vortrag abstimmen (eine Schulstunde). Dabei wählen sie die beste der erarbeiteten PowerPoint-Präsentationen aus oder eine Kombination aus mehreren Präsentationen. Die Kommentierung einzelner Folien wird auf das Team aufgeteilt.
Alternativ dazu können auch die einzelnen Partner einen Vortrag mithilfe ihrer Präsentation vorbereiten und durchführen. Dieses Verfahren kostet allerdings viel Zeit und kann – wegen der vielen Präsentationen – zur Ermüdung führen. Eventuell kann das Los entscheiden.

Gruppen-arbeit
zur Abstimmung und Vorbereitung der Präsentation

Die Schülerpräsentationen bilden den Abschluss und den Höhepunkt dieses Lernprozesses. Zum Feedback kann der Bewertungsbogen aus „Methoden für den Unterricht", S. 51 eingesetzt werden. Ab dem zweiten Durchlauf dieses Arrangements können die Produkte und Präsentationen benotet werden.

Schüler-präsentation
Plenum plus Feedback

Erfahrungen mit PowerPoint als Texterschließungsverfahren

1. Was sind die Besonderheiten?

Eine Besonderheit ist die starke Motivation, die von diesem Verfahren ausgeht. Die Herstellung einer PowerPoint-Präsentation im PC-Raum bereitet den Schülern nahezu ausnahmslos große Freude. Auch die Gruppe der eher leseunwilligen Jungen kann mit dem Verfahren zur Textarbeit animiert werden. In diesem Unterricht gibt es in der Regel keine Störungen, selbst dann, wenn die Arbeit weit über die Zeit einer einzelnen Schulstunde hinausgeht.

Natürlich geht diese Motivation nicht primär von den Texten aus, die zur Bearbeitung anstehen. Das Agieren am Computer ist ein starker Motivationsfaktor, aber auch die Tatsache, dass die Schüler über eine weite Strecke des Schulvormittags selbstständig und aus ihrer Perspektive „ungestört" einer Tätigkeit nachgehen können, die dazu noch als sinnvolle Lernzeit Anerkennung findet.

Die Kunst des Lehrers wird darin bestehen, diese zunächst eher textfremden Motivationsauslöser auf die inhaltliche Textbearbeitung zu lenken. Das können wir tun, indem wir in der Hinführung die Zielsetzung inhaltlich klar definieren, die Schüler in Gesprächen am PC beraten und die ersten Präsentationen – neben einer Würdigung der technischen Leistung – vor allem einer inhaltlichen Betrachtung unterziehen. Stolz sind die Schüler am Ende einer Präsentation nicht wegen ihrer Animationen und ihrer eingefügten Sounds, sondern wenn ihnen rückgemeldet werden kann, dass sie ihre Textgrundlage hervorragend visualisiert haben. Das sind die Erfolgserlebnisse, die Lust auf weiteres Lesen machen. Die didaktische Gesamtkonzeption des Unterrichts ist also weitgehend entscheidend dafür, wie stark das Verfahren zur Kompetenzentwicklung nutzbar gemacht werden kann.

Eine weitere Besonderheit ist ein Phänomen, das man zunächst als Nachteil des Verfahrens sehen kann: Die Schüler gestalten ihre Folien immer wieder neu und experimentieren dabei mit Hintergrundfarben, Schrifttypen etc. Dieses Spielen mit formalen Möglichkeiten führt gleichzeitig dazu, dass sie sich ihre visualisierten Informationen wieder und wieder anschauen und durchlesen. Das machen sie sonst eigentlich nie! Auf diese Art „brennen" sich die Informationen mit einer unvergleichlich hohen Intensität im Gehirn ein. Jeder, der selbst PowerPoint-Präsentationen hergestellt hat, bestätigt diesen Effekt.

Mit PowerPoint lässt sich nur eine geringe Textmenge auf jeweils einer Folie präsentationswirksam visualisieren. Die Schüler sind gezwungen, nur das Allerwichtigste aus einem Text herauszufiltern und es gut gegliedert auf verschiedene Folien zu verteilen. Beide Faktoren fördern die analytische Kompetenz, ohne dass dieser Prozess als zwanghaft empfunden wird.

2. Worauf sollten Sie achten?

- Gehen Sie nicht schon zu Beginn Ihrer Unterrichtsreihe mit Ihrer Klasse in den PC-Raum. Achten Sie darauf, dass zunächst eine inhaltliche Grundlegung erfolgt, bevor man sich der Computerarbeit zuwendet. Nur wer schon eine Vorstellung von dem hat, was präsentiert werden soll, kann ein vernünftiges Produkt gestalten.
- Legen Sie klare Regeln für das Verhalten im PC-Raum fest. Weisen Sie vor allem darauf hin, dass nur der Sache dienliche Tätigkeiten am PC ausgeführt werden dürfen. Schlimme Dinge können die Folge sein, wenn diese verbindliche Festlegung unterbleibt.

- Achten Sie darauf, dass die zu bearbeitenden Texte vor dem Betreten des PC-Raumes bereits mindestens einmal gelesen und möglichst auch schon bearbeitet wurden – sinnvoller Weise auch durch Exzerpieren, mit der Texteinsammelmethode oder mit Mindmapping.
- Nutzen Sie das Verfahren zur inneren Differenzierung bzw. zur Individualisierung des Lernens. Setzen Sie z. B. technisch noch unkundige Schüler mit geübten Schülern zusammen. Beauftragen Sie die PC-Spezialisten damit, ihre Mitschüler zu beraten. Vor allem aber: Nutzen Sie die Chance zur thematischen Arbeitsteilung. Die Schüler lernen sehr intensiv, wenn sie sich gegenseitig ihre Arbeiten präsentieren und Feedback geben. Die Präsentationen lassen sich so gestalten, dass Gruppen von Schülern weitgehend eigenverantwortlich ihre Mitschüler unterrichten.
- Wenn Sie aus dem eingeführten Schulbuch längere Kapitel zur Bearbeitung verteilen, hält sich Ihr Aufwand in Grenzen und Sie bearbeiten eine Fülle von fachlich relevanten Inhalten.

Übrigens: Sie brauchen keine Bedenken zu haben, wenn Sie selbst Ihre Computerkenntnisse als begrenzt einschätzen. Erfahrungsgemäß benötigen die Schüler nur sehr wenige technische Hinweise, um sich dann in erstaunlichem Tempo in die Programme hineinzuarbeiten. In dieser Hinsicht sind sie uns Erwachsenen eindeutig überlegen.

Dieses Liste ist das Ergebnis eines Zwischenfeedbacks (siehe S. 147). Die Schüler haben die Kriterien entwickelt, nachdem sie festgestellt haben, dass ihre ersten PowerPoint-Präsentationen mit zu vielen technischen Spielereien versehen waren und mit zu wenig inhaltlicher Durchdringung. Die einzelnen Beiträge aus der Feedbackrunde wurden notiert und der Schüler Miles erklärte sich bereit zu dieser Sonderarbeit. (Einige Fehler wurden noch korrigiert, bevor die Liste, so wie sie hier ist, im PC-Raum aufgehängt wurde.)

Mit diesen Kriterien, die sie selbst formuliert hatten, konnten die Schüler an die Überarbeitung ihrer Präsentationen gehen. So kann aus einem Zwischenfeedback eine Intensivierung des Lernens und eine Optimierung der Ergebnisse entstehen.

Die gute PowerPoint-Präsentation

1. Der Inhalt muss im Vordergrund stehen, es sollte nicht so viel Schnickschnack darin sein.

2. Die Menge der Animationen pro Folie darf nicht übertrieben werden (dezente Animationen).

3. Alle Folien sollen in formaler Hinsicht einer gemeinsamen Linie folgen.

4. Die erste Folie muss besonders schön sein.

5. Die Menge der Informationen muss begrenzt sein.

6. Man sollte nicht zu viele Bilder hineinbringen.

7. Die Vorführung darf weder zu schnell, noch zu langsam sein.

8. Die Zahl der Folien hängt vom Thema ab, aber es sollten nicht zu viele Folien sein, etwa 6 bis maximal 12 Folien.

5 Tipps für eine gute
PowerPoint-Präsentation zum Merken!

1. klares Thema, klarer Inhalt	4. Vorführung nicht zu schnell/ nicht zu langsam
2. gute Gliederung	5. Zahl der Folien: 6 – 12
3. PP muss den Blick auf sich ziehen	6. Schrift muss gut lesbar sein (mindestens 24)

Miles Gehrke, 10a

Kopiervorlage

METHODENKARTE

Texterarbeitung mit PowerPoint

Worum geht es?

PowerPoint ist ein Computerprogramm, mit dem man Folien für eine Präsentation erstellen kann. Die Folien können ausgedruckt und auf einen Tageslichtprojektor gelegt werden. Man kann aber auch „lebende Folien" erstellen, die mithilfe eines Beamers auf eine Wand projiziert werden. Dazu bietet das Programm die Möglichkeit, erstellte Folien zu animieren und sie besonders ansprechend zu gestalten. Zur Benutzung von PowerPoint bedarf es einiger technischer Vorkenntnisse, die leicht erlernbar sind.

Texterarbeitung mit PowerPoint ist eine spezielle Art der Nutzung dieses Programms. Texte werden so bearbeitet, dass die wichtigsten Inhalte daraus dem Betrachter der fertigen Präsentation nahegebracht werden können. Kombiniert mit einem mündlichen Vortrag kann eine gut gemachte PowerPoint-Präsentation zu einem besonders eindrucksvollen und lehrreichen Erlebnis werden. Texterarbeitung durch PowerPoint setzt voraus, dass die Texte, um die es geht, gründlich gelesen werden.

Wie geht man vor?

Erster Schritt: Du liest deine(n) Text(e) zweimal.
Der zu bearbeitende Text muss zweimal gelesen werden. Beim ersten Lesen verschaffst du dir einen Überblick über das, was an diesem Text wichtig und interessant ist. Beim zweiten Lesen markierst du Textstellen, die du für die Beschriftung einer Folie benutzen möchtest. Du kannst auch dir bereits bekannte Texterschließungsmethoden anwenden.

Zweiter Schritt: Du formulierst Textstellen in eigene Aussagen um.
Für die Folienbeschriftung formulierst du kurze Sätze. Bei den Formulierungen achtest du auf gute Verständlichkeit. Später soll der Betrachter deine Aussagen sofort nach dem ersten Anschauen gut verstehen können.

Dritter Schritt: Du füllst die Folien nach und nach mit Inhalt.
Jede Folie sollte eine Überschrift haben. Mithilfe der Überschriften lässt sich später der Vortrag gliedern. Achte darauf, dass deine weiteren Informationen genau zur Überschrift passen. Hier wirst du die Textaussagen stark verkürzen müssen. Die Präsentation verliert ihre Wirkung, wenn die Textmenge auf den einzelnen Folien so groß ist, dass lange Lesephasen während der Präsentation die Folge sind.

Vierter Schritt: Du gestaltest die Folien optisch ansprechend.
Wenn du mehrere Folien gestaltest, solltest du darauf achten, dass es eine gemeinsame Linie im Design gibt. Verwende also nicht ständig andere Hintergrundfarben, unterschiedliche Schrifttypen etc. Mit eingefügten Bildmaterialien solltest du auch gezielt und sparsam verfahren. Wenn alle Folien inhaltlich und formal gestaltet sind, beginnst du mit der Animation der einzelnen Text- und Bildfelder. Hier gilt der Grundsatz: nicht übertreiben! Nach dem ersten inhaltlichen und optischen Gestaltungsprozess ist es nützlich, wenn eine Probepräsentation stattfinden kann.

Fünfter Schritt: Du benutzt die fertige Präsentation als Grundlage für deinen Vortrag.
Die eigentliche Präsentation kann zu zweit oder in einer Gruppe vorbereitet werden. Das Programm bietet die Möglichkeit, die Folien für die Vortragenden als Handzettel so auszudrucken, dass du sie mit Notizen versehen kannst. Während des Vortrags solltest du so frei wie möglich sprechen und das Publikum dabei anschauen. Sehr störend und unpersönlich wirkt es, wenn die Vortragenden nur noch auf ihren Bildschirm fixiert sind.

Beispiel für eine Schülerarbeit

Die Folien zeigen einen Teil einer Präsentation, die von drei Schülerinnen einer neunten Klasse erstellt wurde: Anna, Nadine und Susan. Sie hatten im Deutschunterricht Erich Maria Remarques Roman „Im Westen nichts Neues" gelesen. Als weitere Texte erhielten sie aus dem Literatur-Lexikon von Heinrich Pleticha (dtv junior, München 2003) die Textauszüge über die Merkmale eines Romans und über Erzählperspektiven zur Bearbeitung.

Die Zielvorgaben sahen unter anderem vor, typische Merkmale eines Romans und verschiedenartige Erzählperspektiven zu visualisieren. Texterarbeitung mithilfe von PowerPoint ermöglicht Lernen durch Zielvorgaben.

Ein weiterer Vorteil besteht darin, dass die Präsentationen in Form von Handzetteln (6 Folien pro Blatt) an die übrigen Schüler verteilt werden können. Das ist besonders hilfreich bei einer arbeitsteiligen Vorgehensweise.

Inhaltsverzeichnis

1. Merkmale eines Romans
2. Die verschiedenen Erzählperspektiven
3. Biografie von Erich Maria Remarque
4. Seine berühmtesten Werke
5. Zusammenfassung „Im Westen nichts Neues"
6. Vorstellung der Hauptfiguren

Merkmale eines Romans

– ein langer, erzählender Text
– er erzählt ein Geschehen, das sich über einen langen Zeitraum erstreckt
– Romane sind fiktive, d. h. erfundene Texte
– der Roman kann autobiografische Dinge über den Autor enthalten
– der Autor kann eigene Erlebnisse in einem Roman verarbeiten

---

Die verschiedenen Erzählperspektiven

– Der Roman kann aus der **Ich-Perspektive** erzählt werden. Der Autor beschreibt seine eigenen Gefühle.
– Der Roman kann aus der **Er-Perspektive** erzählt werden.
– Die **auktoriale Erzählperspektive** – Der Autor ist allwissend und kann das gesamte Geschehen aus der Sicht aller Beteiligten erzählen; er kennt auch deren Gedanken und Gefühle.
– Die **personale Erzählperspektive**, in der der Autor alles aus der Sicht einer bestimmten Person im Roman erzählt, auch ihr Denken und Fühlen.
– Die **erfundene Perspektive** kann zum Beispiel ein Tier, eine Pflanze usw. sein.

Erich Maria Remarque

* 22. Juni 1898 in Osnabrück

† 25. September 1970 in Locarno

Zusammenfassung „Im Westen nichts Neues"

In dem Roman „Im Westen nichts Neues" von Erich Maria Remarque geht es um einen jungen Soldaten namens Paul Bäumer, der die Situation des 1. Weltkrieges schildert. Er kommt mit seinen Schulkameraden direkt von der Schulbank an die Front. Sie erleben statt der erwarteten Kriegsbegeisterung und der Abenteuer die ganze Brutalität des Krieges und das sinnlose Sterben der Kameraden.

Hauptfiguren

Leer (19 J.)
– trägt einen Vollbart
– hat eine große Vorliebe für Mädchen aus den Offizierspuffs
– verblutet durch einen Splitter in der Hüfte; stirbt als Zweiter

Albert Kropp (19 J.)
– ist Gefreiter
– denkt am klarsten
– stirbt als Dritter

Müller V (19 J.)
– träumt vom Notexamen
– lernt an der Front Physik
– wird aus nächster Nähe durch eine Leuchtkugel in den Magen getroffen; stirbt als Erster

Paul Bäumer (19 J.)
– war mit Kropp, Müller V und Leer in einer Klasse
– sie sind sofort nach der Schule in den Krieg gezogen
– stirbt als Letzter im Oktober 1918

Methodenarrangement 6:
Texte verstehen durch Planarbeit

Kompetenzstufen IV bis V – ab Klassenstufe 9

Die Methode der Planarbeit bietet die Chance, auch umfangreiche Sachtexte im Unterricht zu lesen. Der zu bearbeitende Text kann eine Ganzschrift in Form einer Broschüre, eines Themenheftes, wie sie z. B. von diversen Bildungseinrichtungen den Schulen kostenlos zur Verfügung gestellt werden, oder auch eines Fachbuches sein. Auch umfangreiche Kapitel in Schulbüchern eignen sich zur Bearbeitung in dieser Form. In Kenntnis der Möglichkeiten der eigenen Klasse sollte die Textgrundlage so anspruchsvoll wie vertretbar gewählt werden. Für viele Schüler ist die Schulzeit nach der Sekundarstufe I beendet und beim Eintritt in das Arbeitsleben sollten sie in der Lage sein, längere Sachtexte lesen und verstehen zu können, die auf dem Niveau allgemein zugänglicher Texte in den Massenmedien liegen. In der Planarbeit erhält der Schüler die Chance, bisher verwendete Texterschließungsverfahren in eigener Regie anzuwenden. Vom Lehrer verlangt Planarbeit eine relative hohe Anfangsinvestition an Zeit und Arbeit. Danach läuft die Arbeit über mehrere Stunden völlig schülerzentriert.

Voraus-setzungen

Die Methode wird erst eingeführt, wenn die Schüler bereits inhaltlich in das Thema eingestiegen sind und über gewisse Vorkenntnisse verfügen. Es können andere Einstiegsmaterialien vorgeschaltet werden. Bezieht sich die Planarbeit z. B. auf Veröffentlichungen zu Themen wie Weltreligionen, Wirtschaftsordnungen, Gentechnologie oder Globalisierung, so sollte möglichst eine Grundmotivation im Sinne von: „Ich würde gerne mehr darüber wissen ..." vorhanden sein.

Hinführung zur Methode

Plenum

Die Methode beginnt mit einem Planungsgespräch, für das man sich eine Schulstunde Zeit nehmen sollte. Der Lehrer kann die ausgewählte Lektüre selbst vorstellen, z. B. indem er eine interessante Textpassage daraus vorliest und daraus ein Unterrichtsgespräch entwickelt.
Die weitere Vorgehensweise muss dann bei der ersten Durchführung vom Lehrer erläutert werden. Dazu benötigen die Schüler den Text, den vorbereiteten Überblick über Pflicht- und Wahlaufgaben sowie die Methodenkarte (S. 153). Gemeinsam werden die Pflicht- und Wahlaufgaben besprochen. Dabei können auch weitere Vorschläge für Wahlaufgaben berücksichtigt werden. Es wird ein Zeitplan erstellt, der – je nach Fach – bis zu drei Wochen umfassen kann. Die Schüler legen ein Heft an und kleben die Übersicht mit den Aufgaben ein.

Erarbeitung

Einzel-, Partner- und Gruppen-arbeit

Die Erarbeitung wird in den kommenden Schulstunden, aber auch zu Hause geleistet. Besonders die Lesephasen müssen in die Hausarbeit verlagert werden. Deshalb ist es wichtig, dass die Schüler eine Zeitleiste für die Bearbeitung notieren. Im Unterricht arbeiten die Schüler in Einzel-, Partner- und in Gruppenarbeit. Es wird empfohlen, Regeln zur Disziplin festzulegen oder noch einmal gezielt zu betonen (siehe Kapitel 5). Der übrige Ablauf ergibt sich aus der Methode.

Kommuni-kative Anwendung

Schülerpräsentatio-nen plus Feedback

Nach dem Abgabetermin werden mehrere Schülerpräsentationen durchgeführt. Dazu spricht man vorher ab, welche Schüler welche Pflichtaufgaben vorstellen werden. Für die Präsentation der Wahlaufgaben sollte mindestens eine weitere Schulstunde reserviert werden.
Die schriftlichen Arbeitsergebnisse können vom Lehrer benotet werden.

METHODENKARTE

Texte bearbeiten durch Planarbeit

Planarbeit: Was ist das?

Lernen mit Planarbeit ist Unterricht in einer anderen Form. Ihr erhaltet einen schriftlich formulierten Plan mit Aufgabenstellungen, die ihr in einem zu vereinbarenden Zeitraum selbstständig bearbeiten werdet. Wie lange die Bearbeitungszeit sein soll, muss in einem Planungsgespräch zu Beginn festgelegt werden.

Ihr könnt entscheiden, ob ihr allein arbeiten wollt oder zusammen mit einem Partner oder in einer Gruppe. Bei den Aufgaben wird unterschieden zwischen Pflichtaufgaben und Wahlaufgaben, aus denen jede bzw. jeder eine eigene Wahl treffen kann.

Der Vorteil der Planarbeit besteht darin, dass alle selbstständig arbeiten können und dabei ihre eigenen Schwerpunkte setzen. Ihr habt eine Zielvorgabe, einen Text, der von allen gelesen werden muss, und einen klar definierten Zeitraum, um diese Aufgabe zu bewältigen.

Wie macht man das?

1. Gemeinsame Planungsphase

In der Planungsphase werden im Klassengespräch die Zahl, die Art und die Verteilung der Pflicht- und freiwilligen Aufgaben festgelegt sowie die zur Verfügung stehenden Unterrichtsstunden und der Abgabetermin. Grundlage dazu kann ein Planungsbogen sein, den ihr kopieren und in euer Heft einkleben solltet.

2. Ruhe und Konzentration in den Arbeitsphasen

In den Unterrichtsstunden der Durchführungsphase muss sichergestellt sein, dass eine ruhige Arbeitsatmosphäre besteht, in der alle in Ruhe und konzentriert arbeiten können. Ihr solltet in der Planungsphase gemeinsam Regeln zur Disziplin vereinbaren.

3. Individuelle Einteilung

Die Aufgaben zur Planarbeit können unabhängig voneinander bearbeitet werden. So seid ihr nicht an eine bestimmte Reihenfolge bei der Bearbeitung gebunden. Ihr könnt auch selbst entscheiden, ob ihr die Pflichtaufgaben zuerst erledigt und euch dann den Wahlaufgaben zuwendet oder umgekehrt.

4. Ordentliche Heftführung

Für das Eintragen der Arbeitsergebnisse solltet ihr eine eigene Mappe anlegen, die ihr am Ende schön gestalten könnt. Alle Fragen zum Text sind schriftlich zu beantworten. Für die Textarbeit könnt ihr die euch bekannten Verfahren zur Texterschließung anwenden (z. B. Texteinsammelmethode und Mindmapping). Ihr könnt auch Tabellen anlegen und Schaubilder gestalten und ihr könnt mit dem Computer arbeiten.

Worauf sollte man besonders achten?

Die größte Gefahr bei der Planarbeit ist, dass die Zeit verbummelt wird. Wichtig ist daher, dass der vereinbarte Abgabetermin von allen eingehalten wird. Blättert am Anfang das zur Bearbeitung vorgesehene Material durch und verschafft euch so einen Überblick. Erstellt dann eure persönliche Zeitplanung.

Jeder muss die Pflichtteile des Textes vollständig lesen. Darüber hinaus könnt ihr in Teams zusammenarbeiten.

Schülermeinungen zum Thema Planarbeit

Erfahrungsgemäß schätzen Schülerinnen und Schüler (ab einem Alter von etwa 14 Jahren) die Planarbeit als eine lerneffektive und atmosphärisch angenehme Methode ein. Die Feedbacks von Anja, Jaqueline und Philipp (15 bzw. 16 Jahre alt) entsprechen der großen Mehrheit der Schülermeinungen.

Anja Wilhelmi — Text zur Planarbeit

Mir persönlich hat die Planarbeit sehr gut gefallen, da man sich die gestellten Aufgaben selbst einteilen kann und somit unter keinem Druck steht. Man lernt eigene Entscheidungen zu treffen, da man selbstständig gewisse Themen erarbeiten muss. So wird man schon vorbereitet, denn im Berufsleben bekommt man ja auch nicht eine genaue Anweisung, wie und wann man was machen soll.
Außerdem denke ich, dass die Planarbeit eine sehr effektive Abwechslung zum normalen Lernverhalten ist, da man sich viel mehr mit dem Thema befasst und somit meiner Meinung nach auch viel intensiver lernt. So muss sich nämlich jeder Schüler mit dem Thema befassen. Somit kann der Lehrer sicher sein, dass alle Schüler lernen. Dem Schüler bleibt gar nichts anderes übrig, da sie auf sich alleine gestellt sind.

Berufswahlunterricht

— PLANARBEIT —

POSITIV:

Positiv hat mir gefallen, dass ich mir meine eigenen Schwerpunkte gesetzt habe und mir die Arbeit selber gut einteilen konnte.
So fiel mir das Arbeiten viel leichter und hat mir somit auch mehr Spaß gemacht, als alles nur im Unterricht durchzuarbeiten.
Außerdem konnte ich auch zu Hause viel konzentrierter arbeiten, weil ich auch arbeiten konnte, wann ich wollte.

NEGATIV:

Negativ fand ich eigentlich gar nichts. Die Planarbeit war nur positiv.

Philipp Zeltinger

Was hat mir die Planarbeit gebracht?

Ich finde, dass ich durch die Planarbeit viel gelernt habe. Denn 1. habe ich die Themen viel öfter durchgenommen, denn ich habe sie bearbeitet, mit meiner Freundin verglichen und verbessert, falls sie etwas hatte, was ich nicht hatte.
Durch die Planarbeit und die viele Zeit, konnte man sich die Arbeit auch einteilen. Man konnte die Arbeit entweder in der Schulstunde, oder daheim erledigen.

Jaqueline Balmert

Beispiel für eine Textbearbeitung mit Planarbeit aus einer zehnten Klasse

Planarbeit zum Thema Globalisierung

Text: Informationen zur politischen Bildung, Heft 280, „Globalisierung", 3. Quartal 2003

Das Thema *Globalisierung* ist mittlerweile in aller Munde. Bei vielen Menschen überwiegen die Ängste, wenn sie daran denken; andere wiederum sehen in ihr eine persönliche Chance. Sicher ist, niemand wird in seinem persönlichen Leben davon unberührt bleiben. Das alles sind Gründe dafür, dass wir uns im Deutschunterricht intensiv mit dieser Thematik auseinandersetzen sollten.

Um uns klug zu machen, werden wir das Heft *Globalisierung* lesen. Das ist keine leichte Aufgabe, aber ich bin sicher, dass ihr das schaffen werdet. Lest euch vor Beginn der Arbeit die Methodenkarte „Texte bearbeiten durch Planarbeit" durch.

- Notiert bei den Pflichtaufgaben immer auch die Fragen in euer Heft. Schreibt jeweils das Datum der Bearbeitung dazu.
- Wählt von den freiwilligen Aufgaben mindestens eine zur Bearbeitung aus.
- Am Ende der Bearbeitungszeit solltet ihr in der Lage sein, vor der Klasse eure Ergebnisse vorzustellen.

Pflichtaufgaben:	Freiwillige Aufgaben:

Pflichtaufgaben:

1. Kapitel *Grundzüge der Globalisierung* (S. 3 – 6)
   - Stelle dar, warum die Globalisierung sowohl Angstgefühle als auch Aufbruchstimmung auslöst.
   - Formuliere deine eigene Definition von Globalisierung.
   - Fasse die Ursachen und Auswirkungen zusammen.

2. Kapitel *Informationsrevolution und ihre Folgen* (S. 7 – 12)
   - Stelle den Zusammenhang zwischen der Globalisierung und den neuen Kommunikationsmitteln so dar, dass ein Schüler aus der neunten Klasse deine Erklärung verstehen kann.

3. Kapitel *Gesellschaften unter Globalisierungsdruck* (S. 27 – 33)
   - Erkläre mit mehreren Beispielen, welche Auswirkungen die Globalisierung auf Deutschland hat.
   - Wie wird erklärt, dass die Bildungspolitik vor neuen Aufgaben steht?

4. Kapitel *Chancen und Risiken für Entwicklungsländer* (S. 34 – 38)
   - Stelle die Chancen und die Risiken anschaulich einander gegenüber.

5. Wähle von den drei Kapiteln *Umweltprobleme*, *Menschenrechte* und *Globaler Terrorismus* eines aus und fasse den Text auf zirka ein bis zwei Seiten zusammen.

Freiwillige Aufgaben:

6. Verfasst zu zweit einen Dialog zwischen einem Globalisierungsgegner und einem Befürworter, um ihn später vor der Klasse vorzuspielen.

7. Verfasse ein Gedicht oder einen Liedtext zum Thema Globalisierung, das aus mindestens drei Strophen besteht.

8. Informiere dich mithilfe der angegebenen Internetadressen (S. 66) über die Arbeit einer internationalen Organisation (zum Beispiel Attac oder die Weltbank). Stelle die Organisation mithilfe einer Computerpräsentation vor.

9. Führe mit Eltern, Verwandten oder Bekannten Interviews zum Thema, dokumentiere sie (mit Erlaubnis der Befragten) und stelle sie der Klasse vor.

10. Entwirf zwei oder mehr eindrucksvolle Plakate, bestehend aus Bild und Text, mit denen du entweder vor der Globalisierung warnst, oder in denen du auf die Chancen aufmerksam machst (ganz nach deiner Wahl).

Dieses Blatt gehört _____

☐ Ich arbeite allein.   ☐ Ich arbeite zusammen mit

_____

Letzter Abgabetermin ist: _____

5. Kapitel

Sorgenkind Disziplin

Präventiv handeln und Entscheidungen treffen auf der Basis eines klaren Konzepts

Dieses Kapitel nützt Ihnen besonders, wenn Sie ...

- eine Klasse neu übernehmen und von Beginn an disziplinarisch erfolgreich arbeiten möchten,

- Ihr persönliches Konzept zur Herstellung und Aufrechterhaltung von Disziplin und zur angemessenen Reaktion auf Unterrichtsstörungen überarbeiten wollen,

- sich professionell auf Vier-Augen-Gespräche mit schwierigen Schülern vorbereiten möchten,

- überlegen, welche Sanktionen bei wiederholten Regelverstößen angemessen sind,

- zur Problematik der Benotung von Fehlverhalten eine klare Position kennen lernen wollen.

5.1 Disziplin ist unverzichtbar, aber Störungen sind normal

Kein Thema bereitet Lehrerinnen und Lehrern so viele Kopfschmerzen wie das fehlender Disziplin. Gepaart mit Lernunwilligkeit und der Unfähigkeit vieler, sich über einen längeren Zeitraum konzentrieren zu können, ist sie das Problem, das die Kolleginnen und Kollegen in den Burnout treiben kann. Referendare leiden darunter, wenn sie allein vor einer Klasse stehen, aber auch erfahrene Kollegen verzweifeln daran. Dabei sind es oft nicht die großen Unterrichtsstörungen, welche die Unzufriedenheit auslösen. Die Summe der kleinen Störungen, die sich ständig wiederholen und immer wieder zu Unterbrechungen im Unterrichtsverlauf führen, können dem Unterrichtenden das Leben zur Hölle machen.

Lehrer brauchen ein gewisses Maß an Disziplin in ihren Klassen, um vernünftig und gut unterrichten zu können. Schüler brauchen einen Ordnungsrahmen als Voraussetzung für die nötige Konzentration auf den Unterricht. Jeder Mensch, der etwas lernen will, benötigt dazu ein unverzichtbares Maß an Ruhe und Friedlichkeit. Gemeinsames Lernen basiert darauf, dass man einander zuhören kann und fair miteinander umgeht. Disziplin ist – neben Aufmerksamkeit und Leistungsbereitschaft – eine der tragenden Säulen des guten Unterrichtes. Bricht diese Säule dauerhaft weg, fällt das Konstruktionsgebäude des guten Unterrichtes in sich zusammen. Alle Unterrichtskonzepte nützen nichts, wenn der Ablauf dauerhaft gestört wird. Offene Unterrichtsformen, die auf Selbsttätigkeit, Eigenverantwortung und Teamarbeit setzen, sind wesentlich stärker als die traditionellen Unterrichtsformen auf einen klar definierten Ordnungsrahmen angewiesen. Am erfolgreichsten ist der Unterricht, wenn es den Lehrenden gelingt, möglichst eigenverantwortliches Lernen mit einer disziplinierten Arbeitshaltung zu verbinden. Wenn Schüler einzeln oder in Gruppen selbsttätig agieren, müssen sie lernen, die Selbsttätigkeit der anderen zu respektieren und Rücksicht zu nehmen.

Disziplin war lange Zeit ein Begriff mit einem negativen Anklang. Traditionell galt sie als ein durch Hierarchie und Fremdbestimmung gekennzeichnetes Ordnungsmittel. Das mag einer der Gründe dafür sein, dass die Problematik in der älteren Literatur sehr stiefmütterlich behandelt wurde. Hinzu kommt, dass Disziplinlosigkeit den Lehrern oft als persönliche Schwäche angelastet wurde und auch noch wird: Gute Lehrer haben keine Disziplinprobleme, wer sich damit herumschlagen muss, ist eben ein schlechter Lehrer. Das ist Unsinn.

Es gibt kein erzwungenes Miteinander ohne Störungen. Das liegt schon daran, dass wir alle einmal unaufmerksam sind, unsere Pflichten vergessen oder gar aus der Rolle fallen. Auch bei Kolleginnen und Kollegen kann man gelegentlich beobachten, dass sie bei einem längeren Vortrag der Schulleitung in einer Konferenz zu tuscheln beginnen, sich mit anderen Dingen beschäftigen und manchmal unbedacht oder gar bewusst stören, weil sie sich langweilen oder einer Verärgerung freien Lauf lassen. Schülern geht es prinzipiell nicht anders. Sie verfügen aufgrund ihrer Entwicklung aber noch nicht über ein ausgereiftes Konzept der Selbstkontrolle. Jugendliche müssen manchmal stören. Das gehört zu ihrem Entwicklungskonzept. Man testet seine Grenzen aus. Man will schauen, wie weit man gehen kann, und man benötigt Menschen, die in der Lage sind, Grenzen zu setzen.

Als Lehrer gehört es zu meinem pädagogischen Alltag, dass ich mich mit Disziplinproblemen beschäftigen muss. So geht es den meisten, ausgenommen diejenigen, die das große Glück haben, in einer Schule zu arbeiten, in der die Kinder und Jugendlichen von sich aus und durch eine gute Erziehung im Elternhaus dauerhaft zu einem rücksichtsvollen und friedfertigen Verhalten befähigt sind. Allzu große Wohlerzogenheit gehört aber auch nicht zu den Erziehungszielen in einem zukunftsweisenden Unterrichtskonzept. Schließlich wollen wir die Kinder und Jugendlichen zu mündigen und nicht zu einseitig angepassten, braven und immer gehorsamen Staatsbürgern erziehen. Wer auf kluge Art erwachsen werden will, sollte auch einmal über die Stränge schlagen dürfen. Für uns Lehrer bedeutet das, dass Umgang mit Störungen Teil unseres Bildungs- und Erziehungsauftrages ist, mit dem wir offensiv umgehen und für den wir tragfähige Konzepte entwickeln müssen.

Das Problem jeder theoretischen Darstellung der Disziplinproblematik besteht darin, dass die Theorie den Lehrern nur begrenzt weiterhelfen kann. Disziplinprobleme sind Praxisprobleme, die oft unerwartet und spontan auftreten. In der Regel haben Lehrer keine Zeit, sich zunächst einmal zurückzuziehen, um nachzudenken. Spontane Entscheidungskompetenz ist gefordert und die kann durch reine Theorie nur schwer vermittelt werden.

Es hilft allerdings für das alltägliche Unterrichten sehr, wenn die Entscheidungen auf einem selbst erarbeiteten Konzept beruhen. Wer über ein solches Konzept verfügt, das er sich selbst und noch besser im Team mit anderen erarbeitet hat, steht nicht hilflos vor einer schwierigen Situation.

Auf den folgenden Seiten wird der Weg zu einem professionellen Konzept im Umgang mit dem Problemkreis Disziplin in fünf Schritten behandelt.

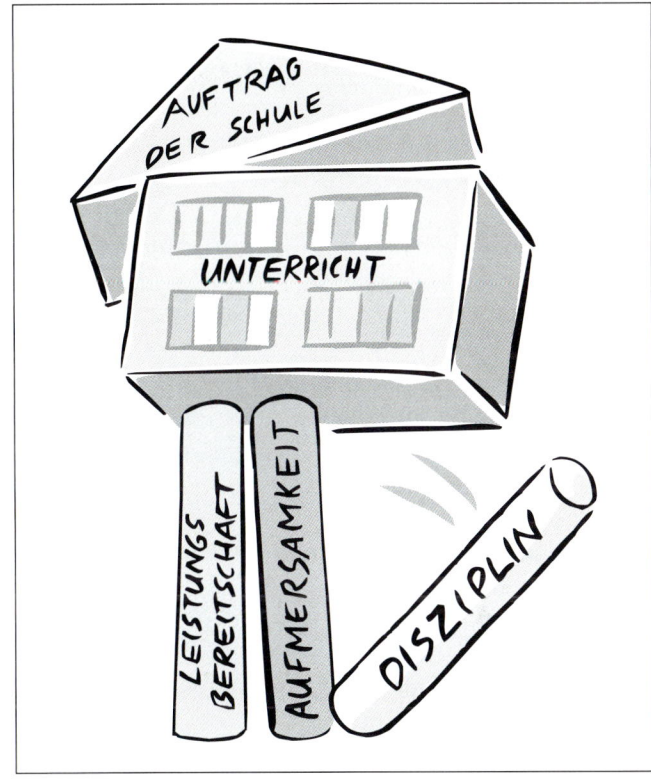

Entscheidungskompetenz in Sachen Disziplin bedeutet: Disziplin einführen, Akzeptanz herstellen, Disziplin aufrechterhalten und bei Störungen angemessen reagieren, sodass der angestrebte Ordnungsrahmen von allen Beteiligten wieder eingehalten wird.

Fünf aufeinander aufbauende Schritte zu einem erfolgreichen Umgang mit dem Thema Disziplin

1. Disziplin einführen durch Regeln

2. Disziplin herstellen durch angemessenes Auftreten

3. Disziplin als Thema im Unterricht

4. Disziplin wiederherstellen durch Gespräche unter vier Augen

5. Schluss mit lustig – auch Sanktionen muss es geben

Als neue Lehrerin oder als neuer Lehrer in einer neuen Klasse: So fangen Sie erfolgreich an

Wenn Sie zum ersten Mal eine neue Klasse betreten, passiert das Gleiche wie bei einer ersten Kontaktaufnahme mit Menschen in anderen Situationen. Der erste Eindruck entscheidet über Sympathie und Antipathie. Für diesen ersten Eindruck gibt es keine zweite Chance. Misslingt die erste Stunde, kann die Beziehung zwischen Ihnen und der Klasse bereits belastet sein und sie müssen in der Folge Schwerstarbeit leisten, um eine vernünftige Arbeitsatmosphäre aufzubauen. Wird die erste Stunde zum Erfolg, haben Sie einen wichtigen Grundstein für eine gute Zusammenarbeit gelegt.

Sie können davon ausgehen, dass die Schülerinnen und Schüler genauso gespannt sein werden, wie Sie es sind. Doch während die Schüler sich allesamt auf das „Beschnuppern" einer einzigen Person konzentrieren, haben Sie es mit 25 oder gar 30 höchst unterschiedlichen Individuen zu tun, die auf ihre jeweils ganz persönliche Art und Weise unterschiedlich mit dieser gespannten Erwartung umgehen. Einige werden sich abwartend und ruhig verhalten, andere wollen Sie am liebsten gleich mit Fragen bestürmen, einige – wahrscheinlich eher die Jungen als die Mädchen – wollen gleich testen, mit wem sie es zu tun haben, andere verhalten sich vielleicht eher gleichgültig, weil sie von neuen Lehrern sowieso nichts Positives erwarten. Einige werden Ihnen sicher auch gut erzogen begegnen, in freudiger Erwartung auf das, was Sie nun unternehmen werden.

Für einen gelungenen Einstieg sollten Sie von Anfang an versuchen, Ihre Kinder oder Ihre Jugendlichen möglichst individuell wahrzunehmen. Gleichzeitig sollten Sie sich so vorbereiten, dass Sie die Summe der gemeinsamen Erwartungen in der Klasse möglichst nicht enttäuschen. Bereiten Sie Ihren Unterricht vor, indem Sie sich überlegen, was die Schülerinnen und Schüler nach dem Unterricht über diese Kennenlernstunde erzählen sollen.

Auf der rechten Seite sehen Sie eine Möglichkeit für einen gelungenen Ersteinstieg. Jedes Klassenmitglied erhält von seinem Lehrer einen persönlichen Brief in einem Umschlag. Mit PC ist die individuelle Ansprache kein Problem. Alle Schülerinnen und Schüler werden individuell angesprochen und erhalten wichtige Informationen, die sonst vorgetragen werden müssten. Mithilfe einer kleinen Befragung werden alle in das Unterrichtsgeschehen integriert.

Der Brief, den Sie natürlich nach Ihren persönlichen Wünschen gestalten müssen, wird in die neu anzulegende Arbeitsmappe abgeheftet. Er ist zugleich eine Information für die Erziehungsberechtigten.

1. Unsere neue Lehrerin ist, glaube ich, ziemlich nett (oder cool). Sie macht den Eindruck, dass sie gerne unterrichtet und dass sie Schüler mag.

2. Sie hat auch gezeigt, dass Sie sich durchsetzen kann und Unterrichtsstörungen nicht duldet. Sie ist wohl auch ein bisschen streng.

3. Der Unterricht scheint interessant zu werden. Wir haben schon in der ersten Stunde etwas Schönes gemacht.

4. Ich bin schon drangekommen und sie hat sich für das interessiert, was ich gesagt habe.

5. Ich weiß auch schon, was ich tun muss, um gute Noten zu bekommen.

„Das sollen möglichst viele Schülerinnen und Schüler zu Hause über meine erste Stunde erzählen ..."

Liebe Kerstin Adam,

im kommenden Schuljahr werde ich dein Lehrer im Fach Deutsch sein. Mit diesem Brief erhältst du einige Informationen, welche dir helfen sollen, dich gut auf den Unterricht einzustellen.

Als Lehrer werde ich mich darum bemühen, den Unterricht interessant und lehrreich zu gestalten, sodass du wichtige Dinge für jetzt und für dein späteres Leben lernen kannst. Dafür erwarte ich von dir, dass du dich um eine gute Mitarbeit und um gute Leistungen bemühst. Auch sollst du dich angemessen benehmen und dich fair gegenüber den anderen Mitgliedern der Klassengemeinschaft verhalten.

Sicherlich interessiert es dich, wie man in meinem Unterricht möglichst erfolgreich lernen und gute Noten erhalten kann. Es ist wahrscheinlich nicht anders als bei allen anderen Lehrerinnen und Lehrern an unserer Schule und eigentlich gar nicht so schwierig.

Erstens:
Du musst eine ordentliche Arbeitsmappe führen. Ich empfehle dir, ein weiches Ringbuch anzulegen, das du sauber beschriftest. In diese Mappe ordnest du auch alle Arbeitsblätter und alle anderen Materialien ein, die du im Laufe des Jahres erhalten wirst. Wichtig ist, dass du diese Mappe über das ganze Schuljahr hindurch führst. Es darf auf keinen Fall innerhalb des ersten Halbjahres ein neues Heft angefangen werden. Das Hausheft bzw. die Arbeitsmappe muss ordentlich aussehen und vollständig sein. Zu allen Themen kannst du auch eigene Materialien einfügen (z.B. passende Zeitungsartikel oder Fotos zum Thema). Gerne darfst du Hausaufgaben mit dem PC erstellen. (Für Skizzen und Notizen im Unterricht kannst du zusätzlich einen Block oder ein „Schmierheft" benutzen.) Die Arbeitsmappe wird im Halbjahr mindestens einmal benotet und es dürfte für dich überhaupt kein Problem sein, hier zu einer guten Heftnote zu kommen.

Zweitens:
Die mündliche Mitarbeit wird zur Hälfte über deine Zeugnisnote entscheiden. Um deine bestmögliche Note zu bekommen, halte dich bitte an die folgenden Regeln:
1. Arbeite regelmäßig mit.
2. Höre aufmerksam zu, wenn andere reden.
3. Unterlasse alle Unterrichtsstörungen.
4. Mache regelmäßig deine Hausaufgaben.

Wenn du diese Kriterien einhältst, wirst du schon auf einem guten Weg zu guten Noten sein. Natürlich solltest du immer erst nachdenken, bevor du etwas sagst. Du kannst dich aber ruhig trauen, dich auch zu melden, wenn du dir nicht ganz sicher bist. Der Wille zur Mitarbeit zählt viel mehr als die Perfektion der Beiträge.

Notiere bitte in die drei Kästchen drei Dinge, die du in den Unterricht einbringen wirst, damit wir in möglichst guter Atmosphäre all das lernen können, zu dem wir verpflichtet sind.

1.	2.	3.

Ich hoffe, dass wir zu einer guten Lerngemeinschaft in unserer 9a werden und wünsche dir auf dem Weg zu guten Leistungen Lernfreude und Erfolg.

Dein Lehrer Wolfgang Mattes

Ich würde mich freuen, wenn du diesen Brief auch deinen Eltern zeigst.

Disziplin von Anfang an: Bausteine für eine gelungene Einstiegsstunde

Erster Schritt: Die Lehrerin bzw. der Lehrer stellt sich vor.

In die Vorstellung sollte man einige private Informationen einfließen lassen. Man kann z. B. erzählen, warum man Lehrer geworden ist, was einen an den eigenen Fächern fasziniert etc.

Mit der Vorstellung sollte man erst beginnen, wenn Ruhe und Aufmerksamkeit hergestellt sind. Sollte das schwierig sein, so kann man jetzt schon einmal laut und vernehmlich klarmachen: „Alle sind ruhig und an ihrem Platz. Jetzt geht's los und ihr hört mir zu!" Zur Vorstellung gehört auch, dass man freundlich und verbindlich klarmacht, dass man ab sofort Chefin bzw. Chef ist.

Zweiter Schritt: Die erste Regel wird eingeführt.

Führen Sie nach der persönlichen Vorstellung die erste Regel für die weitere Vorgehensweise ein, z. B. so: „Ich lege Wert darauf, dass immer nur eine Person im Raum spricht und dass man sich meldet, wenn man etwas sagen möchte."

Sollte es zu diesem Zeitpunkt noch unruhig sein, diktieren Sie die Regel: „Wenn du etwas sagen willst, musst du dich melden." Achten Sie in der Folge darauf, dass die Regel konsequent eingehalten wird.

Dritter Schritt: Die Klassensprecher werden einbezogen.

Wenn Sie nicht selbst der Klassenlehrer sind, erfragen Sie, wer der oder die Klassensprecher sind. Erklären Sie ihnen, dass diese ganz wichtige Ansprechpartner für Sie sein werden, dass sie sich mit allen anstehenden Problemen in der Klasse an Sie wenden können und dass Sie sich auf eine gute Zusammenarbeit mit ihnen freuen. Sie haben nun schon Verbündete.

Vierter Schritt: Sie bringen die Schüler ins Gespräch – möglichst alle.

Der Erfolg nimmt zu, je besser es Ihnen gelingt, möglichst alle Schüler zu aktivieren und mit einem eigenen Beitrag in den Unterricht zu integrieren. Dazu bieten sich – je nach Alter und Zielsetzung – verschiedene Methoden an.

Kartenabfrage: Jeder Schüler schreibt auf maximal drei Karteikarten je eine positive Sache, die er in den Unterricht einbringen möchte, z. B. gute Mitarbeit, keine Unterrichtsstörungen, Hausaufgaben erledigen. Alle Schüler stellen ihre Karten vor und heften sie an eine Pinnwand.

Partnerinterviews: Schüler befragen sich gegenseitig und stellen dann jeweils ihren Partner vor.

Brainwriting: Alle Schüler schreiben z. B. auf, was sie sich vom Unterricht für das neue Schuljahr vorgenommen haben, was sie sich wünschen (allein, zu zweit oder zu dritt). Alle lesen vor und der Lehrer zeigt großes Interesse daran.

Fachgespräch: Sie wählen eine besonders interessante und gerade aktuelle Fragestellung aus Ihrem Fach aus, z. B. in Mathematik: „Manche Leute scheinen der Meinung zu sein, dass es nicht wichtig ist, dass man gut mit Zahlen umgehen kann. Mich interessiert sehr, wie ihr darüber denkt."

Fünfter Schritt: Eine erste Hausaufgabe wird gestellt und konsequent eingefordert.

Eine erste sinnvolle Hausaufgabe kann darin bestehen, dass die Schüler eine eigene Arbeitsmappe anlegen, die sie nach Ihren Vorgaben beschriften. Eine weitere Möglichkeit ist die von Ihnen vorbereitete Übung: „Meinem Schulbuch auf der Spur!" Hierzu lassen Sie sich einige Quiz- und Suchaufträge einfallen, welche die Schüler dazu veranlassen, in ihrem Buch zu blättern und Fragen schriftlich zu beantworten. Sie werden diese Aufgabe auf jeden Fall in der kommenden Stunde kontrollieren und dann Regeln zu Hausaufgaben einführen.

Ideen für die erste Stunde, die alle aktivieren

Partnerinterview

Zu Beginn des neuen Schuljahres sollten wir uns alle ein wenig besser kennen lernen. Die eine Hälfte der Schüler sucht sich eine Partnerin, einen Partner und führt ein Interview durch. Dann werden neue Partnerschaften gebildet und die andere Hälfte der Klasse wird interviewt. Fasst eure Interviews zusammen und stellt euren Interviewpartner in der Klasse vor. Ihr könnt den Namen bei eurer Vorstellung weglassen, damit geraten werden kann. Wer vorgestellt wurde, ist als Nächster dran.

Wonach man zum Beispiel fragen kann:

1. Hobbys
2. Lieblingsfächer
3. Lieblingssportart
4. Was man gerne in der Freizeit macht
5. Was einem Freude in der Schule macht
6. Was einen ärgert
7. Lieblingssänger oder Band
8. Größter Wunsch

und natürlich andere Fragen

Punktabfrage

„Ich bin mir sicher, dass ich meine Leistungen im Fach Biologie im Verlauf des kommenden Schuljahres erheblich steigern kann."

Schätze dich selbst ein und klebe dann deinen Punkt.

Dieser Meinung bin ich

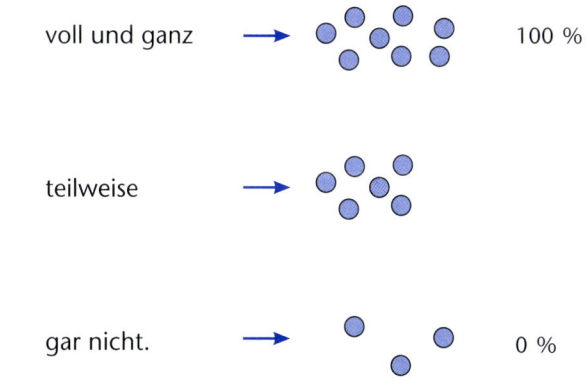

voll und ganz   →   100 %

teilweise   →

gar nicht.   →   0 %

Kartenabfrage

Als deine Lehrerin im Fach Geschichte werde ich mich um drei Dinge ganz besonders bemühen:
1. den Unterricht interessant zu gestalten,
2. dir etwas Wichtiges für dein Leben und deine Bildung beizubringen,
3. dich fair zu behandeln.

Welche drei Dinge wirst du einbringen, damit wir in einer guten Atmosphäre miteinander arbeiten können? Schreibe auf jede Karteikarte je eine. Wir können dann die Karten vorlesen, einsammeln und auswerten.

Meinem Schulbuch auf der Spur

Übertrage die Fragen in dein neu angelegtes Heft und formuliere deine Antworten darunter.

1. Aus wie vielen Kapiteln besteht das Buch insgesamt?
2. Was ist auf der dritten Abbildung im Buch und was auf der letzten Abbildung zu sehen?
3. Welche seltene Tierart entdeckst du auf der Seite 186?
4. Auf der Seite 234 ist der 3. Oktober 1990 erwähnt. In welchem Zusammenhang?
5. Wovon handelt das Schaubild auf der Seite 107?
6. Welche Themen in deinem neuen Schulbuch möchtest du unbedingt im Unterricht behandeln?

5.2 Disziplin einführen durch Regeln

Bei der Durchquerung einer Wüste ist die Wasserversorgung das größte Problem. Daher wird sich niemand erst dann über die Wasserbeschaffung Gedanken machen, wenn der Durst bereits da ist. Mit den Unterrichtsstörungen verhält es sich sehr ähnlich. Viele Probleme lassen sich dadurch entschärfen, indem man sie gar nicht erst entstehen lässt.

Vereinbaren Sie frühzeitig klare Verhaltensregeln mit Ihrer Klasse. Warten Sie nicht ab, bis Sie sich zu den ersten Störungsinterventionen gezwungen sehen. Sie haben ja dann keine vereinbarte Regel zur Hand, auf die Sie sich berufen können. Eine oder zwei Regeln sollten Sie bereits in Ihrer ersten Stunde in einer neuen Klasse einführen. Die Schüler werden sofort begreifen, dass Sie auf Verbindlichkeit setzen und konsequent sein werden. Diese Anfangsregeln können lauten:

- *Wer etwas sagen will, muss sich melden.*
- *Wenn ich das Ruhezeichen mache, ist jeder still.*

In der sechsten Realschulklasse hat diese Lehrerin von Anfang an das Stillezeichen eingeführt.

Ansonsten ist es ratsam, die Schüler noch nicht in der ersten Stunde mit einem umfangreichen Regelkatalog zu konfrontieren. Wirkungsvoller wird es sein, wenn Sie die verschiedenen Bereiche, für die Sie Regeln benötigen, voneinander getrennt behandeln. Nach und nach können Sie so Regeln einführen, die in der Menge der Formulierungen überschaubar sind. Zwischen fünf Bereichen sollte unterschieden werden:

1. Verhaltensregeln,
2. Gesprächsregeln,
3. Regeln für Hausaufgaben,
4. Pünktlichkeit,
5. Mitarbeit im Unterricht.

Darüber hinaus benötigen die Fachlehrer ihre speziellen Regelkataloge, z. B. für das Verhalten bei naturwissenschaftlichen Experimenten, das Verhalten in der Sporthalle oder beim Umgang mit Stoffen in der Chemie. Hier wird es sich oft um Maßnahmen handeln, die eine Mitbestimmung durch die Schüler ausschließen. Schließlich kann man über die Sicherheitsbestimmungen im Chemieunterricht nicht diskutieren und abstimmen lassen. Auch Veranstaltungen und besondere Anlässe bedürfen der Regelung, wie z. B. der Museumsbesuch im Fach Geschichte, der Besuch im Theater oder einer anderen Veranstaltung.

Natürlich garantiert die Formulierung einer Regel keineswegs deren Einhaltung. Dafür sind in den Augen der Schüler zunächst einmal nur Sie zuständig und sie werden genau darauf achten, wie konsequent Sie auf Einhaltung der Regeln bestehen. Zeigen Sie jetzt keine Inkonsequenz. Sie geraten sonst leicht in die Falle, die da heißt: „Sie oder er nimmt es nicht so genau. Da müssen wir es auch nicht so genau nehmen." Intervenieren Sie bei Regelverstößen. Wirkungsvoller als das Tadeln von Regelverstößen kann es sein, wenn Sie regelgerechtes Verhalten positiv verstärken: „Schön, wie häufig du und andere sich melden!" „Dir sieht man an, wie gut du deinen Mitschülern zuhörst." etc.

Tipps zur Vorgehensweise

Eine Regel ist dann am besten, wenn sie auf Einsicht beruht und von einer möglichst großen Zahl der Betroffenen akzeptiert wird. Es ist daher vernünftig, die Schülerinnen und Schüler in die Erarbeitung von Regeln einzubeziehen.

Allerdings sollten sich die Diskussionen nicht endlos hinziehen. Sie dürfen auch nicht dazu führen, dass die Schüler alle Regeln ablehnen, die ihnen Pflichten auferlegen. Sie können so verfahren wie der Gesetzgeber in der Demokratie. Das Volk wird gehört, die Politiker entscheiden. Für Ihren Unterricht bedeutet das: Ihre Schüler wirken da mit, wo es geboten erscheint. Auf dieser Basis treffen Sie die Entscheidungen. Wo Regeln unumstößlich sind (z. B. in Fragen der Sicherheit), kann es keine Mitbestimmung und keine Diskussionen geben. In der Politik kann das Volk ja auch die Steuern nicht abschaffen.

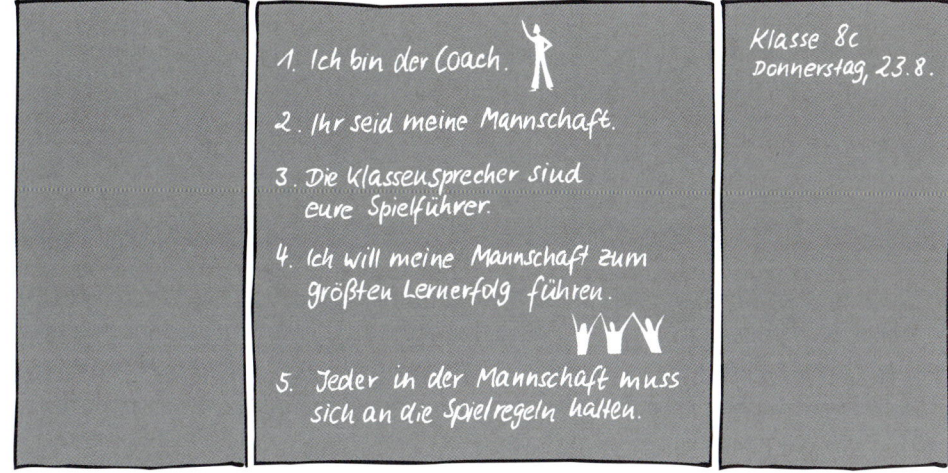

Mit einem schönen Tafelbild, das Ihre Rolle und Ihr Zusammenspiel mit der Klasse erklärt, können Sie Ihre Schüler überraschen, z. B. in Ihrer zweiten Unterrichtsstunde in der Klasse. Sie können wichtige Regeln darin notieren. Sie können sich auch von den folgenden Vorschlägen inspirieren lassen.

Möglichkeit 1: Feierliche Verkündung

Wenn es Regeln gibt, über die Sie nicht mit sich diskutieren lassen wollen, tun Sie es auch nicht. Verkünden Sie diese Regeln einfach, z. B. mithilfe eines vorbereiteten Plakates. Sie können das auch in der letzten Viertelstunde einer Einheit tun. Geben Sie der Verkündung eine besondere Note: „Und jetzt, meine sehr verehrten Damen und Herren, erbitte ich Ihre geschätzte Aufmerksamkeit." Ziehen Sie Ihr Jackett an, läuten Sie die Glocke, bereiten Sie eine Gesetzestafel vor oder machen Sie sonst etwas, was den Schülern die Einführungssituation von Regeln ins Gedächtnis eingräbt.

Möglichkeit 2: Regelerarbeitung mit Schülern

Erster Schritt: Sie machen eine Zielvorgabe: „Ich möchte Gesprächsregeln mit euch formulieren. Es geht mir dabei darum, dass wir in einer für alle angenehmen Atmosphäre im Unterricht miteinander reden können."

Zweiter Schritt: Die Schüler machen Vorschläge. Das kann in der gesamten Klasse in Form eines Brainstormings geschehen, aber auch in Partner- und Gruppenarbeit vorbereitet werden. „Welche Gruppe schafft in zehn Minuten fünf gut formulierte Regeln?"

Dritter Schritt: Sie sammeln die Vorschläge (z. B. im Laptop) und nehmen sie zur Überarbeitung mit nach Hause.

Vierter Schritt: In der nächsten Stunde präsentieren Sie die von Ihnen formulierten Regeln auf der Basis der Schülervorschläge. So können Sie sicher sein, dass die Regeln inhaltlich und sprachlich in Ihrem Sinne formuliert sind.

Möglichkeit 3: Das Fünf-Minuten-Diktat

Als ein sehr geeignetes Mittel zur Herstellung von Disziplin haben sich die Fünf-Minuten-Diktate erwiesen. Wenig erfahrenen Lehrern und Referendaren im selbstständigen Unterricht sei diese Vorgehensweise besonders empfohlen. Man schlägt damit mehrere Fliegen mit einer Klappe:

- Die Methode stellt augenblicklich Ruhe her.
- Sie können die Diktate zu jeder Zeit in den Unterricht einbauen.
- Die Regeln sind genauso formuliert, wie es Ihren Vorstellungen entspricht.
- Die Schüler haben eine Rechtschreibübung, bei der sie ihre Fehler selbst korrigieren können.

Die Voraussetzung ist, dass Sie Kopien der Fünf-Minuten-Diktate samt einer Korrekturfolie mit sich führen.

Vorgehensweise:

Erster Schritt: Sie diktieren die Regelsätze.

Zweiter Schritt: Nach dem Diktieren legen Sie die Korrekturfolie auf den Tageslichtprojektor auf. Die Schüler korrigieren ihre Fehler. Während dieser Zeit können Sie einen Tafelanschrieb vorbereiten, Hausaufgaben kontrollieren, mit einem einzelnen Schüler sprechen oder einfach nur ein wenig verschnaufen.

Dritter Schritt: Als Hausaufgabe ist das Regelpaket schön gestaltet, fehlerfrei und sauber auf ein DIN-A4-Blatt zu schreiben und in das Arbeitsheft einzufügen. Einer oder mehrere Schüler übernehmen den Auftrag, das Diktat auf ein Plakat zu übertragen, das in der Klasse aufgehängt wird.

Tipp:
Achten Sie auf Klarheit und Eindeutigkeit, wenn Sie solche Diktate selbst formulieren. Manchmal lese ich in den Klassenräumen Formulierungen wie diese:
Alle bemühen sich darum, einander aufmerksam zuzuhören.
„Bemühen" ist viel zu unverbindlich und was heißt „aufmerksam zuhören" konkret?

Diktat Nr. 1
Verhalten am Stundenbeginn

1. Unmittelbar nach dem Klingeln zum Unterrichtsbeginn setze ich mich auf meinen Platz.

2. Ich lege mein Schulbuch und mein Arbeitsheft auf den Tisch.

3. Ich warte auf den Lehrer und verhalte mich ruhig.

Diktat Nr. 2
Hausaufgaben

1. Ich notiere die Hausaufgaben immer in mein Aufgabenheft.

2. Spätestens einen Tag vor der nächsten Stunde fertige ich meine Hausaufgaben an.

3. Wenn ich etwas nicht kann, schreibe ich genau auf, was ich nicht kann.

4. Ich schaue jeden Abend nach, ob ich alle Hausaufgaben für den nächsten Tag gemacht habe.

Diktat Nr. 3
Verhalten gegenüber Mitschülern

1. Ich tue keinem Mitschüler weh.

2. Ich nehme keinem Mitschüler etwas weg.

3. Ich mache mich über keinen Mitschüler lustig.

4. Der Satz: „Ich hab' doch nur Spaß gemacht" wird nicht mehr als Entschuldigung akzeptiert.

Diktat Nr. 4
Gesprächsregeln

1. Wenn ich etwas sagen will, melde ich mich.

2. Ich spreche erst, wenn ich an der Reihe bin.

3. Ich höre gut zu, wenn andere in der Klasse einen Beitrag zum Unterricht einbringen.

4. Ich falle niemandem ins Wort.

5. Ich mache keine abfälligen Bemerkungen über die Beiträge der anderen.

Diktat Nr. 5
Stühle und Tische umstellen

1. Meinen Stuhl und meinen Tisch hebe ich an, sodass kein Lärm entsteht.

2. Das Umstellen geschieht leise und so schnell wie möglich.

3. Nach dem Umstellen setze ich mich auf meinen Stuhl.

Diktat Nr. 7
Bedeutung von Regeln

1. Menschen brauchen Regeln, um vernünftig miteinander leben zu können.

2. Das ist so in der Familie, im Freundeskreis, im Verein und natürlich auch in der Schule.

3. Eine Regel ist eine Vorschrift, an die jeder sich halten muss.

4. Es wäre schön, wenn alle Menschen sich an Regeln hielten, ohne dass man Konsequenzen für die Missachtung von Regeln festlegen muss.

5. Da dies leider manchmal nicht der Fall ist, muss es Konsequenzen für diejenigen geben, die die Regeln missachten.

Diktat Nr. 6
Zu-spät-Kommen

1. Wenn ich zu spät zum Unterricht komme, klopfe ich an.

2. Nach dem Eintreten entschuldige ich mich beim Lehrer.

3. Ich erkläre höflich und genau, warum ich zu spät gekommen bin.

4. Erst dann gehe ich zu meinem Platz.

5.3 Disziplin herstellen durch angemessenes Auftreten

Führungsqualität und Körpersprache

Führung annehmen

Mindestens ebenso wichtig wie die Vereinbarung von Regeln wird sein, wie Sie sich gegenüber den Schülern präsentieren. Wenn sich eine Klasse neu formiert, geht es immer wie in einem Wolfsrudel zu. Die Schülerinnen und Schüler erwarten von Ihnen, dass Sie die Rolle des Alpha-Tiers übernehmen. Sie müssen die Führung offensiv annehmen und Führungsqualitäten ausstrahlen. Tun Sie das nicht oder tun Sie es unklug, werden die Schüler dies als Schwäche deuten und Ihnen die Führungsrolle streitig machen.

Seien Sie daher in den Anfangssituationen in einer neuen Klasse immer strenger als es Ihrem eigenen Wunschverhalten entspricht. Strahlen Sie aber keine schlechte Laune aus. Die Mischung aus Freundlichkeit und Zuwendung auf der einen und Strenge und Verbindlichkeit auf der anderen Seite ist die erfolgversprechendste Vorgehensweise. Sie müssen nicht den ersten Schüler, der sich einen Regelverstoß leistet, völlig fertigmachen. Stellen Sie sich aber auf den ersten Regelverstoß mental ein, reagieren Sie sofort und machen Sie dem Störer und der ganzen Klasse unmissverständlich durch ihre Wortwahl, ihre Körperhaltung und ihren direkten Blickkontakt klar, dass Sie dieses Verhalten nicht dulden werden.

Keine Angst: Schülern umgehend die Grenzen aufzuzeigen, führt nicht zu dauerhaften Schäden. Sie suchen und sie brauchen diese Grenzziehungen und sie werden Ihnen mit Respekt begegnen, weil Sie Durchsetzungsvermögen demonstriert haben.

Im symbolisch ausgetragenen Machtkampf zu Beginn des Unterrichtes steckt die Basis für eine langfristig schöne Zusammenarbeit zwischen Lehrern und Schülern. Ein guter Lehrer muss ein wenig Macht ausüben, ohne sie zu missbrauchen. Das hat er unter anderem auch gemeinsam mit den guten Eltern.

Körpersprache offensiv einsetzen

Vielmehr als das, was wir sagen, entscheidet die Art und Weise wie wir uns vor den Schülern präsentieren über unsere Akzeptanz und Autorität. Schülerinnen und Schüler überprüfen ihre Lehrer von der ersten Minute an und stellen sich in ihrem Verhalten darauf ein. Dabei gehen sie äußerst flexibel vor und so kommt es, dass ganze Schulklassen wie ausgewechselt wirken, je nachdem, von wem sie unterrichtet werden. Sie wissen eben ganz genau, bei wem sie sich Regelverletzungen leisten können und bei wem besser nicht. Ihr persönlicher Check erfolgt zu einem großen Teil über die körpersprachlichen Signale, die vom Lehrer ausgehen. Hier sind sie Entschlüsselungsexperten, denn sie haben ja täglich genügend Zeit, verschiedene Lehrer in ihrem Auftreten, ihrem Verhalten und ihren Reaktionen zu beobachten.

Ein wichtiger Schritt zur erfolgreichen Störungsprävention besteht darin, von Beginn der Unterrichtsarbeit an Durchsetzungskraft zu demonstrieren und gleichzeitig zu signalisieren, dass man die Kinder, die Jugendlichen und den eigenen Beruf mag.

In diesem Zusammenhang hört man häufig die Ansicht, dass Akzeptanz und Autorität nicht lehrbar und nicht lernbar seien. Die einen genießen den Respekt ihrer Schüler, die anderen eben nicht. Diese Antwort erscheint mir zu einfach und durch die Praxis häufig widerlegt. Ausstrahlung, natürliche Autorität, auch Lust an der öffentlichen Präsentation gehören zwar zu den Grundtalenten für den Lehrerberuf. Wer gänzlich frei davon ist, wird es dauerhaft schwer haben. Andererseits sind Talente auch ausbaufähig, wenn sie nur in geringem Maße vorhanden sind. Man kann ein selbstbewusstes Auftreten trainieren und man sollte es tun, wenn man einen Beruf ergriffen hat, bei dem man sich ständig vor anderen präsentiert.

In einem Konzept des Selbstcoachings kann jeder seiner Stimme mehr Ausdruckskraft und Sicherheit verleihen, seine Artikulation schulen, seine Mimik und Gestik überprüfen, seine Körperhaltung beobachten, seine Wirkung auf andere Menschen reflektieren. Wer schon lange im Dienst ist, sollte das ebenfalls immer wieder tun, denn gerade in der täglichen Routine besteht die Gefahr, dass unser Auftreten nachlässiger wird und daher unser Erfolg geringer. Es gibt durchaus eine Summe von Akzeptanz verhindernden und Akzeptanz erzeugenden Körpersignalen. Die folgenden Sammlungen von Merkmalen sollen zu einer Selbstreflexion anregen.

Zehn Signale, die Akzeptanz erzeugen

1. Die Lehrerin, der Lehrer betritt pünktlich die Klasse. Wenn es noch nicht zum Stundenbeginn geklingelt hat, geht er oder sie ein wenig durch die Reihen, wechselt hier und da einige Worte, erkundigt sich nach der vorangegangenen Stunde, der Klassenarbeit in einem anderen Fach, stellt Fragen mit eher privater Natur.
2. Sie, er beginnt die Stunde mit einer klaren und freundlichen Begrüßung oder einem schönen Ritual. Dabei wandert der Blick umher und nimmt kurz Augenkontakt zu jedem einzelnen Schüler auf.
3. Der erste Redebeitrag bringt in Form einer Ich-Botschaft eine persönliche Note ein: „Ich denke, dass ich mir für euch etwas Interessantes ausgedacht habe …"
4. Die Stimme wird offensiv eingesetzt, wirkt klar und für den öffentlichen Auftritt trainiert. Die Ansprache des Lehrers ist im gesamten Raum gut zu verstehen. Stimme und Sprache drücken Sicherheit und Selbstvertrauen aus.
5. Mimik und Gestik sind auf die Schüler bezogen. Freundliches Lächeln, ermunternde Gesten und ermahnende Blicke wechseln einander ab.
6. Sie, er reagiert interessiert und mit individueller Rückmeldung auf Schüleräußerungen und zeigt Gefühle wie Anerkennung, Überraschung, Hilfsbereitschaft, Freude.
7. Der Lehrer zeigt, dass er Humor hat und mit seinen Schülern lachen kann. Aber er macht sich nicht lustig über sie und lacht niemanden aus.
8. Er, sie reagiert sofort auf erste Unaufmerksamkeiten oder Störversuche, indem er oder sie sich dem Störer zuwendet, ihn freundlich ermahnt und gleichzeitig deutlich macht, wer ab jetzt der Kopf der Mannschaft ist.
9. Die Körperhaltung ist aufrecht, das Rückgrat gerade. Der Auftritt zeigt: Hier steht jemand, der allem standhält und nicht flüchten will.
10. Die Lehrerin, der Lehrer trägt keine Freizeitkleidung und kopiert auch nicht die aktuelle Kinder- und Jugendmode. Die Kleidung signalisiert ein gewisses Maß an Distanz. Den Schülern vermittelt sie: „Ihr seid es mir wert, dass ich mich gut anziehe."

Die Botschaft lautet: „Ich bin stark. Ich kann mir nichts Schöneres vorstellen, als jetzt hier bei euch zu sein und mit euch zu arbeiten."

Zehn Signale, die zu Störungen einladen

1. Der Lehrer hält sich nur an seinem Pult auf, wahrt räumliche Distanz und unterlässt jeden privat anmutenden Kontakt.
2. Der Lehrer blickt nur in seine Unterlagen, schaut den Schülern nicht in die Augen.
3. Die Körperhaltung ist ohne Spannung, eher gebeugt.
4. Die Bewegungen wirken hektisch, fahrig, unkoordiniert.
5. Die Stimme strahlt Unsicherheit aus, ist verhalten und monoton.
6. Der Gesichtsausdruck zeigt keine spontanen Reaktionen, wirkt ernst und freudlos.
7. Der erste Redebeitrag bezieht sich unvermittelt auf den Stoff.
8. Der Lehrer ist mehr mit seiner Unterrichtsvorbereitung als mit den Schülern beschäftigt.
9. Die Kleidung ist deplatziert bis nachlässig.
10. Die Erscheinung verrät: Ich bin nicht gerne hier.

Die Botschaft lautet: „Ich bin schwach. Bitte tut mir nichts. Ich tue euch auch nichts."

Mit Ritualen die Selbst- und Gruppendisziplin fördern

Ein Ritus ist ein feierlicher religiöser Brauch. Sie werden ihn im Unterricht nicht benötigen. Was Ihnen aber nützen wird, ist die Installation ritualisierter Handlungen und Gesten. Gemeint sind damit Elemente, die immer wieder in Ihrem Unterricht vorkommen. Mit einem kurzen Ritual sollten Sie Ihren Unterricht beginnen und beenden. Sie können eine ritualisierte Geste benutzen, um bei aufkommender Unruhe wieder für Ruhe zu sorgen. Nach einem festen Ritual sollte die Kontrolle der Hausaufgaben erfolgen. Es gibt ein fröhliches Ritual, wenn jemand in der Klasse Geburtstag hat und wenn jemand eine außergewöhnliche Leistung vollbracht hat. Wenn jemand zu spät in den Unterricht kommt oder für längere Zeit gefehlt hat, kann er mit einer ganz bestimmten Maßnahme rechnen, die ihr oder ihm individuelle Aufmerksamkeit zuteil werden lässt und die den Anschluss an die Gruppe wieder herbeiführt.

Ritualisierte Handlungen und Gesten schaffen Ordnung, wirken beruhigend und gemeinschaftsstiftend. Für den Einzelnen und für die Gruppe haben sie eine disziplinierende Wirkung. Den Lehrer entlasten sie, weil sie – einmal eingeführt – keiner Erklärungen mehr bedürfen. Als fester Brauch in Ihrem Unterricht können sie zum Markenzeichen Ihrer ganz persönlichen Unterrichtsqualität werden. Schülerinnen und Schüler erinnern sich noch viele Jahre nach der Schulzeit an die Rituale im Unterricht einer bestimmten Lehrerin, eines bestimmten Lehrers. Sie tun es mit positiven Gefühlen, wenn es sich um ein angenehmes Ritual handelte, dem ein vernünftiger Sinn zugrunde lag.

Vorschläge

- Das Ritual zum Unterrichtsbeginn: Alle erheben sich. Der Lehrer richtet einige Worte an die Klasse. Das kann der Spruch, die Losung, das Motto des Tages sein oder ein Hinweis auf das, was im Unterricht stattfinden wird. „Heute werden wir wieder zeigen, wie viel Power in uns steckt!" „Am Ende dieses Schultages werden wir die Welt wieder ein wenig verändert haben." usw. Erzählen Sie eine kleine Anekdote, einen Witz, einen Kalenderspruch etc.

- Das Ruhezeichen: In meinem Unterricht ist seit vielen Jahren schon die Glocke das Markenzeichen. Die wichtigste Regel lautet: „Wenn das Glöckchen klingelt, muss augenblicklich Stille eintreten." Andere Lehrerinnen und Lehrer benutzen einen Gong, eine Mundharmonika, eine Triangel oder ein anderes Instrument. Originell sollte das Medium sein. Lassen Sie sich etwas Persönliches einfallen.

- Die Mahnung für die Störenden: Hier kann man gelbe und rote Karten benutzen, die auch von den Schülern verwendet werden, ein Stoppschild, eine besondere Geste, z. B. die erhobene Hand, Finger auf den Mund etc. Nonverbale Gesten wie kurzes Handauflegen auf der Schulter des Störenden wirken oft beruhigend.

- Fest eingeführte Übungen bei auftretenden Konzentrationsschwächen, z. B. Hände auf den Tisch legen, Kopf darauf legen, kurz die Augen schließen, durchatmen und verschnaufen.

- Ein Zeichen zum Ende des Unterrichts. Die Schüler wissen: Nur unsere Lehrerin, unser Lehrer und dieses Zeichen können den Unterricht beenden. Nach dem Zeichen werden Tische aufgeräumt und die ursprünglichen Sitzordnungen wiederhergestellt.

Positives Verhalten loben und belohnen

Wer seine Schüler kennt und ihre Reaktionen beobachtet, kann zu keinem anderen Ergebnis kommen: Nichts wirkt so aufbauend wie ein qualifiziertes Lob und nichts fördert die Einhaltung von Regeln so nachhaltig wie die Verstärkung von positivem Verhalten. Loben Sie daher Ihre Schüler, wenn sie sich über einen längeren Zeitraum gut an die vereinbarten Regeln gehalten haben. Loben Sie sie individuell und in der Gruppe.

Die große Mehrheit der Schüler verhält sich nicht deshalb gut, weil sie aus einer tiefen Einsicht heraus den Sinn der Regel so genial finden, vielmehr tun sie es, weil sie den Erwartungen des Lehrers entsprechen wollen und sich davon eine Anerkennung versprechen. Bleibt diese aus, werden sie sich über kurz oder lang nicht mehr den Triebverzicht abverlangen, der zur Einhaltung von Regeln erforderlich ist. Was nützt es, wenn eine Schülerin oder ein Schüler sich über Wochen hinweg große Mühe damit gibt, das Hausheft ordentlich zu führen und die Hausaufgaben vorbildlich zu erledigen, wenn der Lehrer nicht ein einziges Mal Heft und Hausaufgaben kontrolliert und die Arbeit lobt? Mit hoher Wahrscheinlichkeit reagieren Kinder und Jugendliche in diesen Fällen nach dem Prinzip: keine Anerkennung, keine Leistung!

Für Sie bedeutet das: **Wer niemals lobt, muss häufiger tadeln!**

Einige Situationen, in denen Lob und Belohnung besonders hilfreich sind:

Verbale Verstärkungen

- „Das hast du schön gemacht, weiter so, liebe Stefanie!" Kleine Sätze wie dieser unter den schön gemachten Hausaufgaben können Wunder wirken.
- Zum ersten Mal gibt sich ein Schüler Mühe mit der Entschuldigung für sein häufiges Zuspätkommen: „Das war eine höflich formulierte Entschuldigung, Patrick. Das akzeptiere ich. Jetzt bin ich sicher, dass du es das nächste Mal auch schaffst, pünktlich zum Stundenbeginn da zu sein."
- Ein als schwierig eingestufter Schüler arbeitet bei Ihnen eine Stunde lang mit, ohne zu stören. Sie sagen zu ihm nach der Stunde: „Dein Verhalten fand ich heute ganz prima. Ich fände es toll, wenn du nächste Stunde wieder so gut mitarbeiten würdest."
- Sie können auch vor Beginn des Unterrichtes zu einer Schülerin, einem Schüler gehen und sagen: „Heute rechne ich ganz besonders mit dir. Arbeite bitte fleißig mit!"

Belohnungen

- Es gibt Applaus nach einem guten Hausaufgabenvortrag oder nach einer vorbildlichen Einhaltung einer Regel. Wer echten Applaus bekommt, vergisst es nie.
- In der Grundschule ist es oft das Abziehbild im Schulheft. Auch ältere Schüler gieren geradezu nach solchen Geschenken von symbolischem Wert. Lassen Sie sich einen kleinen Preis einfallen, mit dem Sie vorbildliches Verhalten honorieren, zum Beispiel mit einem schönen Foto, einer selbst im PC gestalteten Lobkarte etc.
- „Liebe Claudia, du hast es geschafft, in der gesamten Zeit zwischen den Ferien deine Hausaufgaben nicht ein einziges Mal zu vergessen. Dafür gebührt dir ein ganz dickes Lob!" Hier können Sie auch die gute Mitarbeitsnote als Verstärkung für positives Verhalten einsetzen.
- Informieren Sie die Eltern über positives Verhalten. Sie hören viel zu oft nur von der Schule, wenn es Negatives zu berichten gibt. Das Positive kann eine kleine Notiz im Schulheft sein: „Liebe Eltern, Ihre Tochter Natalie hat sich in den vergangenen Stunden sehr engagiert für unsere Klassengemeinschaft eingesetzt. Weil wir das alle so toll finden, möchten wir Ihnen das gerne mitteilen."

Situationen, in denen eine Verstärkung positiven Verhaltens möglich ist, gibt es häufiger als man glaubt. Man muss sie wahrnehmen und darauf reagieren. Das bedeutet auch, dass wir uns nicht nur auf die störenden Schüler konzentrieren dürfen. Wer die Schüler individuell wahrnimmt und Lob und Belohnung klug einzusetzen vermag, kann langfristig auch disziplinarisch davon profitieren und: **Der Lobende tut sich selbst etwas Gutes an, wenn er lobt!**

5.4 Disziplin als Thema im Unterricht

Wenn Sie vorbeugend diszipliniertes Verhalten in Ihren Klassen erreichen wollen, sollten Sie sich die Zeit nehmen, das Problem mit Ihren Schülerinnen und Schülern zu besprechen. Sie werden eine oder vielleicht sogar zwei Schulstunden dafür opfern müssen. Diese Investition werden Sie später mehr als zurückbekommen, weil Sie davon ausgehen können, dass weniger Unterrichtszeit durch Störungen vernichtet wird. Präventive Gespräche über Disziplin eröffnen uns die Chance, soziales Lernen durch Einsicht und Überzeugung zu erreichen. Dabei müssen Sie nicht nur den erwünschten Ordnungsrahmen im Visier haben. Gerade in der Anfangsphase der Unterrichtsarbeit in einer neuen Klasse ist es wichtig, alle Rahmenbedingungen zu thematisieren, die für ein angenehmes soziales Miteinander von Bedeutung sind.

Wirkungsvoll ist der offene Dialog, in den Sie sich mit Ihren Vorstellungen als Lehrer und in den sich die Schülerinnen und Schüler mit ihren Vorstellungen mitgestaltend einbringen können. Offene Dialogführung bedeutet, dass mit Ich-Botschaften gearbeitet wird. Sie bringen aus der Perspektive des für die Klasse verantwortlichen Lehrers ein, was Ihnen bezüglich Disziplin wichtig ist, was Sie bei Ihren Schülern erreichen wollen und was Ihnen Sorgen bereitet. Auch die Schüler sollten sich frei artikulieren können, ohne dass jede ihrer Ansichten einer direkten Bewertung des Lehrers unterzogen wird. In der großen Mehrheit der Fälle führt die offene Thematisierung des Themas Disziplin zu einer Intensivierung des Beziehungsgefüges in der Klasse.

Schülerinnen und Schüler machen im Gespräch deutlich, dass sie selbst unter zu häufigen Unterrichtsstörungen leiden. Sie akzeptieren auch, dass zur Einhaltung der Regeln Konsequenzen erforderlich sind. In der Regel werden die von den Schülern vorgeschlagenen Konsequenzen bei Regelverstößen viel strenger ausfallen als die vom Lehrer vorgeschlagenen. Denjenigen, die zu den potenziellen Störern in einer Klasse gehören, kann dieser Unterricht verdeutlichen, dass sie ihr Verhalten überdenken müssen. Vielleicht spüren sie so zum ersten Mal, dass störendes Verhalten in Gruppen, die miteinander lernen und arbeiten wollen, als egozentrisch empfunden wird und auf Ablehnung stößt. In dieser Bewusstmachung steckt auch die Chance des Selbstcoachings, die vorbeugend verhindert, dass Menschen zu Außenseitern werden.

Das Thema in den jüngeren Jahrgangsstufen

In der Art der Aufbereitung des Themas müssen natürlich je nach Jahrgangsstufe Unterschiede gemacht werden. Für die jüngeren Jahrgänge (bis Klasse 7) empfiehlt es sich, mit einer Geschichte aus dem Unterricht bzw. einem Fall zu arbeiten. Der auf der rechten Seite abgedruckte Fall „Ein wilder Haufen" hat sich in der Praxis gut bewährt, weil er es den Kindern ermöglicht, sich in die Situation von Gleichaltrigen (Saskia und Rehan) hineinzuversetzen, die mit einer rüden bis chaotischen Klassensituation konfrontiert sind und sich genau aus diesem Grund nicht wohlfühlen in der Schule. Der Fall wird häufig – unabhängig vom erteilten Fach – im Anfangsunterricht in den Klassen 5 von den jeweiligen Klassenlehrern unter dem Rahmenthema „Wir in unserer neuen Schule" eingesetzt.

Lernziele zum Fall „Ein wilder Haufen":

Die Schülerinnen und Schüler finden mithilfe des Falles heraus,
- dass alle am Unterricht Beteiligten sich in einer solchen Situation unwohl bis unglücklich fühlen,
- dass es in einem guten Team Regeln geben muss, die für alle verbindlich sind,
- dass vernünftige Regeln eine Bereicherung und keine Einschränkung darstellen.
- Sie formulieren mithilfe des Negativbeispiels einen Katalog von Regeln, die für die eigene Klasse gelten werden.

Wie werden wir ein gutes Team?

Wir formulieren Regeln für unsere eigene Klasse

Ein wilder Haufen ...

Saskia und Rehan besuchen seit drei Wochen eine neue Schule. Leider fühlen sich die beiden in ihrer neuen Klassengemeinschaft überhaupt nicht wohl. Könnt ihr herausfinden, woran das liegt?

Es ist Freitag und die ersten drei Wochen des neuen Schuljahres sind fast vorüber.

28 Mädchen und Jungen der 5a gehen lärmend zu ihrem Klassenraum. An der Tür gibt es ein wildes Gerangel. Peter muss mal wieder der Erste sein und schubst Manuel weg. Der fällt gegen Martina – und die gibt im postwendend eine Ohrfeige. Manuel ist sauer und schreit Martina an: „Du blöde Gans!" Irgendwann gelangen dann alle in den Klassenraum hinein. Auf Heikos Platz liegt das Mäppchen von Irene. Er wirft es quer durch die Klasse und es landet vor der Tafel auf dem Boden, wo es unbeachtet liegen bleibt.

Sonja isst noch schnell ihr Butterbrot und steckt das Papier achtlos unter die Bank, von wo es auf den Boden fällt.

Serena spitzt schon mal vorsichtshalber ihren Bleistift. In dem Moment pustet Katrin über den Tisch. Der ganze Bleistiftabfall weht auf Helgas Platz. Wütend fährt diese Katrin an, sie soll die Schweinerei wegmachen. Katrin hat überhaupt keine Lust dazu – und schon fangen die beiden an, sich lautstark zu zanken.

Ben und Mischa sind schon wieder in einem Handgemenge, sie können einander einfach nicht ausstehen.

Hendrik will die beiden auseinander halten und bekommt einen Fußtritt ab.

Angela und Natascha tuscheln über Heike, die beide grässlich finden, weil sie ständig losheult, wenn sie etwas nicht weiß oder kann. Heike, die das alles mithört, sitzt unterdessen still am Tisch und lässt den Kopf hängen.

Da betritt Frau Schümke, die Klassenlehrerin, den Raum. Sie versucht sofort, die Kämpfenden auseinander zu halten, doch diese wollen keine Ruhe geben.

Jede Partei versucht sich zu rechtfertigen und benutzt dabei die schlimmsten Ausdrücke. Insgesamt zehn Minuten vergehen, bis die Klasse endlich leise ist. Der Unterricht beginnt. Mehr als die Hälfte der Klasse passt heute nicht auf und gibt sich auch keine Mühe beim Lernen. Viele beginnen erst leise – dann immer lauter – Privatgespräche. Als dann Mehmed noch eine falsche Antwort gibt und die Klasse laut darüber lacht, ist Frau Schümke am Ende ihrer Nerven: „Was soll ich bloß machen mit euch? So werdet ihr nie ein gutes Team – ihr seid eher ein wilder Haufen ...!"

---

1. Warum fühlen sich Saskia und Rehan in dieser Klasse nicht wohl? Schreibt alle Gründe auf.
2. Frau Schümke möchte, dass ihre Klasse 5a von einem wilden Haufen zu einem guten Team wird. Helft ihr dabei, die nötigen Verbesserungsvorschläge zu machen.
3. Welche Regeln sollen in Zukunft in eurer eigenen Klasse gelten, damit Störungen vermieden werden und alle sich wohlfühlen können? Erstellt eine Liste.

Stundenthema „Wie werden wir ein gutes Team?

Tipps zur Vorgehensweise im Unterricht:
1. Hinführung: „Heute werden wir über ein Thema sprechen, das uns alle interessiert ...“
2. Der Lehrer, die Lehrerin liest den Fall vor.
3. Schüler nennen spontan die Gründe, warum Saskia und Rehan sich nicht wohlfühlen (Frage 1, Tafelanschrieb)
4. Fragen 2 und 3 werden in Partner- oder Gruppenarbeit beantwortet.
5. Schüler tragen ihre Vorschläge vor.
6. Im Gespräch werden aus den Vorschlägen Klassenregeln abgeleitet und gesammelt.
7. Nach der sprachlichen und inhaltlichen Überarbeitung der Regeln übernehmen einige Schülerinnen und Schüler die Aufgabe, die Regeln auf Plakate zu übertragen.
8. In einer Folgestunde wird der Regelkatalog abgestimmt, von allen unterschrieben und in der Klasse aufgehängt.

Das Thema in den älteren Jahrgangsstufen

In den älteren Jahrgangsstufen (ab Klasse 8) empfiehlt es sich, einen Fragebogen zur Grundlage des Unterrichtsgespräches über Disziplin zu machen. Die fünf Fragen auf dem Material auf der rechten Seite sind bewusst in Form offener Fragen formuliert. Die Schülerinnen und Schüler erhalten so die Möglichkeit, ihre Gedanken schriftlich zu formulieren, bevor sie diese in ein Unterrichtsgespräch einbringen. Die Fragebögen sollten auf jeden Fall individuell beantwortet werden. Sie können eine Gruppenarbeitsphase einschalten, bevor Sie ein Klassengespräch führen. In der Gruppenarbeit lesen sich die Schüler ihre Antworten gegenseitig vor und treffen eine Vorauswahl über die Formulierungen, die sie dann zu Beginn des Unterrichtsgesprächs vorstellen werden. Die

Abfolge der Fragen 1 bis 5 gibt Ihnen die Möglichkeit, das Klassengespräch thematisch zu strukturieren.

Mit zunehmendem Alter soll die erzieherische Bedeutung des Themas Disziplin in den Blickpunkt gerückt werden. Die Schülerinnen und Schüler sollten nun begreifen, dass Disziplin eine Pflichttugend ist, die sich jeder Mensch erarbeiten muss, um in seinem späteren Leben erfolgreich sein zu können. Dabei kann ein Blick in die Anforderungen in der Arbeitswelt, im Studium, aber auch in die Rollenerwartungen im Privatleben von Bedeutung sein. Die Schüler können sich darüber bewusst werden, dass Disziplin als Selbstcoachingkonzept und Voraussetzung für ein befriedigendes Privat- und Berufsleben gesehen werden kann.

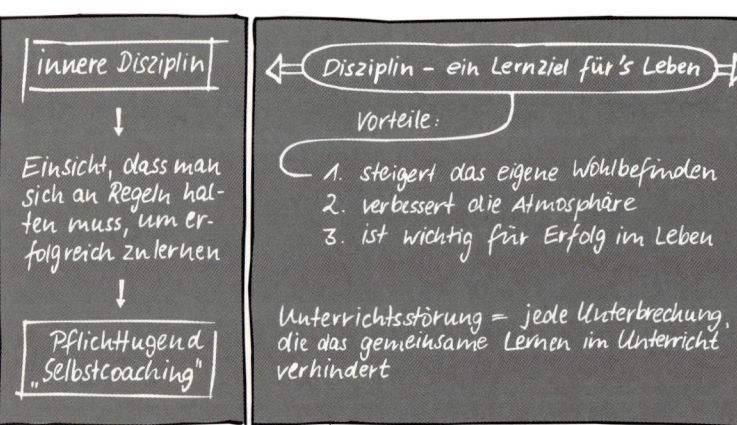

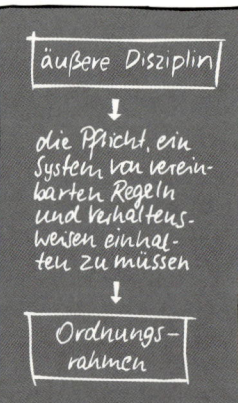

Führen Sie im Laufe des Unterrichtes die Unterscheidung zwischen innerer und äußerer Disziplin ein, wie sie in dem Vorschlag für ein Tafelbild verdeutlicht ist.

Alter: _____ Jahre   männlich ☐   weiblich ☐

Disziplin: Ein Lernziel für's Leben?

In diesem Fragebogen und im heutigen Unterricht geht es um deine Meinung und um deine Vorschläge zu einem wichtigen Thema in der Zusammenarbeit zwischen Schülern und Lehrern. Beantworte in Ruhe die fünf Fragen, damit wir später im Unterricht darüber sprechen können.

1. Disziplin bedeutet, dass man sich in einer Gruppe von Menschen den Regeln entsprechend verhält. Ist Disziplin aus deiner Sicht eine wichtige Sache oder eher nicht?

    _____

    _____

    _____

2. Warum stören Schülerinnen und Schüler den Unterricht? Was hältst du für die häufigsten Gründe?

    _____

    _____

    _____

3. Welche Art von Disziplinproblemen stören dich am meisten, wenn du an die Situation in unserer eigenen Klasse denkst?

    _____

    _____

    _____

4. Beschreibe bitte, wie sich eine Lehrerin, ein Lehrer verhalten und was er oder sie tun sollte, damit Unterrichtsstörungen möglichst vermieden werden?

    _____

    _____

    _____

5. Wie sollen Lehrer und Schüler und die Schüler einer Klasse untereinander miteinander umgehen, damit eine störungsfreie Unterrichtsatmosphäre entstehen kann, in der alle Beteiligten sich wohlfühlen können? Formuliere deine Vorschläge.

    _____

    _____

    _____

5.5 Disziplin wiederherstellen durch Gespräche unter vier Augen

Eine Störung liegt dann vor, wenn der Lern- und Arbeitsprozess der gesamten Gruppe durch das Verhalten einzelner Schüler so beeinflusst wird, dass Ihnen ein Erfolg versprechender Fortgang des Unterrichtes unmöglich erscheint.

Natürlich können die Ursachen für Störungen sehr vielfältiger Natur sein. Auf sie wird hier aber nicht näher eingegangen, weil Sie in der aktuellen Situation auch keine umfassende Ursachenanalyse durchführen können. Sie müssen spontan reagieren und dabei müssen Sie einerseits den oder die Störer im Blick haben und andererseits die Interessen der gesamten Lerngruppe.

Wenn Sie den Eindruck haben, dass der Unterricht massiv gestört ist, wenn die erste freundliche und eventuell noch die zweite strenge Ermahnung vergeblich verpufft sind, dann sollten Sie, wann immer es zeitlich möglich ist, den oder die störenden Schüler dazu auffordern, nach dem Unterricht zu Ihnen zu kommen. Wenn Sie Glück haben, genügt schon Ihre klare und verbindliche Gesprächseinladung zur Wiederherstellung der Disziplin. In der Aussage: „Kommst du bitte nach dem Unterricht zu mir. Ich muss mit dir reden!" spürt der Schüler, dass ihm Aufmerksamkeit zuteil wird, dass er individuell wahrgenommen wird, dass dem Lehrer die persönliche Beziehungsebene wichtig ist und dass die Situation einen ernsten Charakter angenommen hat.

In den vielen Jahren meiner eigenen Lehrertätigkeit hat sich das Gespräch unter vier Augen als die wirkungsvollste Maßnahme zum Umgang mit Störern und zur Wiederherstellung von Disziplin erwiesen. Dieser Eindruck wird von vielen Kolleginnen und Kollegen bestätigt. Befragungen der Lehrer zufolge führen etwa zwei Drittel aller Lehrer, die von sich behaupten, relativ wenig mit Disziplinproblemen belastet zu sein, regelmäßig solche Gespräche durch.

Fünf Vorteile des Einzelgesprächs

1. Ihr Unterricht wird nur kurz unterbrochen.
2. Sie gewinnen Zeit nachzudenken. Verärgerung oder gar Wut können abgebaut werden. Sie können sich eine Gesprächsstrategie zurechtlegen.
3. Weil das Gespräch nicht in der Klasse stattfindet, muss der Schüler nicht den Helden oder den Clown spielen.
4. Unter Ausschluss der Öffentlichkeit erleben Schüler und Lehrer sich in einer vergleichsweise angenehmen und wenig aggressiven Gesprächsatmosphäre.
5. Im Vier-Augen-Gespräch kann man sich auch über andere Dinge als nur über die Störung unterhalten. Lehrer und Schüler können sich besser kennen lernen und so ihre Beziehung verbessern.

Wie jeder Mensch weiß, führen Gespräche, die Konflikt- oder Verhaltensänderungen zum Ziel haben, nicht automatisch zum Erfolg. Es kann auch das Gegenteil der erhofften Wirkung eintreten. Das ist der Fall, wenn es den Teilnehmern nicht gelingt, eine Brücke der Verständigung zueinander zu bauen. So können die Gräben vertieft werden, die Fronten sich verhärten. Im schlimmsten Fall droht dann eine Beziehungsblockade, in der die Maßnahme, die zur Wiederherstellung von Disziplin gedacht war, zum Auslöser von neuen und gravierenderen Disziplinverstößen wird.

Die Gefahr des Scheiterns von Gesprächen ist besonders groß, wenn die Lehrer sich unsicher und ungeübt in der Kunst der Gesprächsführung fühlen. Das mag ein Grund dafür sein, dass junge Lehrer in der Ausbildung Vier-Augen-Gespräche eher meiden als suchen. Besser ist es, sich angemessen darauf einzustellen und die Kunst der Gesprächsführung immer wieder zu trainieren.

Wenn man einige grundlegende Regeln beachtet und sich darin übt, das eigene Gesprächsverhalten in seiner Wirkung auf den Gesprächspartner zu reflektieren, steigen die Erfolgschancen enorm an.

Sieben erfolgreiche Schritte in einem guten Vier-Augen-Gespräch

Die sieben Schritte sind als ein möglicher roter Faden gedacht, mit dem man ein Konfliktgespräch führen kann. Die Schritte können eine wertvolle Orientierung sein, auch wenn man sich nicht allzu starr daran halten sollte.

Das Gespräch wird dann zu einem echten Dialog, wenn beide Teilnehmer etwa die gleiche Redezeit für sich in Anspruch nehmen können.

Die Lehrerin auf dem Foto rechts spricht nicht von oben herab mit der Schülerin, sondern auf gleicher Augenhöhe. Miteinander an einem Tisch zu sitzen, erzeugt eine angenehme Gesprächsatmosphäre.

Strategie	Beispiele	Roter Faden
1. Eröffnen Sie das Gespräch in Ruhe und stellen Sie eine angenehme Atmosphäre her.	„Gut, dass wir unter uns miteinander reden können. Komm, setzen wir uns hin."	Angenehme Gesprächseröffnung
2. Erläutern Sie Ihre Zielsetzung mit einer sprachlich klaren und glaubhaften Aussage.	„Ich möchte mich gerne mit dir unterhalten und ich möchte, dass wir am Ende zu einem guten Ergebnis kommen."	Zielklarheit
3. Erklären Sie in der Ich-Form, aus welchen Gründen Sie sich im Unterricht gestört fühlten.	„Ich erkläre dir jetzt, worin ich das Störende in deinem Verhalten sehe."	Ich-Botschaften
4. Eröffnen Sie dem Schüler die Möglichkeit, seine Sicht der Dinge darzustellen.	„Erzähl du mir, wie du den Vorfall siehst. Ich werde zuhören und dich nicht unterbrechen."	Türöffner
5. Bleiben Sie gelassen bei Vorwürfen und verbalen Angriffen wie z. B.: „Immer haben Sie es auf mich abgesehen!" „Ich hab doch gar nichts gemacht." „Andere sind viel schlimmer als ich, aber die ermahnen Sie nie!"	„Ich habe überhaupt nichts gegen dich. Du bist mir genauso lieb und genauso wichtig wie alle anderen. Bei anderen Gelegenheiten fand ich deine Mitarbeit wirklich toll. Allerdings solltest du einsehen, dass heute die Störung von dir ausging."	Phase der Konfliktbearbeitung im Dialog
6. Ermuntern Sie zur Formulierung eigener Lösungsvorschläge und schlagen Sie auch eine Lösung vor.	„Wir müssen eine Lösung finden! Mach' du einen Vorschlag und dann ich."	Suche nach Lösungen
7. Beenden Sie das Gespräch mit einer Vereinbarung. Sprechen Sie noch etwas Privates an. Gehen Sie mit einem Händedruck auseinander.	„Ich würde mich freuen, wenn du ab jetzt wieder gut mitarbeitest und unsere Regeln einhältst. Bist du eigentlich zufrieden mit der Tonqualität deines MP3-Players?"	Vereinbarung / Schlussritual

Neben den dialogischen Konfliktgesprächen kann es auch Situationen geben, in denen die einseitige Unterweisung ein adäquates Mittel zur Wiederherstellung von Disziplin sein kann. Stellt zum Beispiel ein Schüler das kritisierte Verhalten auch nach einem oder mehreren Gesprächen nicht ab, so können Sie ihr oder ihm unmissverständlich klarmachen, welches Verhalten Sie ab jetzt erwarten. Schließlich sind Sie in der Chefrolle.

5.6 Schluss mit lustig – auch Sanktionen muss es geben

Jeder Lehrer weiß das: Auch wenn alle Maßnahmen zur Störungsprävention ergriffen wurden, auch wenn der Unterricht gut vorbereitet ist, wir haben es im Alltag immer wieder mit Regelverstößen zu tun, die eine härtere Gangart verlangen als die bloße Ermahnung oder das freundliche Vier-Augen-Gespräch. Die Überlebenskunst für den Lehrer besteht darin, auch in diesen Situationen professionell zu agieren. Professionell agieren wir dann, wenn wir nun einfach die nächste Maßnahme in unserem Disziplinkonzept abrufen. Das muss ab einem bestimmten Ausmaß von Störung die Sanktion sein. Sie ist eine Zwangsmaßnahme. Sie vermittelt dem Störer unter Umständen eine negative Erfahrung. Aber diese negative Erfahrung dient positiven Zielen, und zwar sowohl für den Störer als auch für die Klasse als auch für die Gesundheit des Lehrers.

In der Regel folgt die Sanktion auf eine erste freundliche und eine zweite strenge Ermahnung, eventuell gibt es auch noch eine gelbe Karte und dann muss es heißen:

Manchmal muss Schluss mit lustig sein. Die Schüler sehen das sehr wohl ein. Ganz im Gegenteil: Sie erwarten von den Lehrern sogar, dass sie Grenzen aufzeigen. Ein guter Lehrer ist für sie freundlich, gerecht und mit Humor ausgestattet, aber auch streng. Er ist eben der Trainer und der Trainer stellt einzelne Spieler manchmal vom Platz – nicht um sie dauerhaft zu bestrafen, sondern um sie dazu zu bewegen, ihr Verhalten zu verbessern, damit sie später wieder mit der Mannschaft mitspielen können. Ich weiß, dass der Begriff der Sanktion in der pädagogischen Literatur meist nur hinter vorgehaltener Hand verwendet wurde. Ein guter Lehrer muss nicht zu Sanktionen greifen, weil sein Unterricht so spannend ist, dass niemand auf die Idee kommen wird zu stören. Das ist eines von mehreren Argumenten aus der Theorie, das die Lehrer in Selbstzweifel und berufliche Unzufriedenheit treibt. Aber es ist Unsinn. In jedem guten Unterricht gibt es Phasen, in denen gebüffelt werden muss und Leistungen zu erbringen sind. Schule kann, wenn sie lebensvorbereitend sein will, keine reine Spaßveranstaltung sein.

Die Sanktion ist nichts Schönes, nichts, was man sich erträumt. Aber wir brauchen uns nicht zu schämen, wenn wir sie einfordern. Sie ist genauso notwendig, wie die Bestrafung, die der Gesetzgeber für die Nichteinhaltung eines neuen Gesetzes vorsehen muss. Der Gesetzgeber wartet nicht ab, bis auch der letzte Staatsbürger die Sinnhaftigkeit einer Regel kraft seiner Einsicht akzeptiert. Es genügt ihm, dass wir die Gesetze achten, weil wir wissen, dass wir sonst die Konsequenzen zu tragen haben. So verhält es sich auch mit den Regeln in der Schule. Wer bei Kindern und Jugendlichen immer die Einsicht in alles Erforderliche anstrebt, überfordert sie. Oft muss es eben genügen, dass wir sagen: „Okay, du siehst es nicht ein, dass du dich anders zu verhalten hast. Dann greifen wir eben jetzt zu Zwangsmaßnahmen." So handeln wir realistisch und ersparen uns Enttäuschungen.

Die Sanktionierung von störendem Verhalten hat durchaus positive Funktionen: Sie schützt die lernwilligen Schüler vor den Störern. „Es geht gar nicht um dich!" hat ein Schüler meiner neunten Klasse seinem ständig störenden Klassenkameraden zugerufen, der sich an einen Einzeltisch setzen musste. „Es geht um uns. Wir wollen nämlich etwas lernen und unsere Noten verbessern." Dieser Einwand beschreibt genau die Situation, in der wir stehen. Lehrer müssen mit der gesamten Klasse arbeiten und immer deren Anspruch auf störungsfreies Lernen im Auge haben. Zu viel Zeitaufwand für den Störer bedeutet Verzicht auf Lernzeit für alle anderen. Also dürfen wir uns nicht zu ausgiebig mit den Störern beschäftigen, jedenfalls nicht innerhalb der Unterrichtszeit.

Immer lieb sein nützt den Schülern und Ihnen nichts

Das ist eine der wichtigsten Erfahrungen, die junge Lehrerinnen und Lehrer in ihrem neuen Beruf machen müssen. Wenn sie geliebt werden wollen, dürfen sie nicht immer lieb sein. Damit geht es den Lehrern nicht anders als den guten Eltern. Das Problem ist nur: Viele Lehrer glauben, dass sie versagt haben, wenn sie nicht lieb sind, weil sie eine strenge Maßnahme ergreifen.

Die pädagogische Literatur zum Thema Disziplin hat an diesem schlechten Gewissen einen nicht unerheblichen Anteil. Jahrelang, genau genommen seit der Abkehr von einer strafenden und autoritären Schulwirklichkeit bis 1968, hat sich die Literatur nahezu ausschließlich auf das störende Kind konzentriert. Wir mussten lernen, dass es das störende Kind eigentlich gar nicht gibt, dass wir nur unfähig sind, seine Botschaft angemessen zu entschlüsseln. Der Lehrer habe vordringlich Entschlüsselungsarbeit zu leisten, um die Ursachen für störendes Verhalten möglichst genau herauszufinden. Das kann der Lehrer im Massenbetrieb Schule aber nicht leisten. Es ist sehr kompliziert und langwierig, in eindeutiger Klarheit herauszufinden, warum Menschen zu Störern werden. Es ist auch nicht unsere primäre Aufgabe. Nachdenken sollte man immer über seinen möglichen eigenen Anteil an der Unterrichtsstörung und man sollte bereit sein, seinen Umgang mit den Schülern und seine Unterrichtsführung zu verändern. Mehr geht allerdings nicht. „Mir ist es relativ egal, warum die Schüler meinen Unterricht stören", sagte mir ein Kollege, dessen Arbeit ich sehr schätze, „sie haben es ganz einfach nicht zu tun."

Es gibt eine weitere Fehleinschätzung, mit der aufgeräumt werden sollte, nämlich die Annahme, jedes Kind und jeder Jugendliche würde in seiner Entwicklung für sein späteres Leben dauerhaft geschädigt, wenn ihm einmal eine negative Erfahrung zuteil wird. Das genaue Gegenteil scheint öfter der Fall zu sein. Lange nach ihrer Schulzeit berichten ehemalige Schüler immer wieder, wie dankbar sie der Lehrerin X, dem Lehrer Y noch heute sind, weil diese vor vielen Jahren unpopuläre Maßnahmen nicht gescheut haben.

Für ihr Leben geschädigt sind alle diejenigen, die in ihrer Schulzeit nicht gelernt haben, sich regelgerecht zu verhalten und Grenzen zu akzeptieren. Von diesen jungen Leuten scheint es heute immer mehr zu geben. Nicht umsonst beklagen die Ausbildungsbetriebe fehlendes Sozialverhalten und mangelhafte Basiskompetenzen. Wenn wir weiterhin nur verschämt und defensiv mit Sanktionsmaßnahmen umgehen, werden wir diesen Trend nicht brechen. Besser man erlebt im Schonraum der Schule die eine oder andere harte Maßnahme, als später an den Anforderungen der Wirklichkeit zu scheitern. Hier gibt es die betreuenden Lehrer, die einem Gestolperten wieder auf die Beine helfen können. Das Leben danach – zumal in Zeiten härtester Konkurrenz – wird selten so rücksichtsvoll sein.

Abgestufte Maßnahmen

Wichtig ist, dass man nicht mit Kanonen auf Spatzen schießt. Ein Lehrer, der ständig zu den härtesten Maßnahmen greift, schreit und tobt, macht sich lächerlich (wer dosiert zu toben versteht, allerdings nicht). Lehrer, die immer übertrieben hart reagieren, verlieren mit der Zeit den Draht zu ihren Schülern und laufen Gefahr, dass diese die Gefolgschaft verweigern: „Sie können sich auf den Kopf stellen. Ich mache die Sonderaufgabe nicht!", heißt es dann zum Beispiel. Sanktionen dürfen nicht zu Beziehungsblockaden führen. Die Kommunikation zwischen Lehrern und Schülern darf nicht dauerhaft feindselig werden oder gar ganz abbrechen. In einer vergifteten Unterrichtsatmosphäre kann nicht produktiv gelernt werden. Hier lernt man nur noch, wie man einander ärgern und sich aus dem Weg gehen kann.

Der Katalog auf der folgenden Seite ist nach dem Prinzip der aufeinander aufbauenden Maßnahmen gestaltet, und zwar vom Leichten zum Schweren. Sie müssen nicht alle Stationen durchlaufen, um irgendwann zur Stufe 10 zu kommen. Wählen Sie einen Weg, der erst die sanfte Maßnahme vorsieht, bevor es zu der härteren Sanktion kommt.

Kopiervorlage

Konsequenzen bei fortwährenden Unterrichtsstörungen

Die wichtigsten Ziele der hier aufgeführten Maßnahmen bestehen darin, für alle Schülerinnen und Schüler der Klasse einen Ordnungsrahmen zu garantieren und eine Atmosphäre zu erzeugen, in der störungsfrei gelernt werden kann und in der sich alle wohlfühlen. Wünschenswert ist, dass es gar nicht notwendig wird, sie anzuwenden. In der Härte der Maßnahmen gibt es Abstufungen von Schritt 1 bis 10. Der Lehrer wird nicht gleich die härteste Maßnahme ergreifen. Er ist aber nicht an die Einhaltung einer bestimmten Reihenfolge gebunden.

10 Maßnahmen	Härtestufe
1. Wenn dein Lehrer „Stopp: Jetzt ist Schluss!" zu dir sagt, hörst du sofort auf zu stören. Du benimmst dich wieder gut und die Sache ist erledigt.	☹
2. Wenn du nach der Aufforderung zum „Stopp" weiterhin störst, kann der Lehrer dich für den Rest der Stunde an einen Einzeltisch setzen. Du musst dann die gestellten Aufgaben ohne die anderen still bearbeiten.	☹
3. Wenn du nach der Aufforderung zum „Stopp" weiterhin störst, kannst du zur Förderung deiner Einsicht dazu verpflichtet werden, diesen Katalog der Maßnahmen oder einen anderen Text handschriftlich abzuschreiben.	☹
4. Weil Störungen deinen Lernprozess negativ beeinflussen, kann der Lehrer dich dazu verpflichten, den Stoff aus dieser und aus einer vergangenen Stunde schriftlich nachzubearbeiten (entweder als Hausarbeit oder in einer Zeit nach dem Unterricht in der Schule).	☹☹
5. Bei fortschreitenden Störungen kannst du für den Rest der Stunde aus der Klasse verwiesen werden. Du musst dich dann in das Vorzimmer des Direktors begeben oder in den dafür vorgesehenen Sozialraum und dort deine Aufgaben bearbeiten.	☹☹
6. Bei fortschreitenden Störungen musst du damit rechnen, dass der Lehrer sich sofort oder nach der Stunde mit deinen Eltern telefonisch oder per Brief in Verbindung setzt, um diese über dein Verhalten zu informieren.	☹☹☹
7. Wenn du trotz mehrfacher Ermahnungen die Unterrichtsstörungen fortsetzt, kannst du mit einem Tadel vom Lehrer ins Klassenbuch eingetragen werden. Vom zweiten Klassenbucheintrag an hat dies in der Regel eine Herabsetzung der Kopf- bzw. Verhaltensnote zur Folge. Über jeden Klassenbucheintrag werden die Eltern schriftlich informiert.	☹☹☹
8. Wenn du durch deine Störung einen oder mehrere Mitschüler an der Mitarbeit hinderst, fremdes Eigentum beschädigst oder andere beleidigst oder verletzt, kannst du vom Lehrer dazu verpflichtet werden, den entstandenen Schaden wiedergutzumachen. Auch kannst du zu Sonderdiensten herangezogen werden (z. B. Klasse nach Unterrichtsschluss säubern, dem Hausmeister an einem Nachmittag helfen u. a.).	☹☹☹
9. Wenn du nach mehreren Maßnahmen immer noch störst und dem Lehrer mit deinen Antworten und deinem Verhalten zu verstehen gibst, dass du die Lernanforderungen nicht erfüllst, musst du damit rechnen, die mündliche Note 5 oder 6 zu bekommen.	☹☹☹
10. Erhält ein störender Schüler aufgrund seiner eingeschränkten Lernleistung die mündliche Note 5 oder 6, so kann diese auch vorläufig erteilt werden. Lehrer und Schüler vereinbaren für diesen Fall eine Frist (bis zu 3 Wochen), in welcher der Schüler durch eine besonders gute Mitarbeit die Chance erhält, die negative Note wieder zu beseitigen.	☺

Schlechte Noten für Fehlverhalten: Geht das?

Die Sechs für Stefan

Eigentlich ist Stefan ein pflegeleichter Schüler, aber vor einiger Zeit schien er überhaupt keine Lust mehr auf meinen Unterricht zu haben. Er setzte sich nach dem Klingelzeichen nicht mehr auf seinen Platz – wie es unserer Regel entsprach – und stellte seinen MP3-Player immer erst nach der zweiten Aufforderung ab. Seine Hausaufgaben erledigte er auf geradezu provozierend schlampige Art. Im Unterricht zettelte er häufig Gespräche mit seinen Nachbarn an.

In einem Vier-Augen-Gespräch sprach ich ihn darauf an, dass mir sein Verhalten sehr negativ aufgefallen sei. Er sagte mir, dass er das aktuelle Thema ziemlich langweilig fände und dass er zurzeit eben mit anderen Dingen beschäftigt sei. Am Ende des Gespräches versprach er mir aber, sich zu bessern.

Der Wille währte nicht lange. In einer der folgenden Stunden war ich mit der Entwicklung eines Tafelbildes beschäftigt. Immer, wenn ich der Klasse den Rücken zukehrte, warf Stefan mit Papierkugeln um sich. Ich erklärte ihm und den anderen mit einem Augenzwinkern, dass ich nach meiner langen Lehrertätigkeit hinten Augen besäße und so alles auch mit dem Rücken beobachten könne. Bei Stefan änderte das nichts. Nach der nächsten Papierkugel wendete ich mich Stefan zu und forderte ihn auf, den aktuellen Stoff zu beschreiben. Seine Erklärung fiel äußerst dürftig aus und das schien ihm auch nichts auszumachen. Ich teilte ihm daraufhin mit: „Jetzt ist Schluss! Du kommst bitte nach der Stunde zu mir. Ich trage dir aber schon jetzt eine Sechs ein." Für den Rest der Stunde verbat ich mir jede weitere Störung meines Unterrichtes, sonst müsse ich die nächste Maßnahme einleiten und das sei ein Anruf mit meinem Handy bei Stefans Eltern.

Im Gespräch nach der Stunde beschwerte sich Stefan über die Note Sechs. Er habe doch nur einmal kurzfristig nicht aufgepasst und ich hätte es in letzter Zeit immer auf ihn abgesehen. Ich teilte ihm mit, dass sowohl seine Leistung als auch sein Lernverhalten diese Leistungsnote absolut rechtfertige. Ich sagte, dass ich dazu verpflichtet sei, ihm die Grundlagen politischer Bildung für sein weiteres Leben zu vermitteln und dass ich diese Pflicht sehr ernst nähme. Im Übrigen hätte ich es keineswegs auf ihn abgesehen, vielmehr würde ich mich freuen, wenn er wieder auf die rechte Bahn käme.

Am Ende unseres Gespräches machte ich ihm ein Angebot. Darin erklärte ich mich bereit, die Sechs nur mit Bleistift einzutragen. Nach vier Wochen – das entspricht im Fach Sozialkunde vier Einzelstunden – solle er wieder zu mir kommen. Nur wenn sich seine Leistungen bis dahin extrem verbessert hätten, wäre ich bereit, die Sechs auszuradieren. Stefan akzeptierte diesen Vorschlag.

Am gleichen Abend rief sein Vater bei mir an. Er fragte, ob ich überhaupt das Recht habe, das Verhalten seines Sohnes mit einer Fachnote zu bewerten. Schließlich gehöre das doch allenfalls in den Bereich der Kopfnoten. Ich erklärte ihm, dass das Verhalten gegenüber den Lerngegenständen Teil meines fachlichen Lernkonzeptes sei und durchaus in die Benotung einfließen könne. Auch machte ich deutlich, welche Bildungs- und erzieherischen Absichten ich mit meiner Maßnahme verbände. Die Note Sechs würde zunächst einmal wie in Beton gegossen stehen bleiben. Es läge nun an seinem Sohn, das Angebot anzunehmen. Ich schlug vor, dass wir in einigen Wochen wieder miteinander telefonieren sollten.

Folgende Effekte traten nun ein: Stefan arbeitete wesentlich besser mit und fragte mich nach jeder Stunde, ob ich die Sechs nun ausradieren würde. Ich ließ ihn zappeln und dann, nach vier Wochen und vier Unterrichtsstunden, bat ich ihn zu mir und entfernte in seinem Beisein die Sechs aus meinem Notenbuch. Für seine Eltern schrieb ich eine kurze Notiz in seine Arbeitsmappe, in der ich ausdrückte, wie sehr zufrieden ich mit Stefans verändertem Lernverhalten sei.

Mittlerweile haben sich Stefans Leistungen stabilisiert und unser Verhältnis zueinander ist wieder ungetrübt.

Auch eine Fünf oder Sechs ist möglich, muss aber die Ausnahme sein

Stefans Geschichte zeigt, dass die Benotung destruktiven Lernverhaltens durchaus eine Möglichkeit darstellt, die man als Lehrer ins Auge fassen kann. Die Sechs war in diesem Fall ein letzter Schritt in einer Reihe von abgestuften Maßnahmen. Für Stefan war sie zweifellos ein Schock, aber es war ein Schock, der ihn wachrüttelte und zu der Einsicht führte, dass er so nicht weitermachen kann, weil er dadurch sein Notenbild gefährdete. Für mich erwies sich in diesem Fall die Erteilung der Note Sechs als eine zwar nicht schöne, aber doch sehr wirksame Möglichkeit, eine Verhaltenskorrektur bei Stefan einzuleiten und die Disziplin in dieser Klasse wiederherzustellen.

Wenn wir wollen, dass unsere Schüler wieder mehr Anstrengungs- und Leistungsbreitschaft entwickeln und wenn wir wollen, dass Lehrerinnen und Lehrer sich nicht mehr hilflos fühlen gegenüber zunehmenden Regelverstößen, dann müssen wir bereit sein, destruktives Lernverhalten mit der dazu passenden Benotung zu quittieren, also im Notfall auch mit einer Sechs.

Der Grundsatz, wonach Noten niemals disziplinieren dürfen, klingt edel und gut. Er stammt aus der Zeit der Neubesinnung der Pädagogik im Reformeifer nach 1968. Es war die Pädagogik, die – historisch verständlich – ausschließlich auf Freiheits- und Entfaltungswerte setzte. Den Kindern sollte jede negative Erfahrung in der Schule erspart bleiben. Noten, wenn es sie schon geben muss, durften nur motivieren, niemals disziplinieren. Während die Lehrer zunehmend an der fehlenden Disziplin verzweifeln und oft genug darüber krank werden, hält sich diese weltfremde Auffassung hartnäckig bis heute. Sie wird immer seltener von Leuten vertreten, die bis zu sechs Stunden täglich in großen Klassen pubertierender Schüler unterrichten.

Ein pragmatischer Grundsatz, der Ihnen und den Schülern hilft, sollte demgegenüber lauten: Ja, die Sechs oder die Fünf für destruktives Lernverhalten gehört zu unserem Repertoire. Wir gehen nicht länger verschämt, sondern offen damit um. Aber: Wir ziehen sie nur als eine unserer letzten Möglichkeiten in Ausnahmefällen in Betracht. Wir versehen sie immer mit flankierenden pädagogischen Maßnahmen und wir achten darauf, dass wir gleichzeitig immer den betroffenen Schülern die Tür offen halten, damit weder Beziehungsblockaden entstehen noch der Weg zu einer Verbesserung des Leistungsbildes verbaut bleibt.

Lernverhalten ist Teil des fachlichen Lernens

Wissen, Können, Kommunizieren und Verhalten sind die vier Komponenten des erweiterten Lernbegriffs, der jeder Art von fachlichem Lernen in der Schule zugrunde liegen sollte. Es geht immer um die Erarbeitung von Informationen, um methodische Qualifikationen, um die Befähigung zu einer angemessenen fachbezogenen Kommunikation und um das Verhalten des Lernenden in der Gesamtgruppe. Jede Benotung einer mündlichen Leistung bezieht Verhaltenskomponenten mit ein. Das ist bei der Eins prinzipiell nicht anders als bei der Sechs. Die mündliche Sechs im Fachunterricht wird nicht aufgrund eines Disziplinverstoßes erteilt, sondern aufgrund fachlicher Defizite, die mit dem erweiterten Lernbegriff begründet werden.

Bezüglich der Grundlagen, die zur Bewertung einer Leistung herangezogen werden, muss die Note Sechs folgenden Überprüfungskriterien standhalten:

1. der individuellen Norm: Mit deinem aktuellen Leistungsverhalten erwirbst du nicht einmal die Grundlagen der angestrebten fachlichen Ziele,

2. der Klassennorm: Mit deinem aktuellen Leistungsverhalten liegst du weit unter dem Durchschnitt in der Klasse,

3. der Norm der allgemeinen Leistungs- und Bildungsstandards: Mit deinem aktuellen Leistungsverhalten kannst du die gesetzten Standards für dein Fach und deine Schulart auch nicht annähernd erfüllen.

Wegen der Sensibilität dieses Themas sind auf der folgenden Seite weitere Grundsätze zur Handhabung schlechter Noten bei destruktivem Leistungsverhalten formuliert.

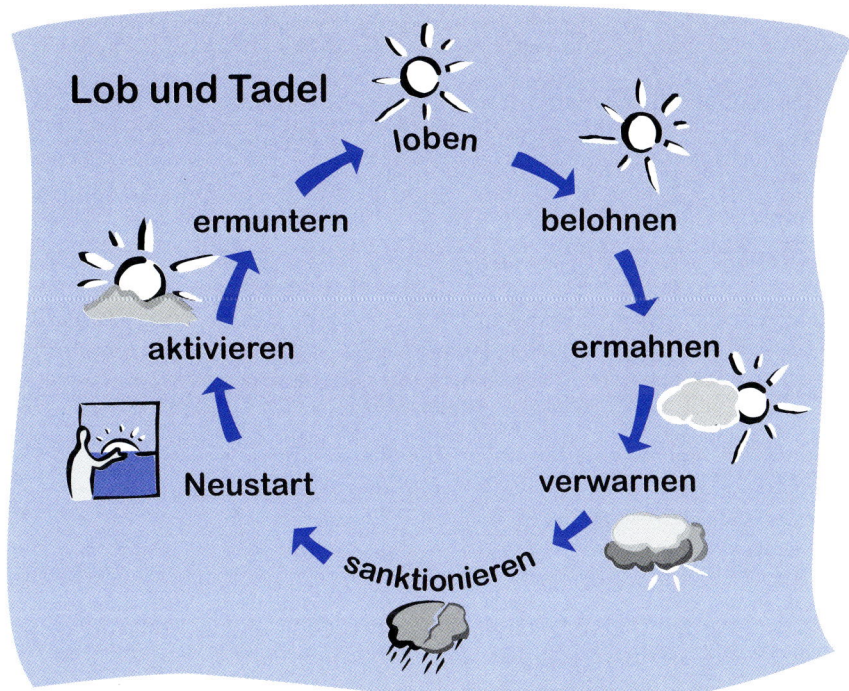

1. Die Erteilung der Noten Fünf oder Sechs bei länger anhaltendem destruktivem Lernverhalten kann in Ausnahmefällen erfolgen.

2. Diese Note muss immer einer fachlichen Begründung standhalten. Bewertet wird nicht die Unterrichtsstörung an sich, sondern die Verweigerung fachlicher Leistung trotz vorausgegangener Ermahnung und Verwarnung.

3. Auf keinen Fall darf inflationär mit dieser Maßnahme umgegangen werden. Lehrer, die ständig mit der Note Sechs um sich werfen, bauen Beziehungsblockaden auf und handeln verantwortungslos, weil sie unter Umständen Zukunftschancen zerstören.

4. Einer Fünf oder einer Sechs sollte immer ein Vier-Augen-Gespräch folgen, dessen Ziel darin besteht, eine Strategie zu beraten, die wieder zu einer besseren Leistungsbewertung führt.

5. Auch muss dem Schüler verdeutlicht werden, dass mit dieser schlechten Note nicht seine Persönlichkeit, sondern lediglich ein Leistungsverhalten beschrieben wird.

6. Eine schlechte Note kann auch vorläufig erteilt werden. Wenn sie nach einer Zeit der Bewährung wieder getilgt wird, kann sie eine sinnvolle erzieherische Funktion erfüllen.

7. Wenn es über einen längeren Zeitraum hinweg bei einer einmaligen Sechs bleibt, hat der Lehrer die Möglichkeit, die Note als einen Ausrutscher zu werten, der bei der Gesamtbenotung wenig in Betracht gezogen wird.

8. Wenn Sie aus Überzeugung eine Fünf oder eine Sechs erteilt haben, sollten Sie dazu stehen. Sie müssen dann konsequent sein und eventuellen Protesten standhalten können.

9. Die Note muss jederzeit gegenüber dem Schüler und gegenüber den Erziehungsberechtigten unter Hinweis auf die fachlichen Lernanforderungen begründet werden können.

10. Lehrer und Schüler beraten präventiv darüber, was jeder Einzelne tun kann, damit es nicht zu schlechten Noten für schlechtes Lernverhalten kommen muss.

Checkliste
Zusammenfassung Disziplin

1. Für Ihre erste Unterrichtsstunde in einer neuen Klasse lassen Sie sich etwas Außergewöhnliches, Interessantes, Schönes einfallen.

2. Freundlich und bestimmt führen Sie in dieser ersten Stunde eine erste Regel ein und achten konsequent auf deren Einhaltung, z.B.: „Wer in meinem Unterricht etwas sagen will, meldet sich!" Wer sich nicht an diese Regel hält, kommt für eine bestimmte Zeit nicht mehr dran. Sie stellen klar, dass Sie ab jetzt die Chefin, der Chef sind.

3. Sie erklären den Schülerinnen und Schülern, dass ein Hausheft anzulegen ist und wie es geführt werden soll. In der Folgestunde kontrollieren Sie, ob alle das Heft nach Ihren Vorgaben angelegt haben.

4. Die erste von Ihnen gestellte Hausaufgabe wird in der Folgestunde sorgfältig kontrolliert und besprochen. In einer Partnerübung können sich die Schülerinnen und Schüler ihre Hausaufgabe gegenseitig vorstellen. Wer sie nicht gemacht hat, ist bei dieser Übung außen vor und wird die Hausaufgabe in der Folgestunde auf einem gesonderten Blatt vorlegen.

5. In der zweiten Unterrichtsstunde führen Sie ein Ritual zur Unterrichtseröffnung ein. Die Form (z.B. aufstehen, ruhig sein, begrüßen, hinsetzen) wird in Zukunft immer gleich sein. Der Inhalt, z.B. der Spruch des Tages, kann wechseln.

6. Sie führen ein Ruhezeichen ein. Wenn Sie dieses Zeichen anwenden, muss augenblicklich Stille in der Klasse eintreten. Ruhezeichen können sein: „Wenn das Glöckchen klingelt, sind wir augenblicklich still!" oder „3 – 2 – 1: Stopp!"

7. Im Laufe der folgenden Stunden führen Sie nach und nach zu den verschiedenen Bereichen Regeln ein: Verhaltens- und Gesprächsregeln, Regeln für Hausaufgaben, Stundenbeginn, Pünktlichkeit. Sie konzentrieren sich dabei auf einige wenige Regeln, die eindeutig formuliert sind. In Form von 5-Minuten-Diktaten können Sie jeweils kleine Regelpakete diktieren und anschließend visualisieren.

8. Sie nehmen sich mindestens eine Unterrichtsstunde Zeit, um alle die Dinge mit den Schülern zu besprechen, die deren erwünschtes Verhalten im Unterricht betreffen. Dabei beziehen Sie die gewählten Klassensprecher ein. Am besten vereinbaren Sie in losen Abständen Klassenratssitzungen, in denen alle bis dahin angefallenen Probleme und auch die positiven Erfahrungen besprochen werden.

9. Sie stellen den Schülerinnen und Schülern Ihren Maßnahmenkatalog bzw. Ihre Sanktionsliste für den Umgang mit Unterrichtsstörungen vor. Sie erläutern dabei ihre abgestufte Vorgehensweise. Gleichzeitig vereinbaren Sie ein System von Belohnungen für lang anhaltende Regeleinhaltungen.

10. Im Umgang mit schwierigen Schülern wählen Sie das Gespräch unter vier Augen. Dabei gehen Sie nicht zum Schüler, sondern lassen den Schüler zu sich kommen.

11. Sie definieren das Lern- und Arbeitsverhalten in Ihrem Unterricht als Teil Ihrer fachlichen Leistungserwartung, die Sie in die mündliche Notengebung einbeziehen werden. In besonderen Ausnahmen erteilen Sie für andauerndes Fehlverhalten und damit verbundenem mangelndem fachlichen Lernen die Note 5 oder 6. Sie erklären sich bereit, mit Bleistift notierte schlechte Noten nach einer Bewährungsfrist wieder auszuradieren.

12. Sie setzen Ihre Sanktionen konsequent durch, auch wenn Sie dafür eine Zeit lang nicht von Ihren Schülern geliebt werden. Aber: Sie sind nicht nachtragend und loben die Schüler, wenn sie sich wieder regelkonform verhalten. Prinzip: Sanktionen müssen manchmal sein, aber die Tür zum Schüler darf nie zugeschlagen werden.

13. Sie besprechen alle Maßnahmen zum Umgang mit Unterrichtsstörungen mit Ihren Kolleginnen und Kollegen und einigen sich im Team auf eine gemeinsame Vorgehensweise.